Mosaik
bei GOLDMANN

Buch

Wer Sprache richtig einsetzt, ist erfolgreich: im Beruf und im Privatleben. Rhetorik-Profi Wolfgang Manekeller zeigt anhand von Beispielen aus dem Alltag, wie man das eigene Sprachgefühl trainiert. Er weist auf Stolpersteine in der Kommunikation hin, frischt Grammatikkenntnisse auf und hilft mit passenden Formulierungen. Missverständnisse vermeiden und die Dinge auf den Punkt bringen – so geht's.

Autor

Wolfgang Manekeller leitete 20 Jahre lang das Institut für moderne Korrespondenz. Heute arbeitet er als Schriftsteller und Fachjournalist.

Von Wolfgang Manekeller außerdem bei Mosaik bei Goldmann:
Die Berwerbung (16610)
Bessere Bewerbungsbriefe (16629)

Zur Rechtschreibung: Die neue Rechtschreibung kennt viele als korrekt eingestufte Varianten. Dieses Buch hält sich an den sehr empfehlenswerten Dudenband »Praxiswörterbuch zur neuen Rechtschreibung«. Stellenweise werden Sie allerdings auch noch der alten Rechtschreibung begegnen, zum Beispiel in Zitaten aus alten Büchern, aber auch in Büchern, die gerade erst erschienen sind: weil Autor und Verlag, im Einklang mit der Frankfurter Allgemeinen Zeitung, die alte Rechtschreibung – aus guten Gründen – bevorzugt haben. Grundsätzlich: *Sie,* als Privatmensch, dürfen schreiben, wie Sie wollen. Nur staatliche Einrichtungen unterliegen dem staatlichen Diktat; allerdings ist auch die Wirtschaft weitgehend zu den neuen Schreibweisen übergegangen.

Wolfgang Manekeller

Gut schreiben und gut reden

Vorteilhaft beruflich und privat

Mosaik
bei GOLDMANN

Die Ratschläge in diesem Buch sind von Autor und Verlag sorgfältig erwogen und geprüft, dennoch kann eine Garantie nicht übernommen werden. Eine Haftung des Autors bzw. des Verlags und seiner Beauftragten für Personen-, Sach- und Vermögensschäden ist ausgeschlossen.

Umwelthinweis:
Alle bedruckten Materialien dieses Taschenbuches sind chlorfrei und umweltschonend.

1. Auflage
Originalausgabe Juli 2004

Redaktion: Andreas Kobschätzky
Umschlaggestaltung: Design Team München
Satz: Uhl+Massopust, Aalen
Druck: GGP Media, Pößneck
Verlagsnummer: 16621
Schl · Herstellung: IH
Printed in Germany
ISBN 3-442-16621-7
www.goldmann-verlag.de

Inhalt

Stichwortgedanken zum Thema

Schreiben und reden: Last oder Lust?
Was man gut kann, tut man gern.

Worte können irritieren und informieren,
langweilen und anregen,
trennen und verbinden,
schaden und nützen,
verletzen und trösten,
traurig machen und beglücken.
Was wäre unser Leben
ohne das Lebensmittel Sprache?

Sind wir noch fähig zu spielen?
Wer's verlernt hat, kann es
mit Hilfe der Sprache wieder lernen.

Die kleine individuelle
Abweichung vom Üblichen
ist das Salz in der Suppe des Textes.

Ein Grammatik- oder Rechtschreibfehler?
Seien wir großzügig!
Aber wenn sich die Mängel häufen,
bleibt der Misserfolg nicht aus.

Wer sein Redethema beherrscht,
hat sein Recht auf Lampenfieber
zu Unrecht. Aber nur der.

Liebe Leserin, lieber Leser

kennen Sie den Etappenhasen – das Volksstück »De Etappenhas«? Wahrscheinlich nicht. Aber Älteren unter uns ist die Komödie bekannt. Sie stammt von dem 1897 in Neuenburg geborenen Karl Bunje, dessen Namen Sie mit der Berufsbezeichnung »deutscher Schriftsteller« in großen Lexika finden.

Weshalb erwähne ich ihn? Was hat er mit dem vor Ihnen liegenden Buch zu tun? Horst Bernhard Bunje, sein Sohn, der des Vaters Begabung und die Liebe zur deutschen Sprache offenbar geerbt hatte, betreute Mitte der 60er Jahre als Bertelsmann-Angestellter die von ihm konzipierte Zeitschrift »Die Korrespondenz«. Erste Verbindung zu diesem Goldmann-Buch aus dem Bertelsmann-Konzern.

Weil er einen geradezu unbändigen beruflichen Freiheitsdrang verspürte, ging Horst Bernhard Bunje dann das Risiko ein, sich mit dieser Zeitschrift für deutsche Sprache selbstständig zu machen. Mit der »Korrespondenz« und vielen öffentlichen und firmeninternen Seminaren sowie mit der Entwicklung der Textprogrammierung und der automatischen Textbaustein-Verarbeitung leitete er eine Wende und einen Aufschwung der beruflichen Gebrauchssprache ein.

Was ist aus ihm geworden? Leider wurde er Anfang 1968 auf einer seiner Seminarreisen Opfer eines Autounfalls. Damals brachte ich seine Zeitschrift zum Hans Holzmann Verlag in Bad Wörishofen, wo der dortige Verlagsleiter, der Germanist Dr. Hubert Hohlweck, mir zur Auflage machte, »Die Korrespondenz« als Nachfolger meines Freundes Bunje weiterzuführen. »Die Korrespondenz«, später unter dem Namen »texten + schreiben«, blieb bis 1994 erfolgreich auf dem deutschsprachigen Markt: als einzige Fachzeitschrift dieser Art. Zweite Verbindung zu diesem Goldmann(Bertelsmann)-Buch.

Was sich doch mit Kenntnissen in der deutschen Sprache und mit der Fähigkeit, sie sinnvoll einzusetzen, was sich doch mit diesem Basiskönnen schreibend und redend alles erreichen lässt:

> Die Applikation der Dialektologie im Bereich der Kulturraumforschung wie Volks- und Landeskunde basiert im wesentlichen auf einer Adaption der diatopischen Betrachtungsweise und der damit verbundenen kartographischen Darstellungsverfahren sowie auf der hilfsdisziplinären Funktion dialektaler Erscheinungen im Rahmen kulturgeographischer Untersuchungen und führt generell zu einer Stützung kulturanthropologisch-geographischer Aussagen.

Der Sprachwissenschaftler Helmut Seiffert weist darauf hin, dass der Autor seine Fremdwörter zufällig wählt, weil sie zu seinem Fach- jargon gehören. Andere Begriffe, für die er genauso gut fremdsprachliche Ausdrücke bevorzugen könnte, »lässt er unübersetzt«.

Eine solche Art und Weise zu formulieren zeigt die Sinnlosigkeit des Schreibens und Redens im Jargon. Keine Folgerichtigkeit! Nicht zweckmäßig! Schwer zu verstehen!

Seiffert bietet dann eine Übersetzung an. Sein Schlusskommentar. »Ganz klar wird das Gesagte auch hierdurch nicht, weil es – unabhängig von Jargonproblemen – auch in sich unklar ist.«

Das ist eine Erfahrung, die jede und jeder immer wieder selbst machen kann: Wenn wir einen Text, der uns schwer verständlich erscheint (lange Schachtelsätze, Fremdwortüberfluss, hochtrabender Stil), genau prüfen, werden wir meistens feststellen, dass er nicht nur stilistisch, sondern auch gedanklich schwach ist.

Um nicht mit einem so kläglichen Beispieltext schließen zu müssen, ein kurzer Text von anderer Art. Friedrich Sieburg schrieb in seinem Buch »Die Lust am Untergang« Mitte des vorigen Jahrhunderts (klingt der Titel nicht überraschend aktuell?):

> Von wem habe ich bisher gesprochen, wessen Fall habe ich hier in dürren Worten ausgebreitet? Ich werde mich hüten, diesen Menschen, der Zerknirschtheit und Arroganz so mühelos in sich zu ver-

> einigen scheint, beim Namen zu nennen. (...) Die Mächtigen beherrschen diese Kunst ja nicht mehr, aber sie sind unsere Herren und bereit, einen guten Preis zu zahlen. Ihre Denkfähigkeit geht grade noch bis zum Kausalgesetz, wohingegen wir die köstliche Nutzlosigkeit des Philosophierens beherrschen und die Besten unter uns sogar eines gewissen sprachlichen Ausdrucks fähig sind.

Und Horst Bernhard Bunje, ist er ein Einzelfall? Kommen auch Ihnen Namen in den Sinn? Ich denke gerade an Kurt Beck, als Ministerpräsident von Rheinland-Pfalz bekannt. Elektrikerlehrling ist er gewesen. Nicht zuletzt seine Redefähigkeit hat ihn nach ganz oben gebracht. Natürlich nicht nur, aber auch. Oder denken wir an Liz Mohn, die Vorsitzende der Bertelsmann-Verwaltungsgesellschaft; schon einem Interview mit Sandra Maischberger war zu entnehmen, dass diese tüchtige Frau auch sehr wortgewandt ist. Dutzende von Frauen und Männern könnte ich aufzählen, die mit Hilfe ihres erarbeiteten Sprachkönnens vorwärts gekommen sind oder auf diesem Weg sogar Karriere gemacht haben: im Journalismus, als Werbetexter, in verschiedensten technischen Fachbereichen, als Lehrende, als Menschen, die Sachbücher oder Romane schreiben ... oder auch, im privaten Bereich, als Schreibende und Redende, die bei allen schönen oder traurigen festlichen Anlässen gebraucht werden und begehrt sind.

Apropos »privater Bereich«: Vergessen wir bitte nicht, dass es hier keinesfalls nur um Beruf und Arbeit, also um Aufgaben und Pflichten geht, sondern auch ganz einfach um Freude am Formulieren – sei es schriftlich, sei es mündlich.

Karl Kraus, das Sprachgenie aus Wien, schrieb Anfang des vorigen Jahrhunderts in seinem berühmt gewordenen Essay »Die Sprache« (Kösel-Verlag): »Geistig beschäftigt sein – mehr durch die Sprache gewährt als von allen Wissenschaften, die sich ihrer bedienen – ist jene Erschwerung des Lebens, die andere Lasten erleichtert. Lohnend durch das Nichtzuendekommen an einer Unendlichkeit, die jeder hat und zu der keinem der Zugang verwehrt ist.«

Ein Wort gibt das andere

Die Wortarten sind
wie Fußballspieler.
Nur richtig eingesetzt
entfalten sie ihre beste Wirkung.

In einer Familie am Samstagmorgen: Die Mutter bereitet den Frühstückstisch vor. Der Vater hilft – aber ein wenig ungeschickt. Sie, wegen einer Kleinigkeit, die am Abend vorher passiert war, noch ein bisschen verärgert: »Trottel!« Er, sich erinnernd, dass sie am Abend vorher das Video-Gerät falsch programmiert hatte: »Selber einer!«

Was nun passiert… passieren kann… wer kennt das nicht? Ein Wort gibt das andere, und nach fünf Minuten hat man den schönsten Wochenendstreit. Weswegen? Wegen nichts – fast nichts. »Und wie kam das?«, wird später die Mutter von ihrer Freundin befragt. Die Mutter: »Na, du weißt ja, wie das so geht: Ein Wort gibt das andere.«

So weit, so schlecht. Aber diese stehende Redewendung hat einen zweiten Sinn, einen Sinn, der sich erschließt, wenn wir die Wendung nicht lesen, sondern sprechen und ihre übliche Betonung verändern. Üblich: »*Ein* Wort gibt das *andere*.« Nicht üblich, aber auch richtig: »*Ein* Wort *gibt* das andere.« Und plötzlich ist aus der Kurzbeschreibung einer Streitentwicklung eine Bereicherung, eine ebenso unerwartete wie begrüßenswerte Gabe geworden.

Im Verständnis des Autors, Karl Kraus, wurde aus einem alltäglichen ein besonderer Satz. Aus dem Sinn »Wort – Widerwort«, »Rede – Gegenrede« wurde eine Aussage in der Richtung: Ein Wort, das wir haben, hat die Kraft, uns ein anderes Wort und damit einen anderen Gedanken zu geben.

Ein Wort ist zwar noch kein Text, aber unsere Texte sind aus lauter Wörtern zusammengesetzt. Grund genug, uns um die Wörter zu kümmern!

Hauptwortketten erschweren die Verständigung

Eine Fachzeitschrift für Sprachfragen erhielt einmal auf eine Werbung von einer Verwaltungsbehörde folgende Antwort:

> Mit Rücksicht auf die Anzahl und Vielfalt der der Verwaltung zugehenden Fachzeitschriften muss zur Begrenzung des Verwaltungskostenaufwandes auf die Erweiterung des Zeitschriftenbezugs verzichtet werden. Die Pflege und Verbesserung des Briefstils gehört zu den Aufgaben und Pflichten der einzelnen Dienstkräfte und wird für die Aufgabenerfüllung vorausgesetzt.

Diese beiden Sätze enthalten 16 Substantive, zum Teil von der fetten Art (Verwaltungskostenaufwand), und 3 Verben: verzichten, gehören zu, voraussetzen. Die wenigen Tätigkeitswörter können den Text nicht fließen lassen; wir Lesenden stolpern von einem Hauptwortbrocken zum anderen. Bei dieser Hauptwörterei ist dem Verfasser – wen wundert's? – nebenbei ein Denkfehler unterlaufen, der seine Aussage unglaubwürdig macht. Erst heißt es, man könne die Zeitschrift nicht abonnieren, weil es an Geld fehle. Dann aber erfahren wir, dass sich die »Dienstkräfte« um die sprachliche Seite ihrer Aufgaben selbst zu kümmern hätten. *Was* denn nun?

Versuchen Sie bitte einmal, den Behördentext verständlicher zu formulieren. Erstens: Überflüssiges streichen! Zweitens: Das Verhältnis zwischen Hauptwörtern und Tätigkeitswörtern verbessern! Hier ein Vorschlag zum Vergleichen:

> Aus Kostengründen können wir nicht alle Fachzeitschriften beziehen, die wir für nützlich halten. Außerdem gilt in diesem Fall: Unsere Mitarbeitenden sind verpflichtet, sich um die Verbesserung ihres Briefstils selbst zu kümmern.

Aus 16 Hauptwörtern sind 6 geworden, aus 3 Tätigkeitswörtern wurden 5.

Wer's etwas lockerer ausdrücken möchte – auch dazu ein Vorschlag:

> Wir können leider nicht alle Fachzeitschriften beziehen, die wir für nützlich halten. Sie wissen: die Kosten! Außerdem erwarten wir von unseren Mitarbeitern, dass sie sich selbst darum bemühen, ihren Briefstil zu pflegen.

Aus 16 Hauptwörtern des Originals sind 4 geworden, aus 3 Tätigkeitswörtern 6.

Und der gegenüber der Originalfassung eingesparte Platz ließe sich für ein freundliches Angebot nutzen. Zum Beispiel so:

> Können Sie uns Probe-Exemplare schicken? Wir würden sie, als Anregung, gern verteilen.

In diesem Fall erhöht sich die Anzahl der Hauptwörter von 4 auf 6, die der Tätigkeitswörter von 6 auf 8.

Vielleicht werden Sie jetzt sagen: »Behördendeutsch – was will man da anderes erwarten!« Aber auch in ganz anderen Textgattungen kann man solche Stilblüten finden. So zum Beispiel in einer Personalanzeige, erschienen in der Frankfurter Allgemeinen Zeitung.

Ich neige nicht zum Wörterzählen, weil auch ein langer Satz gut und ein kurzer schlecht sein kann. Aber in diesem Fall... Die erwähnte Anzeige, in der ein Geschäftsführer gesucht wird, getextet von einer Gruppe von Unternehmensberatern, umfasst 367 Wörter; riesige Absätze mit einer durchschnittlichen Zeilenlänge von 130 Zeichen – nicht gerade besonders lesefreundlich. Und der Text? Die ersten sieben Sätze des ersten Textblocks umfassen 119 Wörter. Anzahl der Verben: 5! Die ersten sieben Sätze des zweiten Textblocks bieten 154 Wörter. Anzahl der Tätigkeitswörter: 4!

Sie möchten ein Praxisbeispiel sehen, um selbst beurteilen zu können, wie dieser »Werbestil« wirkt? Hier ein weiterer Ausschnitt aus einer anderen Personalanzeige aus derselben Zeitung vom selben Tag:

> Zusammen mit dem Vorsitzenden der Geschäftsführung und den beiden für die kaufmännischen und technischen Belange zuständigen Kollegen trägt er die unternehmerische Verantwortung für eines der aus Sicht der Muttergesellschaft bedeutendsten strategischen Wachstumsfelder der Gesamtgruppe. Die Aufgabenschwerpunkte: Verfeinerung der Marketing-Strategie im Sinne des Aufspürens und Quantifizierens von Produkt- und Marktpotentialen im In- und Ausland, Ausbau der anwendungstechnischen Beratung, Erschließung neuer Märkte in Europa und Übersee durch Stärkung der eigenen Vertriebsaktivitäten, aber auch durch Akquisitionen, Beteiligungserwerb bzw. Kooperation sowie persönliche Vor-Ort-Beratung und Betreuung von Schlüsselkunden.

Bereichern wir den ersten Satz mit Verben! Hm, schwierig, nicht wahr? Und wie ist es beim zweiten Satz? Er hat einige Substantive, die eindeutig Tätigkeiten ausdrücken: Verfeinerung, das Aufspüren, das Quantifizieren, Ausbau, Beratung, Erschließung, Stärkung, Akquisitionen, Beteiligungserwerb, Kooperationen, Vor-Ort-Beratung, Betreuung. Hier ein Vorschlag zum Vergleichen, der sich eng an den Originaltext hält und auch die Satzlänge nicht antastet:

> Aufgabenschwerpunkte: die Marketingstrategie verfeinern, dazu die Produkt- und Marktpotenziale im In- und Ausland aufspüren und quantifizieren, die anwendungstechnische Beratung ausbauen, neue Märkte in Europa und Übersee erschließen, dabei die eigenen Vertriebsaktivitäten stärken, aber auch akquirieren, Beteiligungen erwerben, mit anderen Unternehmen kooperieren und Schlüsselkunden vor Ort persönlich beraten und betreuen.

Stärkere Eingriffe könnten sicher noch Besseres bewirken; aber allein schon die Umwandlung einiger Substantive in Verben reicht aus, das Wortgebilde aus seiner Versteinerung zu befreien. Und was machen wir nun mit dem ersten Satz? Falls uns nichts Kluges einfällt, lassen wir ihn einfach so stehen. Wenn ihm ein Satz mit 10 Verben folgt, wird auch er dadurch besser »verdaulich«: weil nicht der einzelne Satz, sondern der Gesamttext einer Mitteilung einen bestimmten Stileindruck auslöst.

Am Rande: Der Originaltext sagte immer nur »er« und »Mitarbeiter«, was, wie Sie sicher wissen, verboten ist. Personalanzeigen müssen Männer und Frauen ansprechen. Eine gesetzliche Vorschrift, die einzuhalten gar nicht so leicht ist, will man Umständlichkeiten vermeiden.

Die Textsorte »Personalanzeigen« habe ich übrigens gewählt, weil der vorgeführte Stil keine Ausnahme, sondern eher die Regel ist.

Zum Glück gibt es auch kürzere schwach formulierte Sätze als die hier gezeigten. Beispiel:

> Auch wenn die Dauer Ihrer Arbeitslosigkeit über diesen Termin hinaus anhält, kann der Versicherungsvertrag bei Weiterzahlung der Prämien durch Sie fortgesetzt werden.

Wieder eine deutliche Vorherrschaft der Hauptwörter. Und wie geht es flüssiger?

> Auch wenn Sie über diesen Termin hinaus arbeitslos bleiben, können Sie den Versicherungsvertrag fortsetzen: indem Sie die Prämien weiter zahlen.

Noch eine kleine Aufgabe, die zeigt, dass man auch mit relativ kurzen Sätzen schwer zu Verstehendes bieten kann:

> Das Voranstellen der Erhaltung des Lebens bedeutet gerade in der Unfallchirurgie die Bedeutung der Beachtung der Elementargefahr durch Störung des Kreislaufs und der Atmung.

Hire sollen 10 Hauptwörter durch ein einziges Verb, das schwache »bedeutet«, bewegt werden. Geht nicht. Also? Ganz sachlich:

> Die Lebenserhaltung voranzustellen verlangt gerade in der Unfallchirurgie, zuerst auf Kreislauf und Atmung zu achten.

Etwas werbender, was bei diesem Inhalt sicher angebracht ist:

Leben erhalten! Das bedeutet gerade in der Unfallchirurgie: Zuerst auf Kreislauf und Atmung achten.

Zusammengefasst: Nichts gegen Hauptwörter, sie bilden die Substanz unserer Aussagen. Aber achten wir darauf, dass sie nicht im Übermaß – als Hauptwortketten – auftreten und dadurch die Informationsaufnahme erschweren.

Weitere Übungstexte zum Thema »Hauptwortketten«

Bitte verbessern Sie die Verständlichkeit und damit den Fluss der Texte, indem Sie die Anzahl der Substantive verringern. In vielen Fällen erreichen Sie Ihr Ziel auch dadurch, dass Sie Überflüssiges streichen.

a) Die Erteilung eines Abbuchungsauftrages oder eines Dauerauftrages würde Ihnen hinsichtlich der Terminüberwachung für die Zahlung der halbjährlichen Tilgungsraten eine Entlastung bringen.
b) Die anfänglichen Verfahren waren belastend mit mangelhafter diagnostischer Verwertbarkeit infolge des chemischen und kontrastgebenden Verhaltens der Präparate sowie deren Unverträglichkeit und auftretenden Nebenerscheinungen.
c) Die Förderung der Forschung durch den Chefingenieur betraf keineswegs nur eine Beschränkung auf die Einrichtungen des Unternehmens, sondern umschloss den gesamten Rahmen der Verfahrenstechnik-Industrie Deutschlands.
d) Dem Verein obliegt es, der Erhaltung und Förderung des Absatzes der Erzeugnisse der bodenständigen deutschen Getränkeindustrie zu dienen.
e) Beigefügt übersenden wir Ihnen zu Ihrer Information die Kopie eines Schreibens der Firma X an unsere dortige Vertretung, von der wir Kenntnis erhalten, dass die Geräte am 28. Januar an die Spedition Y zum Versand gebracht worden sind.
f) Nach Durchführung der Anlegung des Grundbuchblattes bitten wir um Zusendung einer unbeglaubigten Grundbuchtabelle.

g) Gegenüber dem Strukturalismus zeichnet sich die generative Grammatik durch die Einbeziehung der Semantik in ein Gesamtmodell der Sprache und durch ihr Interesse an geistigen Prozessen aus.
h) Wir bestätigen dankend den Eingang Ihrer Gebührenordnung und der Aufgabe der uns entstehenden Kosten für die Erstellung der Marktanalyse.
i) Unseres Wissens hat der Wettbewerb Fortschritte in der Fertigung zu verzeichnen, die ihm Preisnachlässe ermöglichen, deren Ausgleich uns zurzeit nicht möglich ist.
j) Im Interesse der unseres Erachtens nach vorrangigen Sicherung der Versorgung kann unsere Produktion nicht umhin, dieser Entwicklung auch durch eine Erhöhung der Verkaufspreise für schweres Heizöl Rechnung zu tragen.
k) Unter teilweiser Zitierung unserer Spezifikation wird die Befürchtung geäußert, dass die Säure beim Auftauen möglicherweise explosionsartig polymerisiert.
l) Als Fahrzeug kam nur ein innengeräumiger, auf Wald- und Feldwegen gut beweglicher und mit dem erforderlichen hohen Bodenabstand versehener Wagen in Frage.
m) Sich ständig verändernde Märkte, wechselndes Konsumverhalten und die weitgehende Gleichartigkeit der Produkte machen die regelmäßige Überprüfung und Optimierung der Zielgruppenstrategie erforderlich.

Lösungsvorschläge

a) Wenn Sie einen Abbuchungsauftrag oder einen Dauerauftrag erteilen, brauchen Sie die Termine für die Zahlung der halbjährlichen Tilgungsraten nicht mehr zu überwachen – sicher eine angenehme Entlastung!
b) Die anfangs eingesetzten Verfahren ließen sich diagnostisch nur mangelhaft verwerten: Die Präparate reagierten chemisch ungünstig, zeigten schlechte Kontraste, waren unverträglich und führten zu unerwünschten Nebenwirkungen.

c) Die Forschungsförderung durch den Chefingenieur beschränkte sich nicht auf Unternehmenseinrichtungen; sie umfasste die ganze deutsche Verfahrenstechnik-Industrie.
d) Der Verein soll dazu beitragen, den Absatz der bodenständigen deutschen Getränke-Industrie zu erhalten und zu fördern.
e) Durch den beigefügten Brief der Firma X an unsere dortige Vertretung haben wir erfahren, dass die Geräte am 28. Januar an die Spedition Y versandt worden sind.
f) Bitte schicken Sie uns eine unbeglaubigte Grundbuchtabelle, sobald das Grundbuchblatt angelegt ist.
g) Gegenüber dem Strukturalismus zeichnet sich die generative Grammatik dadurch aus, dass sie die Semantik in ein Gesamtmodell der Sprache einbezieht und an geistigen Prozessen interessiert ist.
h) Wir danken Ihnen für die Gebührenordnung und die Kostenaufstellung für die Marktanalyse.
i) Wir wissen, der Wettbewerb hat die Fertigung verbessert. Deshalb kann er Preisnachlässe geben, die uns zurzeit nicht möglich sind.
j) Da vorrangig die Versorgung gesichert bleiben muss, können wir bei dieser Entwicklung nicht umhin, die Preise für schweres Heizöl zu erhöhen.
k) Man befürchtet – und zitiert dabei teilweise unsere Spezifikation: Wenn die Säure auftaut, kann sie explosionsartig polymerisieren.
l) Wir mussten einen geräumigen Wagen wählen, der viel Bodenfreiheit hat, damit er auf Wald- und Feldwegen gut beweglich ist.
m) Die Märkte und das Konsumverhalten ändern sich ständig, während die Produkte weitgehend gleich bleiben. Dieser Sachverhalt erfordert, die Zielgruppenstrategie regelmäßig zu überprüfen und anzupassen.

Natürlich können Ihre Lösungen mit diesen Vorschlägen nicht übereinstimmen: weil es keine perfekten Lösungen gibt. Viele Korrekturen zu unseren Texten können gut und sehr gut sein. Und selbst dann, wenn Sie mit Ihrer Mitarbeit nur eine kleine Verbesserung erreicht haben sollten, denken Sie bitte daran: *Jede* Verbesserung ist wertvoll.

Vielleicht haben Sie sich mit dem einen oder anderen Text wirklich plagen müssen. Auch in dieser Hinsicht gilt: *Jede* Verbesserung … Dabei ist, nach aller Erfahrung, zusätzlich zu berücksichtigen, dass Sie mit Ihren Bemühungen mehr und mehr Routine gewinnen. Die Folge: Sie erkennen an einem fertigen Text schneller, warum er schwach ist oder warum er Fehler enthält; und infolge Ihrer wachsenden Routine wird es Ihnen gelingen, Schwächen und Fehler zügiger zu korrigieren und bei eigenen Formulierungen solche Schwächen und Fehler gar nicht erst entstehen zu lassen.

Das wachsende Können, die Erkennung kommunikationsstörender Darstellungen und die Anbringung textheilender Veränderungen durchzuführen, das wird Ihre Entwicklung zur Befähigung vorbildlicher Textgestaltung nachhaltig zur Förderung bringen. Sie wundern sich über diesen Satz? Na klar! Also bitte:

Ihre Fähigkeit, schwache oder falsche Textstellen zu erkennen und zu verbessern, wird kontinuierlich wachsen und Ihre Sprachkompetenz nachhaltig fördern.

Die Streckformen-Flut eindämmen!

Mitte des vorigen Jahrhunderts wetterte der später berühmt gewordene Stilpädagoge Ludwig Reiners in seiner »Stilfibel« (dtv) gegen die »Hauptwörter-Seuche«. Er nannte sein Kapitel »Wider die Hauptwörterei« das schwierigste Kapitel des Lehrgangs.

Mit schwer zu verstehenden Hauptwortballungen befasste sich unser Kapitel »Hauptwortketten erschweren die Verständigung«. Und wenn wir uns solche Texte ansehen, sind wir wohl geneigt, dem Stilpädagogen Recht zu geben – »Hauptwörter-Seuche«!

Im Mittelpunkt pflegen Substantive auf »ung« zu stehen: Einigung, Prüfung, Verabschiedung…, und zwar solche ung-Wörter, die ein Tun ausdrücken.

> Bevor wir die mögliche Gewährung einer Haftstrafenverschiebung einer eingehenden Überprüfung unterziehen, sollte die Beurteilung eines Sachverständigen hinzugezogen werden.

Das bekannte Bild: Zu viele Hauptwörter sollen von zu wenigen Tätigkeitswörtern (hier nur von »hinzuziehen«) bewegt werden. Einfacher:

> Bevor wir prüfen, ob wir die Haftstrafe verschieben können, sollten wir ermitteln, wie ein Sachverständiger das beurteilt.

Oder vielleicht so:

> Bevor wir prüfen, ob wir die Haftstrafe verschieben können, sollten wir die Beurteilung eines Sachverständigen einholen.

Nun haben wir drei Substantive und drei Verben, aber das eine Hauptwort mehr in der zweiten als in der ersten Fassung verschlechtert die Verständlichkeit nicht; mir scheint, dass es dem Satz sogar gut tut.

In dem letzten Beispiel kam vor: einer Überprüfung unterziehen. In dieser Ausdrucksweise begegnet uns eine Spezialmethode, Verben zu Substantiven zu machen und dann noch aufzublähen.

Statt etwas »einer Überprüfung zu unterziehen« können wir es einfach »überprüfen«. Was passiert hier? Aus »überprüfen« macht man »die Überprüfung«. Vielleicht weil das Hauptwort bedeutender klingt als das schlichte Tätigkeitswort?

Nun ist »die Überprüfung« allerdings noch keine Aussage; sie ruft nach einem Verb, damit die Formulierung sinnvoll wird. Aber »überprüfen«, das Verb, steckt bereits im Hauptwort; wir können es ja schlecht noch einmal benutzen. Was wir brauchen, ist ein Verb, das eigentlich inhaltlich überflüssig, aber aus grammatischem Grunde notwendig ist. Solche Verben nennen wir »Funktionsverben«; sie haben nur die Funktion, eine Formulierung vollständig zu machen: etwas einer Überprüfung unterziehen. Das Ganze trägt dann den schönen Namen »Funktionsverbgefüge«: ein Gefüge also, das aus einem Funktionsverb (unterziehen) und einem Substantiv besteht, einem Verbalsubstantiv, einem Substantiv auf »ung« (Überprüfung). Wenn wir es ein bisschen weniger hochtrabend ausdrücken wollen, können wir diese Gebilde auch Streckformen nennen. Das Verb »überprüfen« wird zu »einer Überprüfung unterziehen« gestreckt. In vielen Fällen kommt noch etwas hinzu, in diesem Fall »einer«. Solche Streckformen gibt es reichlich:

anwenden	in Anwendung bringen
	zur Anwendung gelangen
beweisen	den Beweis erbringen
prüfen	die Prüfung erfolgt
untersuchen	eine Untersuchung durchführen
wegfallen	in Wegfall kommen
vormerken	in Vormerkung nehmen
sorgen für	Sorge tragen für
abrechnen	die Abrechnung vornehmen
erwägen	in Erwägung ziehen

Mit diesem sprachlichen Trick steigern wir zwar nicht – wie manch einer hoffen mag – die Bedeutung der Aussagen, also auch die seines Verfassers; wir verlängern nur den Text, erschweren es oft, ihn aufzunehmen, machen das Diktieren, Schreiben, Lesen unökonomischer.

Also weg damit! Also weg damit? Nein. Bitte keine voreiligen Pauschalurteile und Pauschalbeschlüsse!

Wenn ich »dafür Sorge trage«, dass meine Großmutter in der Klinik gut behandelt wird, so ist diese Aussage etwas gewichtiger als wenn ich für ihr Wohlergehen sorge. Durch die andere, hier etwas aufwendigere Formulierung verändere ich den Gedanken ein wenig – um eine Nuance nur, aber immerhin.

Was heißt das? Wenn ich mit Streckformen umgehe, sind sie für meine Ausdrucksweise eine Bereicherung. Also nicht einseitig verdammen! Sondern: sich von Fall zu Fall entscheiden, welche Formulierung gerade an dieser Stelle die bessere sein mag.

Nur allgemein gilt: Das so oft zu sehende und zu hörende Übermaß an unüberlegt gebrauchten Streckformen ist eine Plage. Einfache Formen bevorzugen – es sei denn, die aufwendigere Form bringt einen Vorteil, und wenn es nur ein Nuancenvorteil ist.

Übrigens noch einmal: »einer Überprüfung unterziehen« und »überprüfen«! Und warum nicht: »einer Prüfung unterziehen« und »prüfen«? Die längeren Formen »Überprüfung« und »überprüfen« werden meistens gedankenlos gebraucht. Gerade an solchen Stellen zum Beispiel zeigt sich, ob jemand selbst denkt.

Ich prüfe zum Beispiel die Rechtschreibung meines Textes. Da die neuen Rechtschreibregeln so viele Tücken beherbergen, bitte ich meine Frau, vorsichtshalber noch einmal drüberzusehen – zu überprüfen, was ich schon geprüft habe. Mit »überprüfen« verbinde ich den Sinn »noch einmal prüfen«.

Damit läuft uns ein weiteres Stil- und Sinnproblem in den Weg, das oft mit Hauptwörtern, aber auch in Verbindung mit anderen Wörtern vorkommt. Negativ gesagt: die Anhängesucht. Positiv ausgedrückt: die Freude am Dranhängen.

Änderung, Veränderung, Abänderung
ändern, verändern, abändern
Leugnung, Ableugnung
leugnen, ableugnen
Das Ansteigen der Preise sehen wir mit Besorgnis.
Das Steigen der Preise sehen wir mit Besorgnis.

Auch bei Problemchen hilft nur eins ... nein, zweierlei. Erstens: Einfache Formen bevorzugen! Zweitens: In besonderen Fällen – wo es zum Beispiel um feine Unterschiede geht – sich einen Blick und ein Ohr für zusammengesetzte Formen bewahren!

Ein Nebenhinweis zu »ableugnen«: Bei der Erweiterung von Wörtern geraten wir leicht in die Gefahr, Doppelaussagen zu bilden, ungewollte Verdoppelungen natürlich. Die zusammengesetzte Form »ableugnen« ist eine Zwitterbildung von »leugnen« und »abstreiten«. Hat das Sinn? Dazu mehr in dem Kapitel »Doppelt genäht – hält besser?«.

Das Wettern gegen bestimmte Wörter mit so starken Ausdrücken wie »Seuche« kann leicht zu einem einseitigen Urteil ... zu einem Fehlurteil verleiten.

In unserem Fall: Wenn ein Satz mit Hauptwörtern überladen erscheint, ist es vielleicht sinnvoller, statt von einer Seuche von einem Balanceverlust zu sprechen: damit nicht der Eindruck entsteht, dass zum Beispiel ung-Wörter etwas stilistisch Schlimmes oder gar Böses seien. Die Möglichkeit, Hauptwörter mit der Endsilbe »ung« zu bilden, ist ein Reichtum unserer Sprache; wir müssen mit diesem Reichtum nur verständig umgehen.

Die Sache mit den Hauptwörtern wird noch schwieriger, wenn wir daran denken, dass außer der Verwandlung eines Verbs in ein Substantiv (verwandeln – Verwandlung!) auch noch die Möglichkeit besteht, mehrere Wörter zusammenzusetzen: Kultur – Verein – Sitzung = Kulturvereinssitzung. Wenn sich Wörter dieser Bauart häufen, haben wir es meistens noch schwerer, zu verstehen, was wir verstehen sollen.

Weitere Übungstexte zu »Streckformen«

a) Ihre Vorauszahlungen haben wir, wie Ihnen die Abschlussrechnung zeigt, in Anrechnung gebracht.
b) Wir werden dafür Sorge tragen, dass die Lieferung rechtzeitig erfolgt.
c) Unsere Lieferung erfolgt ab 1. Dezember.
d) Die Beantwortung dieser Fragestellung kann erst vorgenommen werden, nachdem die Untersuchung der Vorgänge zum Abschluss gebracht ist.

Lösungsvorschläge

Zu a: Hier haben wir drei Hauptwörter, die auf »ung« enden. Das Substantiv »Vorauszahlungen« bezieht sich in erster Linie auf Beträge, nicht auf die Handlung des Zahlens. Nicht zu ändern! Mit »Abschlussrechnung« ist nicht die Tätigkeit des abschließenden Rechnens, sondern der Gegenstand »Abschlussrechnung« gemeint. Nicht zu beanstanden! Aber wie steht es mit »in Anrechnung gebracht«? Hier ist ein Tun, »anrechnen«, zu einem Hauptwort umgeformt, das durch das Funktionsverb »bringen« wieder befähigt werden muss, eben dieses Tun darzustellen. Daraus ergibt sich:

a) Ihre Vorauszahlungen haben wir, wie Ihnen die Abschlussrechnung zeigt, angerechnet.

Haben Sie das Gefühl, dass die von »in Anrechnung gebracht« zu »angerechnet« verkleinerte Satzausgabe jetzt ein bisschen hinterherhinkt? (siehe Kapitel »Schachteln und Klammern macht Spaß! Aber…«) Ihr Gefühl trifft den Sachverhalt. Eine kleine Umstellung kann die Schwäche beheben.

a) Wie Ihnen die Abschlussrechnung zeigt, haben wir Ihre Vorauszahlungen angerechnet.

Oder:

a) Ihre Vorauszahlungen haben wir angerechnet (siehe Abschlussrechnung).

Zu b: Die Streckformen »dafür Sorge tragen« und »die Lieferung erfolgt« lassen sich leicht vereinfachen.

b) Wir werden dafür sorgen, dass Sie rechtzeitig beliefert werden.

Durch die Umformulierung sind wir ins sichtbare Passiv geraten. Auch die Wendung »Belieferung erfolgt« hatte schon passivischen Charakter, denn der Täter, der Lieferant wurde nicht genannt; es war eine passivische Umschreibung. Wird nicht oft »Im Aktiv schreiben!« gefordert? Richtig. Wenn in diesem Fall der Schreiber zugleich der Lieferant ist, können wir den Satz weiter vereinfachen.

b) Wir werden Sie rechtzeitig beliefern.

Sind Schreiber und Lieferant jedoch nicht identisch, müssen wir bei der Passivformulierung bleiben. Es sei denn, wir wollten den Lieferanten in diesem Satz nennen.

b) Wir werden dafür sorgen, dass die Firma X Sie rechtzeitig beliefert.

Nun mag es aber auch sein, dass der Schreiber noch gar nicht weiß, welcher seiner Lieferfirmen-Partner in diesem Fall den Auftrag ausführt; er muss erst ermitteln, wer dies im Sinne des Kunden rechtzeitig tun kann. In dem Fall wiederum ist die »sorgen für«-Passivformulierung (b) die einzig richtige.

Zu c: Die Formulierung »Unsere Lieferung« sagt uns, dass wir es sind, die liefern. Also können wir die Streckform leicht in die einfache Ursprungsform zurückverwandeln.

c) Wir liefern ab …

Stopp! Liefern wir wirklich »ab 1. Dezember«? Wenn jemand sagt »Ab dem 1. Dezember ist sie als Rechtsanwältin freiberuflich tätig«, so heißt das: Vom 1. Dezember an ist sie in der Folgezeit tätig, zunächst ohne abschließende Begrenzung. Das Wort »ab« kennzeichnet eine Zeit*strecke*. In unserem Beispielfall geht es aber gar nicht um eine Zeit*strecke*, sondern um einen Zeit*punkt*. Wann, in diesem Fall: an welchem Tag, liefern wir? Die Antwort heißt: am 1. Dezember. Also:

c) Wir liefern am 1. Dezember.

Das Wort »ab« könnte allerdings in einem Sonderfall zutreffen, dann nämlich, wenn es sich um eine Reihe von wöchentlichen oder monatlichen Teillieferungen handelte. Dann liefern wir wirklich ab 1. Dezember, und zwar immer wieder, in Abständen, die vereinbart worden sind.

Zu d: Kann man nicht einfach eine Frage beantworten, statt die Beantwortung einer Fragestellung vorzunehmen? Warum schreiben und sagen so viele »Fragestellung«, obwohl sie schlicht eine Frage meinen? Weil es nach mehr klingt? Ja, mehr ist es schon, aber … Nichts gegen das Wort »Fragestellung« an sich – wenn es inhaltlich sinnvoll gewählt wird. Zum Beispiel:

Diese Fragestellung ist irreführend.

Nicht die Frage, um die es geht, ist irreführend, sondern die Art, wie sie gestellt wird. – Zusätzlich zur »Fragestellung« haben wir in diesem kleinen Satz noch die »Untersuchung« und »zum Abschluss bringen«: eine der Tätigkeiten in ein »ung«-Wort verpackt, die andere Tätigkeit als Streckform dargestellt.

d) Diese Frage können wir erst beantworten, wenn wir die Vorgänge abschließend untersucht haben.

Sollten die Schreibenden nicht die Untersuchenden sein:

d) Diese Fragen können wir erst beantworten, nachdem die Vorgänge abschließend untersucht worden sind.

Und natürlich dürfen wir auch einmal ein Verbalsubstantiv statt eines Verbs wählen: wenn sich die Substantivierungen nicht häufen.

d) Diese Fragen können wir erst beantworten, nachdem die Untersuchung der Vorgänge abgeschlossen ist.

Zusammensetzungen sind verführerisch

Unsere Substantive bescheren uns neben der Gefahr, dass sie in geballter Formation auftreten, noch ein anderes Problem. Dass bei den folgenden Aussagen etwas nicht stimmt, werden Sie leicht erkennen. Oder?

a) die gedörrte Obsthändlerin, der warme Würstchenmann
b) die junge Erbsensuppe
c) die städtische Kulturvereinssitzung
d) das Zugangsrecht zu den Garagen

Zu a: Dass hier etwas falsch sein muss – klar, zumal in beiden Wendungen ein unfreiwilliger Witz entsteht.

Zu b: Ist die Suppe jung, oder sind es die Erbsen? Die Erbsen natürlich. Aber klingt es nicht anders, also falsch?

Zu c: Wer erkennen will, dass dieser Ausdruck falsch gebildet ist, muss schon genau aufpassen. Was ist städtisch: die Sitzung oder der Kulturverein? Also haben wir denselben Fehlertyp vor uns wie beim »warmen Würstchenmann«.

Zu d: Und auch in solchen Fällen: Aufgepasst! Geht es um ein Recht zu den Garagen oder um einen Zugang zu den Garagen? Eindeutig, nicht wahr?

Die Lösung des ganzen Problems ist einfach: Wenn wir über Hauptwortzusammensetzungen etwas aussagen, bezieht sich die Aussage immer auf das Grundwort, den letzten Teil der Zusammensetzung.

Wenn ich melde, der Küchentisch sei beschädigt, ist dann die ganze Küche oder nur der Tisch beschädigt? Natürlich nur der Tisch. Den letzten Teil der Zusammensetzung (hier: Tisch) nennen wir Grundwort, den vorgeschalteten Teil Bestimmungswort. Kurz und gut: Bei Formulierungen über solche Zusammensetzungen müssen wir darauf achten, dass die Beziehung zwischen Aussage und Grundwort der Zusammensetzung nicht nur formuliert, sondern auch gemeint ist.

Wie hätten wir a bis d korrekt – nämlich logisch – ausdrücken können?

a) die Händlerin, die Dörrobst verkauft
   auch möglich und kürzer: die Dörrobst-Händlerin
   der Mann mit dem Warme-Würstchen-Stand
   der Mann, der warme Würstchen verkauft
   auch möglich, aber immer noch schwingt die falsche Bedeutung ein bisschen mit: der Warme-Würstchen-Mann
b) die Suppe aus/mit jungen Erbsen
c) die Sitzung des städtischen Kulturvereins
   auch möglich: die Städtische-Kulturverein-Sitzung
d) das Recht des Zugangs zu den Garagen
   auch möglich: das Garagen-Zugangsrecht

Wenn Sie diese kleine grammatisch-semantische Besonderheit unserer Sprache einmal durchschaut haben, werden Ihnen täglich Regelverstöße auffallen: in Zeitungsartikeln, in Politikerreden, in der Werbung … Dabei ist die Sache doch gar nicht so kompliziert, nicht wahr?

Weitere Übungstexte zu Zusammensetzungen

Bitte versuchen Sie, Streckformen aufzulösen und unlogische Aussagen über Zusammensetzungen von ihrer Unlogik zu befreien.

a) Diese Summe konnte der dreiköpfige Familienvater nicht aufbringen.
b) Das Elektronik-Ausfuhrverbot nach Kuba wurde aufgehoben.
c) Infolge des minderwertigen Eiweißverzehrs werden unsere Kinder und mehr noch unsere Kindeskinder ganz bleiche Gesichter haben …
d) Kürzliche Untersuchungsergebnisse des Instituts für Ernährungs- und Entwicklungspolitik belegen, dass es kein Land in der Welt

gibt, das nicht in der Lage wäre, mit eigener Kraft seine Bevölkerung zu ernähren.

e) Diese Gelegenheit benutze ich dann gleich für eine autogene Trainingsübung.

f) Sie hatten eine Solidaritätserklärung mit Washington abgegeben.

Zu a: Dass der Familienvater, um den es hier geht, drei Köpfe hat, ist nicht anzunehmen. Weil bei dieser Formulierung ein unfreiwilliger Witz entsteht, fällt der Fehler sofort auf: Das Adjektiv »dreiköpfig« bezieht sich auf das Grundwort der Zusammensetzung, »Vater«, soll sich aber auf das Bestimmungswort, »Familien«, beziehen. Wie korrigieren?

a) Der Vater einer dreiköpfigen Familie konnte diese Summe nicht aufbringen.

Oder:

Als Vater einer dreiköpfigen Familie konnte er diese Summe nicht aufbringen.

Zu b: Ein Verbot nach Kuba war nicht gemeint, sondern eine Ausfuhr nach Kuba. Daher:

b) Das Verbot der Elektronikausfuhr nach Kuba wurde aufgehoben.

Zu c: Ist ein minderwertiger Verzehr von Eiweiß gemeint, minderwertig vielleicht in dem Sinne, dass wir unser hochwertiges Eiweiß enthaltendes Hühnerei nicht kauen, sondern einfach gleich runterschlucken? Nein. Gemeint ist der Verzehr von minderwertigem Eiweiß.

c) Als Folge des Verzehrs von minderwertigem Eiweiß werden unsere Kinder …

Zu d: Was sind kürzliche Ergebnisse? Gemeint ist natürlich eine Untersuchung, die kürzlich durchgeführt worden war, also nicht

»kürzliche Untersuchungsergebnisse«, sondern »Ergebnisse einer kürzlichen Untersuchung« … Sie stutzen? Zu Recht. Auch das klingt irgendwie merkwürdig. Wieso? Vor »Untersuchung« ist ein Adjektiv gefordert, wie es uns zum Beispiel in einer »gründlichen Untersuchung« begegnet. Das Wort »kürzlich« ist aber kein Eigenschaftswort, sondern ein Umstandswort, ein Adverb, ein Wort, das beim (ad) Verb steht, nicht beim Substantiv. Beispiele: das kürzlich erbaute Gymnasium, das kürzlich veranstaltete Konzert… Zurück zu unserem Originalsatz! Wie wäre die Aussage richtig formuliert?

Ergebnisse einer kürzlich durchgeführten Untersuchung des Instituts für Ernährungs- und Entwicklungspolitik…

Die ursprüngliche Formulierung »kürzliche Untersuchungsergebnisse« verheimlicht uns übrigens, ob es sich um die Ergebnisse *einer* Untersuchung oder die Ergebnisse mehrerer Untersuchungen handelt.

Zu e: Autogenes Training ist sicherlich eine gute Sache, aber eine gute Sache ist es auch, sprachlich korrekt damit umzugehen. Einem bekannten Trainer, der von seiner autogenen Trainingsübung im Fernsehen berichtete, war es allerdings nicht gegeben, nach dem autogenen Training auch das sprachliche Training zu meistern. Was kam heraus? Eine autogene Übung. Was sollte herauskommen? Eine Übung in der Disziplin autogenes Training. Richtig:

e) Diese Gelegenheit benutzte ich dann gleich, um eine Übung »Autogenes Training« einzulegen.
Diese Gelegenheit benutzte ich dann gleich, um eine Übung in autogenem Training einzulegen.

Zu f: Wenn Landtagsabgeordnete in Kriegsfragen eine herzliche Solidaritätserklärung mit Washington abgeben, so geht das spätestens dann schief, wenn das Fernsehen darüber berichtet. Gemeint war natürlich keine Solidaritätserklärung mit Washington, sondern eine Erklärung der Solidarität mit Washington.

f) Sie hatten eine Erklärung der Solidarität mit Washington abgegeben.
Sie hatten ihre Solidarität mit Washington erklärt.
Sie hatten sich mit Washington solidarisch erklärt.

Er sagte, die Kasse sei leer …

Ist sie leer, die Kasse? Das wüssten wir, wenn wir es geprüft *hätten*. Da wir es aber nicht geprüft *haben,* bleibt uns, zumindest für den Augenblick, nichts anderes übrig, als dem Redner zu glauben. Wer ist der Redner? Zum Beispiel ein Teilnehmer einer Sitzung. Hat er dort nun eigentlich gesagt »Die Kasse sei leer«? Nein. Gesagt hat er: »Die Kasse ist leer.« Und wie kommen wir von dieser bestimmten Form, der Wirklichkeitsform, dem Indikativ, zu der unbestimmten Möglichkeitsform, dem Konjunktiv?

Über das Sitzungsgeschehen muss meistens ein Protokoll erarbeitet werden, oft ein Verlaufsprotokoll, wie wir es für diesen Fall annehmen wollen. Das Verlaufsprotokoll wird auch »ausführliches Protokoll« genannt. Es soll das Wesentliche einer Sitzung wiedergeben: Ergebnisse und Beschlüsse natürlich, aber auch, wie man dazu gekommen ist, wer in welchem Zusammenhang welche Meinung vertreten hat.

Neben dem Verlaufsprotokoll kennen wir das wörtliche Protokoll (alles, sogar Zwischenrufe werden festgehalten; zum Beispiel in Bundestagssitzungen) und das Ergebnisprotokoll. Zurück zur leeren Kasse in unserem Verlaufsprotokoll.

Nehmen wir an, eine Chefsekretärin betätigt sich als Protokollführerin. Ihre Aufgabe: Alles Wesentliche festhalten! Eine besondere sprachliche Schwierigkeit dabei: Wie soll, wie kann sie deutlich machen, dass sie nur wiedergibt, was andere sagen, dass sie für die Richtigkeit dieser Aussagen also keine Garantie übernimmt? Sie bewerkstelligt das mit Hilfe der Konjunktivformen.

> Herr B. bemerkte im Vorwege, dass auch der VK festgestellt hat, dass die Zugangs- und Abgangslisten, von denen dem H die ers-

> ten Exemplare im Mai des Jahres übersandt worden sind, noch einer Vervollständigung und Verbesserung bedürfen.

Was wissen wir als Zuhörende sicher? Dass Herr B. im Vorwege etwas bemerkt und dass auch der VK etwas festgestellt hat … Halt! Herr B. berichtet, dass der VK etwas festgestellt hat.

Vielleicht irrt er sich, vielleicht war's gar nicht der VK, vielleicht irrt er sich auch bewusst, weil ihm daran gelegen ist, vom VK Unterstützung zu bekommen. Kurz: Die Protokollführerin weiß nicht, ob das, was Herr B. sagt, auch zutrifft.

Sie kann nicht wissen, ob der VK das Behauptete festgestellt hat; sie kann nicht wissen, ob dem H die ersten Exemplare im Mai des Jahres übersandt worden sind. Um das zu verdeutlichen, muss sie bei der Wiedergabe statt des Indikativs den Konjunktiv wählen. Tut sie es nicht, stellt sie sich hinter die Aussagen, so, als wüsste sie das alles auch selbst, als hätte sie es miterlebt. Also?

> Herr B. bemerkte im Vorwege, dass auch der VK festgestellt hätte, dass die Zugangs- und Abgangslisten, von denen dem H die ersten Exemplare im Mai des Jahres übersandt worden seien, noch einer Vervollständigung und Verbesserung bedürften.

Warum »hätte«? Ginge nicht auch »habe«? Warum »worden seien«? Ginge nicht auch »worden wären«? Ist »bedürften« richtig?

Das geht in der Praxis oft wild durcheinander. Warum? Weil offenbar viele nicht genau wissen, wie es sein *müsste.* Dabei sind die Regeln für die Verwendung des Konjunktivs im Protokoll ziemlich einfach.

1. Im Protokoll wird der Konjunktiv 1 verwendet.
2. Der Konjunktiv 2 wird nur dann benutzt, wenn die Form des Konjunktivs 1 mit dem Indikativ übereinstimmt.
3. Falls auch der Konjunktiv 2 mit dem Indikativ übereinstimmt, können wir auf eine Umschreibung mit »würde(n)« ausweichen.

Um entscheiden zu können, müssen wir allerdings die verschiedenen Konjunktivformen kennen. In der Zusammenstellung sind die Konjunktive, die mit den Indikativen übereinstimmen, fett gedruckt.

- zeigen (schwaches Verb; zeigte, gezeigt)

Indikativ Präsens	*Konjunktiv 1*
ich zeige	**zeige**
du zeigst	zeigest
er, sie, es zeigt	zeige
wir zeigen	**zeigen**
ihr zeigt	zeiget
sie zeigen	**zeigen**

Indikativ Präteritum	*Konjunktiv 2*
ich zeigte	**zeigte**
du zeigtest	**zeigtest**
er, sie, es zeigte	**zeigte**
wir zeigten	**zeigten**
ihr zeigtet	**zeigtet**
sie zeigten	**zeigten**

- geben (starkes Verb; gab, gegeben)

Indikativ Präsens	*Konjunktiv 1*
ich gebe	**gebe**
du gibst	gebest
er, sie, es gibt	gebe
wir geben	**geben**
ihr gebt	gebet
sie geben	**geben**

Indikativ Präteritum	*Konjunktiv 2*
ich gab	gäbe
du gabst	gäbst
er, sie, es gab	gäbe

wir gaben	gäben
ihr gabt	gäbt
sie gaben	gäben

- haben (Hilfsverb)

Indikativ Präsens	*Konjunktiv 1*
ich habe	**habe**
du hast	habest
er, sie, es hat	habe
wir haben	**haben**
ihr habt	habet
sie haben	**haben**

Indikativ Präteritum	*Konjunktiv 2*
ich hatte	hätte
du hattest	hättest
er, sie, es hatte	hätte
wir hatten	hätten
ihr hattet	hättet
sie hatten	hätten

- sein (Hilfsverb)

Indikativ Präsens	*Konjunktiv 1*
ich bin	sei
du bist	seist
er, sie, es ist	sei
wir sind	seien
ihr seid	seiet
sie sind	seien

Indikativ Präteritum	*Konjunktiv 2*
ich war	wäre
du warst	wärest
er, sie, es war	wäre

wir waren	wären
ihr wart	wäret
sie waren	wären

- werden (Hilfsverb)

Indikativ Präsens	*Konjunktiv 1*
ich werde	**werde**
du wirst	werdest
er, sie, es wird	werde
wir werden	**werden**
ihr werdet	**werdet**
sie werden	**werden**

Indikativ Präteritum	*Konjunktiv 2*
ich wurde	würde
du wurdest	würdest
er, sie, es wurde	würde
wir wurden	würden
ihr wurdet	würdet
sie wurden	würden

Versuchen wir nun einmal, unseren Satz in Ordnung zu bringen.

> Herr B. bemerkte im Vorwege, dass auch der VK festgestellt habe, dass die Zugangs- und Abgangslisten, von denen dem H die ersten Exemplare im Mai übersandt worden seien, noch einer Vervollständigung und Verbesserung bedürften.

Da der jetzt korrekte Satz auch stilistisch ein paar Schwächen zeigt, seien diese gleich mit verbessert.

> Herr B. bemerkte vorab, auch der VK habe festgestellt, dass die Zugangs- und Abgangslisten – die ersten Exemplare seien dem H im Mai übersandt worden – noch vervollständigt und verbessert werden müssten.

Es ist üblich, in Protokollen das, was jemand sagt, durch Verben wie »sagen, bemerken, ausführen, einwenden…« einzuleiten. Da kann man gelegentlich schon ins Grübeln kommen, zumal sich viele bemühen, nicht immer dieselben Einleitungsvokabeln zu benutzen. Hier eine Liste möglicher Startvokabeln:

- ablehnen, abstreiten, anfügen, anerkennen, angeben, anheim stellen, angreifen, anregen, antworten, appellieren an, auf dem Standpunkt stehen, auf die Feststellung Wert legen, aufmerksam machen auf, aufzeigen, ausdrücken, ausgehen von
- befragen, befürchten, behaupten, beipflichten, bemängeln, betonen, bekannt geben, bekennen, bemerken, berichten, beschreiben, bezeichnen, bezweifeln, bitten
- eintreten für, entgegnen, entgegenhalten, erbitten, erhoffen, ersuchen, erwidern
- folgern, fordern, fortfahren, fragen, für richtig halten
- gutheißen
- hervorheben, hinweisen auf, hoffen
- in Abrede stellen, in Erinnerung rufen, informieren, in Kenntnis setzen, in Verbindung bringen, interpretieren
- jemanden ins Bild setzen
- klar machen, kommentieren
- mit der Bitte schließen, missbilligen, monieren
- nachtragen
- plädieren für, protestieren
- sich äußern, sich aussprechen für, sich bereit erklären, sich beschweren über, sich beziehen auf, sich beschäftigen mit, sich einsetzen für, sich einverstanden erklären mit, sich verwahren gegen, sich zustimmend äußern
- um Auskunft bitten, unterrichten, unterstreichen
- verdeutlichen, vermissen, vermuten, verlangen, versichern, versprechen, vervollständigen, verweigern, voraussehen, vorbringen, vortragen
- warnen, wissen lassen, wünschen, würdigen

- zu bedenken geben, zugute halten, zum Ausdruck bringen, zur Bedingung machen, zur Diskussion stellen, zur Erörterung anregen, zurückweisen, zweifeln an

Wie Sie sehen, gibt es eine große Auswahl möglicher Verben. Aber ist diese Praxis eigentlich günstig, vom Arbeitsaufwand einmal abgesehen?

Greift die protokollierende Person nicht hier und da, gewollt oder ungewollt, durch die Wahl des einleitenden Verbs in die Aussage ein? Es ist schließlich ein großer Unterschied, ob da steht »Herr B. sagte« oder »Herr B. bestritt heftig« oder »Herr B. vermutete« (ganz abgesehen von Herrn B.'s Meinung zu solchen Formulierungen).

Ein Vorschlag, sich das alles zu ersparen, besteht darin, die Eingangswörter wegzulassen. Also:

Herr B.: Auch der VK habe festgestellt, dass die Zugangs- und Abgangslisten – die ersten Exemplare seien dem H im Mai übersandt worden – noch vervollständigt und verbessert werden müssten.

Frau K.: Zeit dafür sei genug vorhanden, und die solle wirklich genutzt werden.

Frau M.: Die Unterlagen wiesen aus, dass die Korrekturarbeiten schon begonnen hätten.

In der Aussage von Frau M haben wir übrigens den Fall formaler Übereinstimmung zwischen Indikativ und Konjunktiv. Das Verb »wiesen aus« ist sowohl Indikativ als auch Konjunktiv 1. Dies ergibt aber insofern keine Unsicherheit, als im folgenden Nebensatz die Aussage eindeutig als Konjunktiv gekennzeichnet wird. Bei »hätten« haben wir übrigens den Wechsel von der Standardform, Konjunktiv 1, zur Ausweichform, Konjunktiv 2 (von »haben« zu »hätten«).

Natürlich müssen die Aussagen im Protokoll noch durch einige Angaben ergänzt werden. Man nennt das den Protokollrahmen. Ein Beispiel:

Thema	Einführung des Phonodiktats
Datum	23. September 2003
Ort	Gebäude F, Konferenzraum 3
Beginn	10:30 Uhr
Ende	12:30 Uhr
Teilnehmende	Herr Wilfried Deger (Sitzungsleiter)
	Frau Karla Birkenbach
	Herr Friedrich Breitenbach
Protokoll	Frau Gisela Hellwein
Verteiler	Teilnehmer
	Herr Dr. Franz Melzer
	Frau Charlotte Klarfeld M. A.

Weitere Übungstexte zum Thema »Konjunktiv«

Die folgenden Texte stammen aus Praxisprotokollen. Bei der Verbesserung der formalen Fehler (Konjunktiv!) dürfen Sie auch stilistische Schwächen beseitigen.

a) Der Referent führte aus: Die zusätzlichen Daten, die der H für die Verarbeitung von Veränderungen benötigt, bei denen es sich nicht um reinen Neuzugang oder reinen Abgang handelt, kann für die bereits ausgedruckten Listen für die Monate Mai und Juni nicht nachgeliefert werden, da die Unterlagen, aus denen sie ersichtlich sind, vom VK bereits vernichtet worden sind.

b) Frau Melzer wies darauf hin: Das bedeutet, dass in Einzelfällen bei Zugängen eine Falschregistrierung möglich ist und bei Abgängen die abgemeldete Versicherung nicht gelöscht werden kann, wenn und soweit es dem H nicht möglich ist, in diesen Fällen anhand der eigenen Unterlagen eine Klärung herbeizuführen.

c) Die Unterzeichnerin bemerkte, dass nicht selten von den VK-Kreisverbänden Sterbegeldanträge eingereicht werden für Sterbefälle, für die keine Versicherung besteht, während aus den eingereichten Seiten des Mitgliedbuches hervorgeht, dass Sterbegeldbeiträge gezahlt worden sind.

Sie fragte an, ob der VK-Landesverband auch künftig über diese Fälle informiert werden will, und darüber hinaus, ob gegen die nachfolgend aufgeführte Bearbeitung dieser Fälle vonseiten des VK-Landesverbandes etwas einzuwenden ist.

d) Herr V. gab an, dass sich die Archivierung erst dann festlegen lässt, wenn der Umfang des SBB feststeht.

e) Frau Markert berichtete: Der Filialleiter der Sparkasse, Herr P., äußerte Herrn B. gegenüber, dass nicht nur er, sondern auch Kollegen von ihm bei Bankanfragen Wert auf Freiumschläge legen.

Lösungsvorschläge

a) Der Referent führte aus: Die zusätzlichen Daten, die der H benötige, um Änderungen verarbeiten zu können, bei denen es sich nicht um reinen Neuzugang oder reinen Abgang handele, könnten für die bereits ausgedruckten Listen für Mai und Juni nicht nachgeliefert werden, weil die Unterlagen, aus denen sie ersichtlich seien, vom VK bereits vernichtet worden seien.

b) Frau Melzer: Das bedeute, in Einzelfällen sei bei Zugängen eine Falschregistrierung möglich, und bei Abgängen könne die abgemeldete Versicherung nicht gelöscht werden, wenn und soweit es dem H nicht möglich sei, die Fälle anhand der eigenen Unterlagen zu klären.

c) Die Unterzeichnerin bemerkte, dass nicht selten von den VK-Verbänden Sterbegeldanträge für Sterbefälle eingereicht würden, für die keine Versicherung bestehe, während aus den eingereichten Seiten des Mitgliedbuches hervorgehe, dass Sterbegeldbeiträge gezahlt worden seien.
Sie fragte an, ob der VK-Landesverband auch künftig über die Fälle informiert werden wolle, und darüber hinaus, ob der VK-Landesverband gegen die nachfolgend aufgeführte Bearbeitung dieser Fälle etwas einzuwenden habe.

d) Herr V. gab an, dass sich die Archivierung erst dann bestimmen lasse, wenn der Umfang des SBB feststehe.

e) Frau Markert: Der Filialleiter der Sparkasse, Herr P., habe gegenüber Herrn B. geäußert, dass nicht nur er, sondern auch Kollegen von ihm bei Bankanfragen Wert auf Freiumschläge legten.

Fallen Ihnen, zum Beispiel, zu a, auch noch stilistische Verbesserungen ein?

Bei dem Schlusswort »legten« haben Indikativ Präteritum und Konjunktiv 1 dieselbe Form. Da hier jedoch kein Missverständnis möglich ist, braucht man nicht auf »legen würden« auszuweichen.

Noch ein klärendes Wort zu der Umschreibung durch »würde(n)«. Das Wort kommt zum Beispiel ziemlich regelmäßig in (langweiligen) Schlussformulierungen von Bewerbungsbriefen vor.

> Ich würde mich freuen, wenn Sie mich zu einem Vorstellungsgespräch einladen würden.

Davon einmal abgesehen, dass der Inhalt dieser Aussage eine Selbstverständlichkeit ist – sonst hätte sich der Absender nicht beworben –, das »würde – würden« klingt alles andere als elegant. Der Stilpädagoge Ludwig Reiners schrieb dazu 1951 in seiner »Stilfibel« (C. H. Beck'sche Verlagsbuchhandlung) schlicht: »In wenn-Sätzen und anderen Bedingungssätzen kein würde!« – »... die Schulregeln verbieten *wenn* mit *würde*, und daran müssen wir uns halten.«

Die meisten halten sich nicht daran. Umschreibungen mit »würde(n)« sind an der Tagesordnung. Warum? Teilweise vermutlich, weil die Schreibenden die Konjunktivformen gar nicht mehr kennen oder unsicher sind, welche von zwei Möglichkeiten denn nun die richtige ist.

Schreiben Sie nicht:

> Wenn er pünktlich kommen würde, könnten wir vorher noch etwas essen.

Sondern:

> Wenn er pünktlich käme, könnten wir vorher noch etwas essen.

Es gibt allerdings Verben, deren Konjunktiv kaum noch gebraucht wird und uns deshalb altertümlich vorkommt.

Er sagte, er hülfe mir bei der Steuererklärung.
Sie war überzeugt, diese Regelung gälte gar nicht.
Wenn ich sein Temperament nicht kennte, hielte ich das nicht für möglich.

So spricht niemand mehr, und deshalb sollten wir auch nicht mehr so schreiben. Dann bleibt allerdings nichts anderes übrig, als auf »würde(n)« auszuweichen.

Er sagte, er würde mir bei der Steuererklärung helfen.
Sie war überzeugt, diese Regelung würde gar nicht gelten.
Wenn ich sein Temperament nicht kennen würde, hielte ich das nicht für möglich.

Gegen die beiden ersten Sätze habe ich nichts einzuwenden, die dritte Formulierung gefällt mir dagegen nicht. In solchen Fällen gibt es meistens noch die Möglichkeit, auf ein anderes Verb auszuweichen.

Wenn mir sein Temperament nicht bekannt wäre (nicht vertraut wäre)… Wenn ich nicht wüsste, wie temperamentvoll er ist…

Und was machen wir nun mit dem langweiligen Würde-würden-Schluss-Satz aus dem Bewerbungsbrief?

Ich freue mich, wenn Sie mich zu einem Vorstellungsgespräch einladen.

Der Wechsel vom Konjunktiv zum Indikativ ist nicht nur ein stilistischer Ausweg, er klingt auch besser: selbstbewusster. Noch günstiger wäre allerdings ein sinnvollerer Gedanke.

In einem persönlichen Gespräch würde ich Ihnen gern weitere Informationen geben.
In einem persönlichen Gespräch würde ich Ihnen gern weitere Arbeitsproben zeigen.
Darf ich Ihnen in einem Gespräch weitere Informationen geben?
Interessiert? Ich würde Ihnen gern in einem persönlichen Ge-

spräch erläutern, wie ich mir den Aufbau einer solchen Abteilung vorstelle.

Nun doch wieder ein »würde«? Ja, die Dudenredaktion belehrt uns, dass *würde* + Infinitiv zur ausdrücklichen Kennzeichnung des Futurischen, des Noch-nicht-Begonnenen gebraucht wird. Das ist hier der Fall. Und es wird Ihnen wahrscheinlich so gehen wie mir: An dieser Stelle stört das »würde« überhaupt nicht.

Wertvolle und sonstige Beifügungen

Adjektivische Attribute können von sehr unterschiedlichem Wert sein. Wie sehen »adjektivische Attribute« aus? So wie dieser Ausdruck. Stattdessen wäre auch die Wendung »Attribute in der Form von Eigenschaftswörtern« verwendbar. Das angehängte »in der Form von Eigenschaftswörtern« ist ebenfalls eine Beifügung zu »Attribute«, aber eben keine »adjektivische«.

Drei Arten solcher Attribute begegnen uns sowohl in der Alltagssprache als auch in der Literatur.

1. a) Die heute angebotene Zwei-Zimmer-Wohnung in Bergisch Gladbach gefällt mir besser als die größere Wohnung, die ich in Köln besichtigt habe.
1. b) Ihre sorgfältige Arbeitsweise brachte sie in die engere Wahl.
2. a) Ich genoss diesen windstillen, duftenden Sommertag.
2. b) Ihre zügigen, eleganten Bewegungen wirkten ganz und gar natürlich.
3. a) Er ist der felsenfesten Überzeugung, dass dieser Krieg unvermeidlich ist.
3. b) Meine tiefe Betroffenheit und mein aufrichtiges Mitgefühl mögen Ihnen diese Zeilen übermitteln.

Zu 1 a: Welche Zwei-Zimmer-Wohnung? Die heute angebotene. Und sie gefällt besser als welche andere Wohnung? Die größere, die ich in Köln besichtigt habe. Die Beifügungen geben sinnvolle, notwendige Auskünfte.

Zu 1 b: »Ihre Arbeitsweise«, diese Information würde genügen, wenn diese Arbeitsweise vorher schon beschrieben worden wäre. Falls nicht, ist die Kennzeichnung »sorgfältige« zwar nicht unbedingt notwendig, aber zumindest sehr wichtig.

Zu 2 a: »Ich genoss diesen Sommertag.« Die Auskunft kann gut für sich allein stehen. Aber es ist durchaus wissenswert zu erfahren, warum dieser Sommertag so genussreich war, und insofern sind die schmückenden Adjektive »windstill« und »duftend« nicht überflüssig.

Zu 2 b: »Ihre Bewegungen wirkten...« In Ordnung und verständlich. Die Formulierung gewinnt aber an Überzeugungskraft, wenn wir erfahren, warum sie so natürlich wirkten; die Adjektive »zügig« und »elegant« geben uns diese zusätzliche Information.

Zu 3 a: Das Adjektiv »felsenfest« vor dem Substantiv »Überzeugung« ist nicht nur überflüssig: Weil es so abgegriffen ist, wirkt es sogar schädlich – unglaubwürdig.

Zu 3 b: In »tiefe Betroffenheit« und »aufrichtiges Mitgefühl« sind die Adjektive nichts als Schmuck, der nicht schmückt. Verbraucht. Nicht überzeugend. Ohne die Beifügungen wirkt der Satz »aufrichtiger«.

Grundsätzlich gilt: Wenn wir die notwendigen Adjektive verwenden, mit den zwar nicht notwendigen, aber interessanten, schmückenden Adjektiven sparsam umgehen und die überflüssigen »draußen vor der Tür« lassen, wird das einen adjektivarmen Stil ergeben. Wie zum Beispiel in Franz Kafkas »Vor dem Gesetz«.

> Vor dem Gesetz steht ein Türhüter. Zu diesem Türhüter kommt ein Mann vom Lande und bittet um Eintritt in das Gesetz. Aber der Türhüter sagt, dass er ihm jetzt den Eintritt nicht gewähren könne.

Kein einziges Adjektiv! Und so geht es weiter. Die ersten beiden Adjektive finden wir in der 13. Zeile. Dort heißt es:

> Merke aber: Ich bin mächtig. Und ich bin nur der unterste Türhüter.

Das erste Adjektiv, mächtig, steht hier, in Verbindung mit dem Hilfsverb »sein«, als Satzaussage. Das zweite Adjektiv, unterste, ist in unserem Sinne das erste – es steht als adjektivisches Attribut. Und dieses Zahladjektiv »unterste« (früher Numerale genannt) ist notwendig, denn es unterscheidet den auftretenden Türhüter von den anderen Türhütern, die nach ihm kommen und die, wie dann gesagt wird, noch viel mächtiger sind.

Erst in der 20. Zeile begegnet uns das Adjektiv erneut, dann aber gleich vierfach.

> ... das Gesetz soll doch jedem und immer zugänglich sein, denkt er, aber als er jetzt den Türhüter in seinem Pelzmantel genauer ansieht, seine große Spitznase, den langen, dünnen, schwarzen tatarischen Bart, entschließt er sich, doch lieber zu warten, bis er die Erlaubnis zum Eintritt bekommt.

Die Adjektivaufzählung »den langen, dünnen, schwarzen ... Bart« ist zwar nicht notwendig – die große Spitznase hätte gereicht –, diese Aufzählung ist aber so gut gewählt, dass sie fast schon in die Nähe von Notwendigkeit rückt.

Warum habe ich »tatarischen« ausgelassen? Weil dieses Adjektiv hier kein Aufzählungsglied ist, sondern zusammen mit dem Substantiv »Bart« *einen* Begriff bildet (Tatarenbart). Daher vor »tatarischen« kein Komma!

Neben Eigenschaftswörtern wie »sorgfältig«, »windstill«, »elegant« können diese Beifügungen auch aus Verben gebildet sein. Unter 1 a haben wir einen solchen Fall: angebotene Zwei-Zimmer-Wohnung.

Es sind besondere Formen des Tätigkeitswortes, die für diese Aufgabe in Frage kommen: das Partizip Präsens (Mittelwort der Gegenwart) und das Partizip Perfekt (Mittelwort der Vergangenheit).

> das beigefügte Zeugnis
> die angebotene Wohnung
> die anerkennende Äußerung
> das abgelehnte Gesuch

Doch diese Möglichkeit wird uns in der Verwirklichung manchmal falsch vorkommen oder uns zumindest in Zweifel geraten lassen.

das sich ereignete Unglück
die stattgefundene Sitzung
der stattgehabte Einspruch
die geschlafenen Kinder

Haben Sie das Gefühl, dass in diesen Ausdrücken etwas nicht stimmt? Ihr Gefühl ist richtig. Solche Formulierungen gelten als falsch.

Fragen wir zunächst: Welche Zusammensetzungen aus adjektivischem Partizip und Substantiv gelten denn als richtig (und klingen auch richtig)? Es sind die Verbindungen mit Präsenspartizipien und Verbindungen mit Perfektpartizipien von Verben, die mit dem Hilfsverb »sein« verbunden werden. Und welche dieser Fügungen sind falsch? Solche mit Perfektpartizipien von Verben, die mit »haben« verbunden werden. Probe aufs Exempel:

Das Zeugnis *ist* beigefügt worden.
Die Sitzung *hat* stattgefunden.
Das Gesuch *ist* abgelehnt worden.
Die Kinder *haben* geschlafen.

Richtig also: das beigefügte Zeugnis, das abgelehnte Gesuch. Falsch also: die stattgefundene Sitzung, die geschlafenen Kinder.

Aber was wäre die Sprache ohne ihre Unregelmäßigkeiten, ihre Bocksprünge! Halten Sie folgende Verbindungen für falsch?

der gelernte Tischler
die studierte Biologin
der altgediente Soldat
ein ausgemachter Gauner
ein ausgedientes PC-Modell
eine ausgelernte Krankenschwester
ein geschworener Gegner des Fleischessens
der abgedankte Offizier
die ausgeruhten Ergänzungsspieler

Diese Bildungen widersprechen zwar der Regel; da wir sie aber nicht als falsch empfinden... Warum empfinden wir sie nicht als falsch? Dafür halten Sprachwissenschaftler verschiedene kluge Erklärungen bereit. Zum Beispiel die: In dem Ausdruck »die studierte Biologin« hat sich die Beifügung weit von ihrem Verb entfernt; sie ist zu einem Synonym für »wissenschaftlich gebildet« und »gelehrt« geworden.

Dieser Fall weist uns nachdrücklich darauf hin, dass es keine Ein-für-alle-Mal-Regeln gibt. Die Sprachbenutzer können die Regeln immer wieder durchbrechen – und sie tun es –, und manche dieser Regeldurchbrechungen, Regelverletzungen, bürgern sich ein: werden zu einer neuen Norm.

Dass dies kein Freibrief für Regelverstöße am laufenden Band, für Regelverstöße nach Lust und Laune, für Regelverstöße aus lauter Unkenntnis ist – na sicher.

Umständehalber

Es war umständlich, das Haus zu verkaufen. Aber umständehalber mussten wir das tun. Zwei ähnliche Wörter, jedenfalls bis »umständ«. Dann aber scheiden sich die Geister, lies: die Bedeutungen – und auch über die Wortart wird unterschiedlich befunden.

Wir können zwar von einem umständlichen Hausverkauf reden, aber nicht von einem umständehalber Hausverkauf. Das Wort »umständlich« ist eben ein Adjektiv, also ein Wort, das ein Substantiv näher kennzeichnen kann. Unser »umständehalber« ist dagegen ein Adverb, also ein Wort, das beim (ad) Verb steht und dieses Tätigkeitswort näher beschreibt.

Was halten Sie von der folgenden Formulierung?

> Auch andere Schädlingsbekämpfungsmittel verbleiben im tierischen Fett (auch bei Fischen), und wenn sie einmal vorhanden sind, sind sie sehr schwierig abzubauen.

Hier verhält es sich umgekehrt. Das Wort »schwierig« ist ein Adjektiv, ist hier aber wie ein Adverb gebraucht; es soll ein Verb – abbauen – näher erklären. Wenn's ein Substantiv wäre …

> Dies ist ein schwieriges Unterfangen.

Das geht, dafür ist das Eigenschaftswort »schwierig« geeignet. Wenn es aber als Adverb auftreten soll, das wird schwierig. Wird wie? Es wird schwierig. Als Adjektiv kann »schwierig« natürlich auch, zusammen mit einem Hilfsverb, eine Satzaussage bilden. Aber als Adverb ist »schwierig« ein schwieriger Geselle – ungeeignet. Also:

> Auch andere Schädlingsbekämpfungsmittel sind nur sehr schwer abzubauen.

Das Wort »schwer« ist als Adjektiv *und* als Adverb verwendbar.

als Adjektiv: schweres Geschütz auffahren
als Adverb: Das hat ihm schwer geschadet.

Was für Adverbien gibt es?

- Finaladverbien (Zweck-, Absichtsadverbien): *dazu, darum, hierfür...*
- Instrumentaladverbien (Adverbien des Mittels): *dadurch, hiermit...*
- Konditionaladverbien (Bedingungsadverbien): *gegebenenfalls, genau genommen, notfalls...*
- Konzessivadverbien (Einräumungsadverbien): *dennoch, trotzdem, sonst...*
- Lokaladverbien (Ortsadverbien): die Straße *aufwärts,* der Herr *nebenan,* nicht *überall* sein können...
- Kausaladverbien (Umstandswörter des Grundes): *also, demnach, somit...*
- Modaladverbien (Artadverbien): gern, insgeheim, geradezu, überhaupt, beinahe, etwa, ebenfalls, hingegen, vielmehr...
- Temporaladverbien (Zeitadverbien): *abends, heute, zwischendurch...*

Sie erkennen, es geht um eine große, vielseitige Gruppe von Wörtern, die unseren Aussagen bestimmte inhaltliche Richtungen geben.

Schwierigkeiten haben viele Schreibende und Redende mit »hin« und »her«.

Wenn wir zum Beispiel unserem Hund Paula die Anweisung »Hierhin!« zurufen, was soll Paula dann tun? Sie soll »hierher« kommen. Also müsste es »Hierher!« heißen.

Bitte verbessern Sie, wenn es in den folgenden Sätzen etwas zu verbessern gibt.

a) Wenn Sie zu uns hinauskommen, machen wir uns einen gemütlichen Nachmittag.

b) Er hat das vergiftete Essen herausgewürgt.
c) Wir werden ganz groß herauskommen.
d) Als die Amerikaner 1945 in unsere Stadt einmarschierten, hängten viele eine weiße Fahne zum Fenster heraus.
e) Er hat ein neues Buch herausgegeben.

Zu a: Die Eingeladenen, zu uns her sollen sie kommen, nicht zu uns hin. Also:
a) Wenn Sie zu uns herauskommen, machen wir uns einen gemütlichen Nachmittag.

Zu b: Wohin hat er das Essen gewürgt? Natürlich:
b) Er hat das vergiftete Essen hinausgewürgt. ???

Zu c: »Wir« und »her« bedeutet immer »her zu uns«... Hier ist aber die entgegengesetzte Richtung gemeint.
c) Wir werden ganz groß hinauskommen. ???

Zu d: Amerikaner könnten sagen: Sie haben weiße Fahnen zu uns herausgehängt. Umgekehrt geht's nicht. Also:
d) Als die Amerikaner 1945 in unsere Stadt einmarschierten, hängten viele eine weiße Fahne zum Fenster hinaus. ???

Zu e: Wenn ein Einbrecher von einem Bankkassierer Geld verlangt, so will er Geld herausbekommen. Aus Sicht des Kassierers? Der hat das Geld hinausgegeben.
e) Er hat ein neues Buch hinausgegeben. ???

Der Fall a ist klar. Und die Fälle von b bis d? Die Verbesserungen sind, vom Sinn her beurteilt, alle richtig. Trotzdem klingen sie falsch. Weil es hier offenbar eine Zwickmühle gibt, in der wir gefangen werden, haben wir uns einen Ausweg ausgedacht. Wir wählen nicht das Richtige, aber falsch Klingende; wir wählen aber auch nicht das Falsche, aber richtig Klingende. Und? Entscheiden müssen wir uns ja. Eben deshalb wählen wir eine Mixtur.

Statt »hinaus« oder »heraus« schreiben und sagen wir: raus. Das ist zwar, genau genommen, nicht korrekt, aber es klingt – fast – korrekt. Damit können wir leben.

Der Fall e ist noch etwas im weiteren Sinne Besonderes. Einen Buch-Hinausgeber gibt es einfach in der deutschen Sprache nicht; und auch einen Rausgeber kennen wir nicht. Wer ein Buch hinausgibt, hinaus auf den Markt, in die Welt, ist nun mal – wie falsch es auch sein mag – ein Herausgeber. Vielleicht sollten wir es so sehen: Wir bekommen vom Herausgeber Bücher heraus. Was er natürlich, streng gesehen, tut…

Die Sprache macht – gar nicht so selten – auch das »Unmögliche« möglich.

Kleine Wörter, die binden sollen

Wer achtet schon groß auf die kleinen Wörter? Bindewörter – was ist das schon! Wenn jedoch die Bindung zwischen den »Großen« nicht stimmt… Die folgenden Sätze, in denen koordinierende Konjunktionen, nebenordnende Bindewörter, eine wichtige Rolle spielen, stammen aus Bundestagsreden.

Zur Entschuldigung unserer Abgeordneten müssen wir zugeben, dass es nicht immer leicht ist, fehlerfreie Reden zu halten. Allerdings – die meisten Reden im Bundestag werden, mehr oder weniger, abgelesen, sind also eher Vorlesungen als Reden. Und das heißt, sie sind vorher von professionellen Schreibern in Ruhe aufgesetzt worden. Na, schaun wir mal!

> Es gibt hinsichtlich der Ansprüche der Bürger keine Grenzen, und die Grenzen müssen von uns gesetzt werden.

Das scheinbar harmlose Drei-Buchstaben-Wort »und« hat, wie Gerhard Herrgesell vor über 40 Jahren in der »Neuen Stenographischen Praxis« schrieb, mancherlei Aufgaben. »Es verbindet Gleichartiges, Ähnliches, jedenfalls Zusammengehöriges; es verknüpft Vorgänge, die in eine Richtung, zu einem Ziel führen, wenngleich es – in der dichterischen Sprache – auch Ungleichartiges, ja Gegensätzliches miteinander verbinden kann.«

Aber Herrgesell, seinerzeit Chef des Stenographischen Dienstes, beklagte schon damals, dass die Neigung nachlässiger Umgangssprache, allzu häufig Hauptsätze durch »und« zusammenzufügen, immer mehr in die Sprache bei öffentlichen Beratungen Eingang gefunden habe. Oft sei das unschön. Aber… Wenn dabei die Logik verletzt wird, ist es nicht nur unschön.

Unter diesem Gesichtspunkt: Ist das »und« in dem zitierten Satz in diesem Sinne zu beanstanden? Was hätte stattdessen stehen müssen? Richtig: Gar nichts! Wenn man überhaupt ein Verbindungsglied aufnehmen wollte, dann:

> Es gibt hinsichtlich der Ansprüche der Bürger keine Grenzen; die Grenzen müssen vielmehr von uns gesetzt werden.

Doch notwendig ist das »vielmehr« nicht. Auch ohne Verbindung wird hier der Gegensatz deutlich. Und das gedankenlos eingefügte »und« liegt ganz daneben.

> Die Darstellung, die der Minister soeben gegeben hat, ist irreführend, und wir stimmen dem Bericht des Ausschusses zu.

Auch hier die Frage: »und«? Nein. Und was könnte dieses »und« sinnvoll ersetzen?

> Die Darstellung, die der Minister soeben gegeben hat, ist irreführend; deshalb stimmen wir dem Bericht des Ausschusses zu.

In dem folgenden Satz soll ein Gegensatz ausgedrückt werden. Wird er?

> Ich möchte Sie nicht über Gebühr strapazieren, und ich hoffe, dass meine Kritik bei den zuständigen Behörden Widerhall findet.

Der Redner will, im Interesse der Zuhörenden, nicht zu lange reden; aber er hofft, dass seine Kritik trotzdem bei den zuständigen Behörden Widerhall findet. Wenn wir das falsche »und« durch ein »aber« ersetzen, ist alles in Ordnung.

Während »und« verbindet, drückt das fast genauso kleine »denn« eine Begründung aus.

> Sie wissen, wie einige dieser tarifrechtlichen Bestimmungen aussehen; denn sie stützen sich nicht auf die Abmachungen zwischen Arbeitgeber- und Arbeitnehmerorganisationen.

Dass die Zuhörenden offenbar wissen, wie … aussieht, das bedarf keiner Begründung. Mit dem Satz nach dem Semikolon soll nicht das

Wissen der Abgeordneten begründet, sondern das Verhalten gegenüber den erwähnten Abmachungen gekennzeichnet werden. Es wird indirekt behauptet, dass einige dieser tarifrechtlichen Bestimmungen nicht gut aussehen. Inwiefern sehen sie nicht gut aus? Insofern sie sich nicht auf die Abmachungen der Tarifparteien stützen. Wie können wir den Logikfehler überwinden?

Wir lassen »denn« einfach weg, und schon ist die Sache in Ordnung.

> Sie sollten auch nicht ein grünes Licht dafür hinstellen; denn das tun Sie doch in Wirklichkeit.

Denn? Gewiss nicht. Der zweite Satz soll nicht begründen, sondern nur bekräftigen, dass die Angesprochenen das tun, was sie nicht tun sollten. Also:

> Sie sollten auch nicht ein grünes Licht dafür hinstellen, was Sie doch in Wirklichkeit tun.

Oder so:

> Ein grünes Licht dafür hinzustellen: Das sollten Sie nicht tun.

Oft werden Gegensätze formuliert, die gar keine Gegensätze sind. Das winzige »aber« macht's möglich.

> Das muss einmal deutlich gesagt werden. Aber ich komme darauf noch zu sprechen.

Der Redner will keinen Gegensatz darstellen – was er durch sein »aber« tut –, sondern ankündigen, dass er das, was sein sollte, auch tun wird.

> Das muss einmal deutlich gesagt werden; deshalb komme ich darauf noch zu sprechen.
> …deshalb werde ich dazu noch einiges anmerken.
> …deshalb werde ich dazu später noch einiges mehr zu sagen haben.

Apropos »deshalb«! Auch damit kann man leicht einen Logikschaden verursachen.

> Damit will ich zum Schluss kommen, und deshalb bitte ich, unseren Antrag anzunehmen.

Nur weil der Redner müde ist oder keine Lust mehr hat oder was weiß ich – nur deshalb sollen die anderen den Antrag annehmen? Ein bisschen viel verlangt, nicht wahr? Wie ändern? Zum Beispiel so:

> Damit will ich zum Schluss kommen: Ich bitte Sie, unseren Antrag anzunehmen.

Im ersten Hauptsatz sagt der Redner, dass er zum Schluss kommen will, im zweiten Hauptsatz kommt er zum Schluss, führt also gleich aus, was er angekündigt hat. (Das ist übrigens sehr lobenswert: weil allzu viele nach einer solchen Ankündigung noch eine ganze Weile zu reden pflegen.)

Insofern hat dieser Redner wenigstens konsequent gehandelt. Insofern … auch so ein offenbar nicht ganz einfach zu handhabendes Wörtlein.

> Man könnte das Gesetz an den Rechtsausschuss zurückverweisen und insofern die Beratung aussetzen.

Nicht »insofern«, sondern?

> Man könnte das Gesetz an den Rechtsausschuss zurückverweisen und dadurch (oder: auf diese Weise) die Beratung aussetzen.

Ich hoffe, das kleine Logikkapitel über einige Bindewörter hat Ihnen gezeigt, wie viel Aufmerksamkeit wir diesen Winzlingen offenbar schenken müssen, wollen wir die Lesenden oder Zuhörenden nicht auf falsche Fährten schicken.

Für andere (ein)stehen!

Pronomen (für Nomen), das sind jene kleinen Wörter, die nicht für sich, sondern für andere und anderes stehen. »Klein, aber nützlich«, könnte man sagen, »aber auch gefährlich«, ist hinzuzufügen. Im Grammatik-Duden sind dieser Wortart 31 Seiten gewidmet. Damit wir überhaupt erst einmal einen Überblick bekommen: Was für Pronomen gibt es?

- **Personalpronomen** (persönliche Fürwörter):
  Ich, du, er, sie, es, wir, ihr, sie – und entsprechende Ableitungen.

  Ich bin zufrieden, *wir* sind es, *sie* sind es auch.

- **Reflexivpronomen** (rückbezügliche Fürwörter):
  mich, dich, sich, uns, euch, sich

  Ich pflege *mich,* du *dich,* er, sie, es *sich,* wir *uns,* ihr *euch,* sie *sich.*

- **Possessivpronomen** (besitzanzeigende Fürwörter):
  mein, dein, sein, ihr, unser, euer, ihr

  Das ist *mein* Buch; das ist *euer* Buch.

- **Demonstrativpronomen** (hinweisende Fürwörter):
  der, die, das, dieser, diese, dieses, jener, jene, jenes, derjenige, diejenige, dasjenige, derselbe, dieselbe, dasselbe

  Er hat die Prüfung bestanden; *der* ist fein raus.
  Sind das gute Bücher? *Dieses* ja, *jenes* nein.

Stiltipp: »Die Fachbücher über Textprogrammierung müssen aufbewahrt werden; wir haben dieselben auch auf Disketten gespeichert.« So sollten diese Demonstrativpronomen nicht benutzt werden; diese

Verwendung wirkt bürokratisch. Und wie ändern? Ganz einfach: »Die Fachbücher über Textprogrammierung müssen aufbewahrt werden; wir haben sie auch auf Disketten gespeichert.«

- **Relativ- und Interrogativpronomen** (bezügliche und fragende Fürwörter):
  der, die, das, welcher, welche, welches, was, wer, wessen, wem, wen, wo …

  Die Wurst, *die* ich heute gekauft habe, schmeckt mir nicht. (Hier ist auch »welche« möglich; aber dieser Gebrauch ist stark zurückgegangen. Nützlich, um Wiederholungen zu vermeiden.)
  Was willst du? Ich weiß nicht, *was* du willst.

- **Indefinitpronomen** (allgemeine, unbestimmte Fürwörter): alle, jemand, niemand, etwas, nichts, einige, etliche …

  Das wird *einiges* kosten. Wissen das denn *alle*?

Sie können sich denken, dass es zum richtigen und sinnvollen Gebrauch all dieser kleinen Wörter eine Menge zu sagen gibt (siehe Grammatik-Duden). Uns soll hier ein Fall beschäftigen, der für unser Schreiben und Reden besonders wichtig ist: die Verwendung von »wir« oder »ich« beziehungsweise »Sie« (im Geschäftsbrief) oder »du« (im Privatbrief).

»Wir« oder »Sie«?

Wenn man gelernt hat »Schreiben Sie kurze Sätze!« und »Im Aktiv schreiben!«, dann kann dabei Folgendes herauskommen:

> Wir haben Ihre Reklamation erhalten. Einen Fehler können wir nicht feststellen. Eine Gutschrift können wir nicht erteilen.

Sie merken, so geht's nicht. Oder – geht schon, aber nicht lange und nicht lange gut. Was haben wir an diesem Text auszusetzen – obwohl er doch zwei Standard-Stilregeln genau befolgt?

- Der Text wirkt abgehackt – Stakkato-Stil! Und dadurch wirkt er zugleich unfreundlich, abweisend.
- Dreimal »wir« in drei kurzen Sätzen, das liefert den Eindruck: »Die reden nur von sich selbst; ich komme bei denen gar nicht vor – obwohl ich doch hier der Geschädigte bin!«

Wie können wir die »wir«-Häufung in diesem kurzen Text vermeiden?

> Ihrer Reklamation sind wir sofort nachgegangen, konnten aber keinen Fehler feststellen. Eine Gutschrift ist deshalb nicht möglich.

Und wenn man es ganz kundenfreundlich machen will, kann man einen »Versöhnungsversuch« dranhängen.

> Kann das beigefügte Anhängsel Sie ein bisschen trösten und versöhnen?

Die Firma Walbusch muss gelegentlich mitteilen, dass ein Artikel vergriffen ist, aber später nachgeliefert wird. Kommt er dann endlich beim Kunden an, ist vielleicht eine kleine Packung Schokolade dabei, mit einem Aufkleber:

> Walbusch erhielt die Auszeichnung »Versender des Jahres«. Ohne Ihre Treue und freundliche Begleitung hätten wir diese Ehrung nicht erhalten. Und dafür danke ich Ihnen herzlich – mit diesem kleinen, süßen »Merci«.

Nun gibt es natürlich Aussagen, in denen die Übertragung eines »wir« in ein »Sie« nicht möglich ist. Wenn wir einen Fehler gemacht haben, können wir schlecht »Sie« sagen. Um dennoch ein »wir« zu vermeiden, greifen viele in solchen Fällen zum Passiv.

> Wir haben leider vergessen, Ihnen auch die Fahrtkosten zu ersetzen. Wir bitten um Entschuldigung.

Zweimal »wir« auf engem Raum! Vor allem im ersten Fall ist aber wohl bei bestem Willen kein »Sie« reinzuzaubern. Also? – Und dann kommt der Passivtrick.

> Es wurde leider vergessen, Ihnen auch die Fahrtkosten zu ersetzen.

Es wurde vergessen – von wem? Das Passiv vermeidet zwar das »wir«, verschleiert aber auch den Sachverhalt. Sprachlich ist der Satz korrekt, psychologisch ist er ungünstig. Die Reaktion vieler auf Sätze dieser Art: »Was heißt hier denn ›wurde vergessen‹? Wer hat's denn vergessen? Die doch. Und wir haben die Arbeit. Aber das ist ja typisch: Wenn was verbummelt wird, will's keiner gewesen sein.«

Folgerung: Gerade in solchen Aussagen ist ein bekennendes »wir« die beste Wahl. Wenn jemand einen Fehler unumwunden eingesteht, wirkt das wesentlich sympathischer als eine ausweichende Umschreibung.

> Leider haben wir vergessen, Ihnen auch die Fahrtkosten zu ersetzen. Bitte entschuldigen Sie unser Versehen.

Das sinnvolle »wir« ist nun gesagt, es steht allerdings, leicht abschwächend, nicht am Satzanfang. Dann kommt »Ihnen« und dann kein nochmaliger »Wir«-Satz, sondern ein »Sie«-Satz: »Bitte entschuldigen *Sie* unser Versehen.«

Wer in seiner Korrespondenz überwiegend oder gar immer nur von sich selbst spricht (wir, ich), schaltet die Lesenden sprachlich aus – wie ein Politiker, der in einer Diskussionsrunde Monologe hält. Deshalb muss der »Wir-wir-wir-Stil« eingeschränkt werden.

Wer in seiner Korrespondenz immer nur »Sie« sagt und sich, wo's mit »Sie« nun gar nicht geht, im Passiv versteckt, der schaltet sich selbst aus: Die anderen, mit denen wir korrespondieren, stehen sprachlich allein auf weiter Flur und entwickeln dabei leicht das Gefühl: »Wahrscheinlich korrespondiere ich ja auch längst nicht mehr mit Menschen; mein ›Partner‹ drüben wird wohl ein Computer sein.« Deshalb ist ein »wir-freier Stil« ebenfalls ungünstig.

Beide, die Briefschreibenden und die Brieflesenden, müssen im Text erscheinen – jeder natürlich an sinnvollen Stellen und keiner von beiden oft hintereinander.

Angesichts verschiedener Verhältnisse …

Wenn wir angesichts eines drohenden Krieges erschrocken sind, so ist das normal, und es ist ein angemessener Ausdruck. Auch in Wendungen wie »angesichts furchtbarer Verwüstungen«, »angesichts des unendlich scheinenden Meeres«, »angesichts des Todes« empfinden wir die Präposition »angesichts« passend, angemessen, ist doch in ihr ein »im Angesicht des« enthalten.

Und wie ist es bei Wendungen wie »angesichts Ihrer Unpünktlichkeit«, »angesichts sinkender Kurse«, »angesichts Ihrer heutigen Mitteilung«? Erscheint uns das nicht weniger angemessen? Vielen geht es so.

> Angesichts der Beitragserhöhung habe ich gekündigt.

Auch in solchen Aussagen mag uns das »angesichts« reichlich hochtrabend vorkommen. – Und was könnten wir stattdessen sagen?

> Wegen der Beitragserhöhung habe ich gekündigt.

»Angesichts dieses einmaligen Naturschauspiels …«: Hier ist der Ausdruck angemessen; bei alltäglichen Vorgängen, Geschäftsvorgängen zum Beispiel, ist er es nicht. Wer oft mit seinen Ausdrücken zu hoch greift, erweckt den Eindruck bürokratischen Imponiergehabes. Wie steht es mit dem folgenden Satz?

> Wegen des Regens war der Platz zu einer Matschwiese geworden.

Haben Sie das Gefühl: »Hier stimmt etwas nicht.«? Wenn ja, ist Ihr Sprachgefühl gut entwickelt. Das Verhältniswort »wegen« weist auf ein Motiv hin. Auf unseren Satz bezogen: War der Regen für die Wiese ein Motiv, matschig zu werden? Nein, kein Motiv, sondern eine Ursache; »wegen« passt da nur so ungefähr, nicht richtig. Und was passt stattdessen?

> Infolge des Regens war der Platz zu einer Matschwiese geworden.

Die Matschwiese war eine Folge des Regens; der Regen war kein Motiv, sondern eine Ursache. – Ein anderer Vorschlag:

> Durch den Regen war der Platz zu einer Matschwiese geworden.

Wie benutzen wir sonst »durch«? Zum Beispiel so:

> Durch ihren Fleiß ist es ihr gelungen, die Steuererklärung rechtzeitig fertig zu bekommen.
> Die Mannschaft hat durch Schnelligkeit wettgemacht, was ihr an technischem Können fehlte.
> Erst durch den Bericht haben wir erfahren, wie es wirklich passiert ist.

In allen diesen Fällen weist »durch« auf ein Mittel hin. In diesen Aussagen würde weder »wegen« noch »infolge« passen. Unterscheiden wir!

Beim Lesen mancher Sätze wissen wir sofort, dass sie aus einer bürokratischen Feder stammen, wobei es sich keineswegs immer um Behördenmitarbeiter handeln muss; auch Kaufleute pflegen zu einem großen Teil die alte »Papiersprache«...

> Wir haben betreffs der Anmeldung unseren Anwalt befragt.
> Bezüglich der Anmeldung haben wir unseren Anwalt befragt.

Die »Papiersprache« beherbergt Wörter und Wendungen, die wir im Gespräch (hoffentlich!) nicht oder zumindest kaum je benutzen. Sobald wir aber schreiben... Weniger bürokratisch wirkt in beiden Beispielsätzen »wegen«. Und welchen Ersatz würden Sie für den folgenden Fall vorschlagen?

> Wir haben diesbezüglich unseren Anwalt befragt.

Wäre nicht »deswegen« eine einfache, alltagssprachliche Alternative?

> Dank des schnellen Eingreifens der Feuerwehr wurde größerer Schaden vermieden.
> Dank schnellem Eingreifen der Feuerwehr wurde größerer Schaden vermieden.

Heißt es nicht »Gott sei Dank«? Also: Wem sei Dank? Schon, aber… Die Präposition »dank« hat sich selbstständig gemacht. Das Verhältniswort darf mit dem Dativ *und* mit dem Genitiv gebraucht werden. Und obwohl dem Genitiv allgemein eine ungünstige Zukunft vorausgesagt wird – hier scheint er sich durchzusetzen.

> Sie erhalten nächste Woche unsere Ausarbeitung nebst den amtlichen Unterlagen.

Halten Sie »nebst« für ein Normalwort der Umgangssprache? Wenn nicht »nebst«, was dann?

> Sie erhalten nächste Woche unsere Ausarbeitung mit den amtlichen Unterlagen.

Manche Leute haben eine Vorliebe für diese oder für jene Seite. Bei denen heißt es dann:

> Es ist klar, dass seitens der Betriebsprüfer Bedenken bestehen.
> Das Verschulden aufseiten (oder: auf Seiten) von Herrn Meier überwiegt.
> Von Seiten (oder: vonseiten) der Planungsabteilung gibt es keine Bedenken.

Was schlagen Sie statt der ganzen »Seiten-Familie« vor?

> Es ist klar, dass der Betriebsprüfer Bedenken hat.
> Es ist klar, dass beim Betriebsprüfer Bedenken bestehen.
> Herrn Meiers Verschulden überwiegt.
> Die Planungsabteilung hat keine Bedenken.
> Von der Planungsseite erwarten wir keine Bedenken.

Vielseitige Schwierigkeiten liefert uns die Präposition »trotz«.

Trotz dem Widerspruch sind wir nicht beunruhigt.

Richtig? Falsch? Erlaubt? Der Reihe nach:

Die Präposition »trotz« verlangt den Genitiv. Also: trotz des Widerspruchs. Aber – in Süddeutschland, in der Schweiz, in Österreich steht »trotz« auch mit dem Dativ: trotz dem Widerspruch.

Bei Pluralformen weicht man gern auf den Dativ aus. Statt »trotz Beweise« besser »trotz Beweisen«. »Beweise« lässt keinen Unterschied zwischen Nominativ und Genitiv erkennen.

Zurück zu unserem Ausgangsbeispiel. Vorschlag:

Trotz des Widerspruchs sind wir nicht beunruhigt.

Alles andere für falsch zu halten, das ist allerdings gewagt – zumal der Dativ wohl ältere Rechte hat. Denken wir an »trotzdem« und »trotz allem«.

Bei der Gelegenheit: Die Zusammensetzung »trotzdem« scheint als Konjunktion Karriere zu machen. Ursprünglich galt dieses Bindewort nur in Hauptsätzen als tauglich.

Wir sind nicht eingeladen, trotzdem werden wir hingehen.

Als Einleitung für Nebensätze galt dagegen nur »obwohl« als richtig.

Obwohl wir nicht eingeladen sind, werden wir hingehen.

Immer häufiger ist zu lesen:

Wir werden hingehen, trotzdem wir nicht eingeladen sind.

Empfehlung: Unterscheiden Sie weiterhin »trotzdem« und »obwohl«! Viele haben gelernt, zwischen diesen beiden Konjunktionen zu unterscheiden, und diese vielen werden uns ein »trotzdem« als Nebensatzeinleitung als falsch ankreiden. In einer Bewerbung zum Beispiel kann das gleich ein Minuspunkt sein.

Vom guten Deutsch

Obwohl die Artikel (kleine Gelenke, Glieder, Abschnitte, Teilchen) die am häufigsten gebrauchten Wörter unserer Sprache sind, bereiten sie uns fast keine Schwierigkeiten: der, die, das – einer, eine, ein. In dem 70-seitigen Duden-Erläuterungsteil »Rechtschreibung und Zeichensetzung« am Anfang des Rechtschreibdudens kommen diese fleißigen Diener nicht einmal vor.

Verschmelzungen einer Präposition mit »dem«: am, beim, hinterm, im, überm, unterm, vom, zum

Verschmelzungen einer Präposition mit »das«: ans, aufs, durchs, fürs, hinters, ins, übers, ums, unters, vors

Verschmelzungen einer Präposition mit »den«: hintern, übern, untern, vorn

Verschmelzung einer Präposition mit »der«: zur

Ein Teil dieser Verschmelzungen ist uns vertraut: am, beim, im, vom, zum.

Andere erscheinen uns eher neuartig. Neuartig sind sie eigentlich nicht – sie sind es nur der Form nach. Denn früher haben wir sie etwas anders geschrieben:

über'm, unter'm – an's, auf's … – hinter'n, über'n …

Der Apostroph hat uns angezeigt, dass in dieser Wortbildung etwas ausgelassen worden war. Richtig. Denn »über dem« wurde unter Auslassung von »de« zu über'm. Und so weiter. Da diese Fügungen jedoch dem vertrauten Muster von »am«, »im« und dergleichen folgten und weil auch diese Zusammenziehungen immer häufiger benutzt wurden, ließen sie nach und nach das Auslassungszeichen überflüssig erscheinen, wurden also zu »ans«, »durchs«, unterm« ...

Diese Vereinfachung wird kaum Schwierigkeiten bereiten. Und wer noch dem Auslassungshäkchen weiter anhängt – wer wird's verübeln!

Etwas mehr nachzudenken haben wir, wenn es um den Sinn solcher Zusammensetzungen geht. Nehmen wir das viel benutzte »zum«. Was heißt »zum«, wenn wir die beiden in enger Gemeinschaft auftretenden Wörter in volle Größe zurückverwandeln? Nicht etwa »zu einem«, sondern laut Duden: »zu dem«.

In einem Duden-Taschenbuch »Wie schreibt man gutes Deutsch?« lesen wir im Vorwort: »Die Literatur zum guten Deutsch ist unüberschaubar« [...] Kein Irrtum, sondern Absicht! Auf derselben Seite kommt noch zweimal »zum guten Deutsch« und einmal »vom guten Stil« vor. Und das kann uns stutzig werden lassen. Ist das denn gemeint: zu dem guten Deutsch, von dem guten Stil?

Die gebrauchte Verschmelzung würde bedeuten, dass es »das gute Deutsch« und »den guten Stil« gäbe. Nun gibt es aber weder dieses noch jenes. »Gutes Deutsch« kann viele Gesichter haben und »guter Stil« ebenfalls. Also?

Während »vom guten Stil« etwas Allgemeines ausdrückt (von dem guten Stil), was es nicht soll, ist dieses Allgemeine durchaus gemeint, wenn wir sagen: »Ich gehe zum Physiotherapeuten.« Wir merken es, wenn wir sagen: »Ich gehe zum Physiotherapeuten, der in der Mohnstraße wohnt.« Klingt das falsch? Ja, es ist falsch. In solchen Fällen müssen wir die Verschmelzung rückgängig machen: Ich gehe zu dem Physiotherapeuten, der in der Mohnstraße wohnt. Die Kombination »zum« kann das deutlich hinweisende »dem« in »zu dem« nicht ersetzen.

Die Beispiele zeigen, dass selbst so kleine Drei-Buchstaben-Wörter wie »der, die, das« Kopfzerbrechen bereiten können.

Fehler verursachen unsere Artikel auch dann sehr leicht, wenn sie mehreren Substantiven zugleich dienen sollen.

> Was wir vom gesundheitsbewussten Essen und Trinken und der asketischen Lebensweise dieses Mannes wissen ...

Die einmalige Verwendung der Verschmelzung »vom« für Essen und Trinken – in Ordnung. Dann aber soll das »vom« auch noch für »der asketischen Lebensweise« reichen, und das tut es nicht; denn »vom« ist ja die Zusammenziehung der Präposition »von« mit dem Artikel »dem«, während hier eine Verschmelzung der Präposition »von« mit dem Artikel »der« erforderlich wäre, die es aber nicht gibt. Also müssen wir schon ein Wort mehr aufwenden.

> Was wir vom gesundheitsbewussten Essen und Trinken und von der asketischen Lebensweise dieses Mannes wissen …

Eine falsche Einsparung begegnet uns recht oft. Also aufgepasst!

> Diese Sitte, die im Münsterland und der Schweiz zu Hause ist, …

Nein, geht nicht. Die Verschmelzung »im«, also »in dem«, kann nicht zugleich »in der« vertreten. Also:

> Diese Sitte, die im Münsterland und in der Schweiz zu Hause ist, …

Aber wie machen wir das nun, wenn wir nicht »das gute Deutsch« meinen und diesen Ausdruck mit »von« in Verbindung bringen wollen? Nicht »vom guten Deutsch«, sondern »von gutem Deutsch«. Und im Nominativ? Nicht »das gute Deutsch«, sondern »Gutes Deutsch«.

O du fröhliche …

Auch Ausrufe-, Ausgangs- und Empfindungswörter spielten in der »alten Literatur« eine große Rolle. Ich brauche nur zu blättern.

Hans Sachs: O Herre Gott! – Ach Gott!
Paul Fleming: O du wohlgeplagtes Haus …
Paul Gerhardt: O Haupt voll Blut und Wunden …
Grimmelshausen: Ja, der Soldaten böser Brauch …

Goethe: O Mädchen, Mädchen,
Wie lieb' ich dich!

Ach, wer heilet die Schmerzen …

O Jüngling, sei weise, verwein nicht vergebens
Die fröhlichsten Stunden des traurigen Lebens,

Hielte diesen frühen Segen,
Ach, nur eine Stunde fest!

Schiller: O füllet mit Nektar,
O reicht mir die Schale!

Sieh da, sieh da, Timotheus,
Die Kraniche des Ibykus!

Hölderlin: O heilig Herz der Völker, o Vaterland!
O vergiß es, vergib!

In Neuzeit-Gedichten werden die O- und Ach-Ausrufe sehr viel seltener. Aber immerhin:

Brecht: O Falladah, da du hangest!
Ach, bitter bereut, wer des Weisen Rat scheut…
Auf, ihr Völker dieser Erde!
Wirklich, ich lebe in finsteren Zeiten!

Manekeller: wahrheit
ach die wahrheit
leichten fußes
läuft sie
unauffällig getarnt
durch die wälder

Aber dieses zurückhaltend betonte »ach« ist in dem Lyrikband »scheues wild wahrheit« das einzige Ausrufewort. Was sagt uns dies alles? Ausrufe sind zurzeit nicht gerade gefragt. Aber – es gibt sie natürlich.

Das »O« und das »Oh« allerdings kommt noch des Öfteren vor. Meistens wird es leider falsch geschrieben. Wie ist es richtig? Allein stehend wird es mit, sonst ohne »h« geschrieben. Also:

O du fröhliche!
Oh, wie haben wir uns gefreut!

Falls diese vielen Besonderheiten unserer Sprache Sie nicht so sehr freuen sollten, berücksichtigen Sie bitte: Alles, was wir denken, wollen wir mit unserer Sprache ausdrücken, um uns anderen gegenüber verständlich zu machen – genau verständlich zu machen. Und da unsere Gedanken sehr, sehr vielseitig sind, brauchen wir auch vielseitige Formen und eine Menge kleiner Unterschiede.

Ich habe so eine Ahnung und schaue im Duden nach. Duden 1 von 1991: Ich habe Recht. Fassung 2000: Ich habe nicht (mehr) Recht. Die alte Regel wurde aufgeweicht. Jetzt heißt es: *(in Verbindung mit anderen Wörtern oft ohne h geschrieben:)* oh ja!, oh nein!, oh weh!; *auch* o ja!, o nein!, o weh! In einer Zeit, da unsere Rechtschreibung erheblich verändert wurde und jetzt auch noch eine Reform der Reform ansteht, gibt es immer wieder Überraschungen.

Wörter und Wendungen – diese und jene

Einige Formulierungsmöglichkeiten beschränken sich nicht auf einzelne Wortarten; sie zu zeigen und zu beurteilen, das soll dieses Kapitel leisten.

Zur Erläuterung drei Beispiele:

a) Diesen Posten müssen wir vorsichtshalber hinzuaddieren. Das war in meiner Rückerinnerung anders.

b) Ob diese Mannschaft das Zeug zum Meister hat, wage ich nicht zu prognostizieren.
Dieses Tor geht auf Kosten des Keepers.

c) Sie wollen uns bitte mitteilen, ob …
Der Ordnung halber weisen wir darauf hin, dass …

Zu a: »hinzuaddieren« ist eine Mischung aus »hinzufügen« und »addieren«, die »Rückerinnerung« eine Verbindung von »Rückbesinnung« und »Erinnerung«… Partielle Doppelausdrücke: einmal Verben, einmal Substantive.

Zu b: Das Wort »prognostizieren« hat seinen Platz als Fachwort in einigen Bereichen; im Fußballsport zum Beispiel ist es eine Imponiervokabel. In einer Reportage über ein Fußballspiel in England mag »Keeper« angemessen sein; in Deutschland gibt es immer noch den Torwart. Auch hier geht es sowohl um Verben als auch um Substantive.

Zu c: Ob der Briefempfänger das Gewünschte mitteilen *will,* kann der Schreiber nicht wissen. Floskelhaft. Die Formel »Der Ordnung (oder: der guten Ordnung) halber weisen wir darauf hin« ist eine veraltete Verlegenheitseinleitung; ungünstig ist dabei auch, dass der Hauptsatz Überflüssiges meldet, während die Hauptsache in den Nebensatz abgedrängt wird.

Die Beispiele veranschaulichen, dass manche ungünstigen Schreib- und Redeteile nicht auf einzelne Wortarten beschränkt sind, sondern bei mehreren Wortarten und im Zusammenspiel mehrerer Wortarten vorzukommen pflegen. Deshalb also dieses Kapitel: »Wörter und Wendungen – diese und jene«.

Doppelt genäht – hält besser?

Haben Sie auf Postkarten oder Briefumschlägen, die uns mit Werbesendungen fast alltäglich ins Haus fliegen, auch schon den fett gedruckten Hinweis »Rückantwort« gesehen? Bestimmt. Aber – würde denn »Antwort« oder »Rückäußerung« nicht reichen (zu bevorzugen natürlich: Antwort)?

Wir haben es mit einer Teilverdoppelung zu tun, wie bei dem bekannten »weißen Schimmel«. Das Wort »Schimmel« kennzeichnet das, was gesagt werden soll. Mit dem vorgesetzten Adjektiv »weiß« wird eins der Merkmale eines Schimmels, die Farbe, ausgedrückt.

Am Rande: Auf denselben Postkarten und Briefumschlägen finden wir dort, wo die Briefmarke ihren Platz hat, meistens Hinweise wie:

Bitte mit € 0,45 frankieren. Danke!
Bitte ausreichend frankieren.
Bitte frankieren, falls Marke zur Hand.
0,45 € für die Post

Überredung geglückt? Nicht immer, denn dass es sich hier um Überredungsversuche handelt, scheint sich langsam rumzusprechen. Wer auf diesem Weg eine Werbereaktion anstiftet, ist verpflichtet, dafür das Porto zu tragen. Und so mehren sich, wenn auch nur sehr zögernd, Hinweise wie:

Das Porto tragen wir.

Zurück zu unseren Verdoppelungen! Wenn jemand behauptet, er habe mir dieses oder jenes bereits vor einem Monat schon mitgeteilt, so haben wir es mit einer vollständigen Doppelaussage zu tun: bereits – schon. Wie kommt es dazu? Wenn selbst ein so gewandter, schlagfertiger Redner wie Wolfgang Clement Sätze mit »bereits schon« bildet (gerade in einer TV-Pressekonferenz geschehen) und dabei die beiden Wörter nicht einmal durch andere Wörter voneinander entfernt auftreten, nein, direkt nebeneinander, dann fragen wir uns umso mehr: Wieso? Wie kommt das? Wie ist das möglich? Ich schätze, wer so formuliert, hat die Kombination »bereits schon« vorher viele Male gehört und gelesen, allerdings ohne dabei das Gehörte und Gelesene genau zu bedenken. Er mag schon genau den Gesamtgedanken erfasst haben, aber nicht im Einzelnen. Wenn ein so genauer Denker und gewandter Redner wie Wolfgang Clement »bereits schon« *denkt,* weiß er sofort: Dies ist eine ungewollte Verdoppelung. Nur das Nichtdenken ermöglicht es, Ausdrücke dieser Art in das eigene Repertoire einzubauen. Und wenn sie da erst einmal drin sind, benutzt man sie auch selbst.

Wir nehmen einen ungünstigen Textbaustein in unseren Sprachschatz auf, der erst dann in Frage gestellt werden kann, wenn uns jemand auf seine schlechte Beschaffenheit aufmerksam macht.

Das ist wie in der professionellen Textprogrammierung, zum Beispiel von Briefen des Personalwesens. Immer wieder gebrauchte Informationsblöcke werden in Bausteine aufgelöst, die sich auf verschiedene Weisen zusammensetzen lassen, sodass weitgehend individuelle Briefe entstehen. Gerät bei diesem Verfahren der Textprogrammierung ein ungünstiger oder gar falscher Textbaustein in das Textprogramm, so wird dieser Baustein in der Folge von allen Personalfachkräften wieder und wieder benutzt: weil er nicht jedesmal neu bedacht wird. Das Nicht-neu-bedenken-Müssen ist ja auch gerade der Witz dieses rationellen Arbeitsverfahrens: Einmal festgelegt, immer wieder – an passender Stelle – verwendbar! Ob später gute Briefe entstehen, hängt davon ab, wie sorgfältig das Programm entwickelt und nach allen Seiten hin geprüft wird, ehe es die Freigabe für die Praxis erhält.

Die viel häufiger vorkommenden Verdoppelungen finden wir allerdings bei den Mixausdrücken. Sie können in *einem* Wort, aber auch in Form mehrerer Wörter auftreten. Bitte berichtigen Sie:

abkopieren, aufoktroyieren, Mithilfe, Rückerstattung, Verzichtleistung, Vorankündigung, vorprogrammieren, widerspiegeln, Zeitverzögerung, zusammenkoppeln – mit einbeziehen, mit einschließen

a) Unser neuer Verkaufsleiter muss die Fähigkeit besitzen, seine Mitarbeiter motivieren zu können.
b) Es besteht die Pflicht, in diesem Park Hunde an der Leine führen zu müssen.
c) Behinderte haben die Erlaubnis, auf dem Vorplatz parken zu dürfen.
d) Das Gericht soll dem angeblich zugestimmt haben.
e) Es besteht die Möglichkeit, solche Bücher steuerlich absetzen zu können.
f) Wenn Sie diese Beträge zusammenaddieren, lohnt sich der Aufwand.
g) Es hat andauernd geregnet.
h) Wir müssen Ihnen Ihr Manuskript leider wieder zurücksenden.
i) Ich wiederhole noch einmal, dass dies nicht unseren Vorstellungen entspricht.
j) Was das anbelangt, so sehe ich keine Probleme.
k) Und der Eiweißmangel wird immer größer und größer.
l) Edmund Husserl sah die Krise der europäischen Wissenschaften als Folge ihrer Abtrennung von der Lebenswelt.

Die meisten dieser Doppelungen werden Sie leicht erkennen und schnell korrigieren können. Einige der genannten Wörter und Wendungen sind allerdings so gebräuchlich geworden, dass es vielleicht schwer fällt, ihnen auf die Doppelt-genäht-Schliche zu kommen.

abkopieren	ablichten, kopieren
aufoktroyieren	aufdrängen, aufzwingen, oktroyieren
Mithilfe	Mitwirkung, Hilfe
Rückerstattung	Rückgabe, Erstattung (aber: die Erstattung eines erstatteten Betrages wäre eine Rückerstattung.)

Verzichtleistung	Der Verzicht ist bereits eine Leistung.
Vorankündigung	Vorhersage, Ankündigung (aber: Ausnahmsweise mag es einmal eine [vielleicht langfristige] Ankündigung noch vor der eigentlichen [kurzfristigen] Ankündigung geben.)
vorprogrammieren	vorher festlegen, programmieren
widerspiegeln	widerscheinen, spiegeln
Zeitverzögerung	Das Zeitelement ist in »Verzögerung« schon enthalten.
zusammenkoppeln	»koppeln« allein bedeutet schon: zusammenfügen, zusammenbinden
mit einbeziehen	einbeziehen, mit aufnehmen, hineinnehmen
mit einschließen	einschließen, mit aufnehmen, einfügen

Zu a: Die Fähigkeit ist ein Können. Also entweder: Unser neuer Verkaufsleiter muss die Fähigkeit haben, seine Mitarbeiter zu motivieren. Oder: Unser neuer Verkaufsleiter muss seine Mitarbeiter motivieren können. (Tipp: Wenn man »Mitarbeitende« statt »Mitarbeiter« wählt, hat man die Damen mit eingeschlossen … halt, halt! Nur »eingeschlossen« natürlich.

Zu b: Die Pflicht ist ein Müssen. Also: Es besteht die Pflicht, in diesem Park Hunde an der Leine zu führen. Oder: In diesem Park müssen Hunde an der Leine geführt werden.

Zu c: Die Erlaubnis ist ein Dürfen. Also: Behinderte haben die Erlaubnis, auf dem Vorplatz zu parken. Oder: Behinderte dürfen auf dem Vorplatz parken.

Zu d: Hier drücken »soll« und »angeblich« doppelt aus, dass nur weitergegeben wird, was man selbst nicht bezeugen kann. Aber einmal genügt. Also: Das Gericht soll dem zugestimmt haben. Oder: Angeblich hat das Gericht dem zugestimmt.

Zu e: Wenn etwas möglich ist, kann man es. Also: Es besteht die Möglichkeit, solche Bücher steuerlich abzusetzen. Oder: Solche Bücher können steuerlich abgesetzt werden.

Zu f: Wenn wir zwei Beträge addieren, zählen wir sie zusammen.

Zu g: Es hat anhaltend geregnet. Es hat dauernd geregnet.

Zu h: »Wir müssen Ihnen Ihr Manuskript leider zurücksenden.« Nur wenn es sich – große Ausnahme! – um eine zweite Rückgabe handelte, wäre »wieder zurücksenden« richtig.

Zu i: Die Formel »ich wiederhole noch einmal« wird fast ausschließlich gebraucht, wenn es sich nur um eine erste Wiederholung handelt – also falsch. Erst wenn jemand etwas ein drittes Mal sagt, wiederholt er noch einmal: Aussage – Wiederholung – Wiederholung.

Zu j: Der Ausdruck »anbelangt« ist eine Mischung aus »anlangen« (was das anlangt) und »betreffen« (was das betrifft). Ebenso bei »anbetrifft«.

Zu k: In »größer und größer« ist das »immer« schon enthalten. Also entweder: »Und der Eiweißmangel wird immer größer.« Oder: »Und der Eiweißmangel wird größer und größer.«

Zu l: Wenn da stände »... als Folge ihrer Koppelung von der Lebenswelt«, so würden wir das nicht verstehen; erst durch ein vorgesetztes »Ab« = »Abkopplung« bekäme die Aussage Sinn. Aber in »Trennung« ist das »Ab« schon enthalten. Also: »Edmund Husserl sah die Krise der europäischen Wissenschaft als Folge ihrer Trennung von der Lebenswelt.«

Die Halb-und Ganz-Doppelausdrücke sind so zahlreich und teilweise so versteckt und so üblich geworden, dass wohl kaum einer sie vollständig vermeiden kann. In dem ausgezeichneten Buch »Der Aufbau der Sprache« (Claassen Verlag, 1952; leider nicht mehr im Handel), exzellent geschrieben von dem hervorragenden Philologen Bruno Snell, lese ich gerade: »Die räumliche Ordnung, in der mir die Gegenstände notwendig gegeben sind, kann ich dann durch Präpositionen näher präzisieren.« Was bedeutet »präzisieren«? Laut Fremdwort-Duden: genauer bestimmen, eindeutiger beschreiben, angeben. Also heißt »näher präzisieren«: näher genauer angeben, schreiben, ausführen, darstellen ... Also: ein Doppelausdruck. Wenn einem so geistreichen, scharf denkenden, vorzüglich formulierenden Schriftsteller vom Fach ein unbeabsichtigter Doppelausdruck reinrutscht, so kann uns das trösten und ermutigen. Aber – bitte – so einem Autor passiert dergleichen einmal in einem 200-Seiten-Buch! *Wir* dürfen zufrieden sein, wenn es uns gelingt, solche ungewollten Formulierungen weitgehend zu vermeiden. Schon allein damit haben wir eine andere Sprache: eine schlankere, bestimmtere Sprache – einen individuellen Stil.

Ein Jugendfreund schrieb mir kürzlich: »Was du über Sprache der Medien, Presse, des Fernsehens usw. sagst, würde ich 100 % unterschreiben. Was da heute läuft, finde ich einfach zum Kotzen.« Obwohl er in seinem Hauptberuf als selbstständiger Gastwirt nichts mit Fachliteratur oder schöngeistiger Literatur zu tun hatte, ist ihm die Verarmung unseres Sprachgebrauchs deutlich aufgefallen, und sie hat ihm missfallen. Es lohnt sich offenbar, hier und auf mancherlei anderen Gebieten, sich einem Abwärtstrend nicht anzuschließen. Solange bessere Qualität noch sichtbar, noch empfunden wird …

Vom klugen Fremdwortgebrauch

Handy ist trendy«, nicht wahr? Und »Wellness« ist »in«! Auch kein Zweifel! Stadt und Innenstadt sind der »City« gewichen, und »das Design« ist bei uns so alltäglich wie »der Jackpot« oder »der Job« als allgemeine Bezeichnung für alle Berufe, vom Bäckergesellen bis zum Bundeskanzler. Aus der Werbung kennen wir »Time and more«, »It's time to change«, »Get more« und Hunderte weiterer Ausdrücke in englischer Sprache, manchmal auch in einer Sprache, die nur für Englisch gehalten wird.

In Deutschland hat der Kampf gegen die Überfremdung unserer Sprache Tradition. Als Kronzeugen gegen die Fremdwörterei seien der Turnvater Jahn, der Psychologe Ludwig Klages und in unserem »modernen Zeitalter« Eduard Engels und Ludwig Reiners erwähnt. Reiners' Kritik-Überschriften in seiner »Stilfibel«: Fremdartigkeit, Unverständlichkeit, Verwaschenheit. Alle haben aber immerhin zugegeben, dass es auch unentbehrliche Fremdwörter in unserer Sprache gibt; denken wir nur an die Fachwörter aus Wissenschaft und Technik.

Der Dauerstreit schien sich nach und nach in eine besonnene Sowohl-als-auch-Balance aufzulösen. Kein Fremdworthass! Aber auch keine Fremdwortsucht, bitte! Diese Zeiten sind jedoch vorbei.

Wir haben massenhaft Ausdrücke aus dem Lateinischen und dem Griechischen in unserer Sprache, auch einiges aus dem Französischen und dieses und jenes aus anderen Sprachen. Das wird bleiben. In Ordnung – obwohl auch in dieser Richtung ein kritisches Wort angebracht erscheint (kommt noch!). Aber was uns aus dem Englischen lieb und teuer gewesen ist – vom Agreement und Babysitter bis zum Comeback und zum Dropkick –, das hat sich in den letzten Jahrzehnten in ein Meer weiterer Englischvokabeln eingefügt: vom abchecken bis zum Homeshopping, von Junkfood bis zappen. Und in diesem

Meer droht die deutsche Sprache zu versinken, genauer: bis zur Unkenntlichkeit zu verarmen und zu veröden.

Dem Englischen bekommt die Wörterwanderung manchmal selbst nicht besonders gut. Beispiel Aussprache: Aus dem »Design« und »Center«ist bei vielen, zumal TV-Profis, klanglich etwas geworden, das uns vor 50 Jahren im Englischunterricht kein Lehrer hätte durchgehen lassen (aus einem stimmhaften wird ein stimmloser Konsonant – und umgekehrt). Achten Sie mal darauf! Und was uns so leicht über die Lippen geht, verursacht plötzlich beim Schreiben Probleme: »relaxed« (Duden 20 und 21) oder »relaxt« (Duden 22)? Um nur eins von zahlreichen Beispielen zu nennen. Wir geraten mit unserer Grammatik in Zweifelsfallen und Konflikte.

Einschub: Die Wörterzuwanderung in unsere Sprache kam früher einmal hauptsächlich aus dem Französischen. Die Älteren unter uns kennen noch die Contenance, das Trottoir, den Perron … Vorbei. Wir sind sozusagen vom Französischen zum Englischen konvertiert. Aber welch ein Unterschied! Das frühere Rendezvous duftete nach Erotik, das Date – riecht es nicht eher nach Sex? One-Night-Stand? Und jedes öffentlich dargebotene Ereignis, von edler Festlichkeit bis zum Klamauk, ist dann ein Event? Jedenfalls: »cool« ist »in«, und »charmant« ist »out«. (Ich habe in der Schule Englisch gelernt, leider nicht Französisch, bin also in dieser Hinsicht unverdächtig.)

Aber auch das Englische hat seinen Charme. (»Charme« ist gut, nicht wahr?) Wirklich bedauerlich ist nur die fatale Entwicklung – vom gezielten, manchmal recht witzigen Gebrauch bis zum Anglizismenmissbrauch und zum Denglisch. Und machen wir uns nichts vor: Niemand wird diese Entwicklung aufhalten, nicht einmal ein Verein, der es sich zur Aufgabe gemacht hat, die deutsche Sprache vor dem Schlimmsten zu bewahren. Was dagegen möglich ist, Sinn hat und für die einzelnen Schreibenden und Redenden von Nutzen sein kann, ist dies: dem allgemeinen Unfug nicht beizutreten.

Wie kann dieses Nicht-Beitreten aussehen? Welche Vorteile bringt eine solche Einstellung, Handlung, Praxis? Oder bringt sie Nachteile? Sehen wir uns die Sache mit Hilfe von Beispielen an; und bei dem Bemühen um unseren eigenen Stil des Schreibens und Redens wollen wir Fremdwortbrocken des »Imponierstils« aus anderen Fremdsprachen nicht ausschließen. Zum Thema »ausbalancieren«: Wörter, die in dem einen Zusammenhang, im Rahmen der einen Textsorte aufgesetzt erscheinen, sind oft in einem anderen Zusammenhang und im Rahmen der anderen Textsorte angebracht oder sogar notwendig. Dazu gleich das Beispiel »prognostizieren«. Wenn Wolfgang Clement heute Morgen dieses Fremdwort benutzte, so war das angemessen. Man prognostiziert beispielsweise die Entwicklung des Wachstums oder der Arbeitslosigkeit. Wenn ein Sportredakteur den Ausgang eines Fußballspiels Köln gegen Mainz mit 2:2 prognostiziert, so ist das unangemessen. Warum kann er nicht schlicht melden, er sage ein 2:2 voraus, er befürchte oder erhoffe ein 2:2, er vermute, das Spiel werde 2:2 ausgehen ... So viele Ausdrücke, die verfügbar sind, um genau zu treffen, was gemeint wird – nein, es muss »prognostizieren« sein.

Wenn jemand im Wissenschaftsbereich ein Beobachtungsergebnis verifizieren will – passend! Wenn aber ein Reporter die Schrittlänge eines Langstreckenläufers schätzt, jedoch meint, sein Schätzungsergebnis müsse noch verifiziert werden ... Du grüne Neune!

Die Bezeichnung »angemessen« ist gefallen. Darum dreht sich alles, und wir können die Angemessenheit einer Formulierung, eines Textes, eines Stils zum Maßstab unserer Sprachäußerungen machen. Es geht um Angemessenheit in mehrfacher Beziehung:

1. Angemessenheit gegenüber dem Gegenstand meiner Aussage
   Einen Glückwunsch werde ich in anderem Ton und mit anderen Vokabeln formulieren als einen Beileidsbrief oder einen Lagebericht.

2. Angemessenheit gegenüber dem, was ich ausdrücken will
   Auch in einem Glückwunsch, zum Beispiel, gibt es zahlreiche Wortwahl-, Satzbildungs-, Stilmerkmale. Mein Brief oder meine Rede kann sehr persönlich und herzlich sein, sie kann zurückhaltend sein, sie kann munter oder ernsthaft sein. Und so weiter.

3. Angemessenheit gegenüber Lesenden oder Zuhörenden
   Unser ehemaliger Bundeskanzler Helmut Schmidt stellte denselben Sachverhalt gegenüber Journalisten anders als in der Runde hochrangiger Wirtschaftsfachleute dar und wiederum anders, wenn er über dasselbe Thema vor 1000 Werksangehörigen in einem Unternehmen sprach. Er ging auf seine Partner ein, nahm auf sie Rücksicht.
   Oft ist dies insofern schwierig, als man die Kenntnisse und die Vorstellungen der anderen Seite – zum Beispiel von Buchlesenden – nicht kennt. In dem Fall kann man sie nur aus eigener Lebenserfahrung einzuschätzen versuchen.
   Immer aber ist die Angemessenheit gegenüber Lesenden und Zuhörenden wichtig: weil wir ja nicht um des Schreibens willen schreiben und um des Redens willen reden, sondern weil wir mit unserem Schreiben und Reden – es ist ja anstrengend genug – etwas erreichen wollen.

4. Angemessenheit gegenüber der Situation
   Wenn ich in unbedrohter Friedenszeit über Friedenserhaltung spreche, werde ich das vielleicht ruhig, besonnen abwägend, kritische Einwände berücksichtigend … tun. Droht gerade ein verhängnisvoller Krieg, mag meine Rede, auch wenn sie inhaltlich dieselbe ist, ganz anders ausfallen: beschwörend, auffordernd, mitreißend …

Zurück zum engeren Thema »Fremdwortgebrauch«.

In einem meiner Duden-Bücher habe ich vor rund 20 Jahren zum Thema »Fremdwortgebrauch« geschrieben:

> Kümmern Sie sich beim Reden und Schreiben nicht um den Fremdwortstreit! Es braucht Sie nicht im Geringsten zu belasten, dass dieser und jener feine Stilist behauptet hat, Sie dürften dieses und jenes freche Fremdwort nicht über die Lippen oder aufs Papier bringen und sollten überhaupt weitgehend Fremdwort-Enthaltsamkeit üben. Statt solche Verbote im Kopf zu wälzen, konzentrieren Sie sich besser ganz auf die Sache, die Sie genau, deutlich, anschau-

lich mitteilen wollen. Wenn Sie dazu die vier Angemessenheitsregeln beachten, wird alles in guter Ordnung sein.

Diese großzügige Beurteilung muss ich nun, ein paar Jahrzehnte später, etwas einschränken. Warum? Wegen der erwähnten Entwicklung zum Denglisch, um es knapp mit einem Ausdruck zu sagen, den inzwischen fast alle verstehen.

Wenn man Tag für Tag, vor allem in der Werbung, mit Englisch-Brocken überschüttet wird, kann es passieren, dass nach und nach einiges davon im eigenen Stil hängen bleibt – es passiert schleichend, also ohne dass wir es so recht wahrnehmen.

Deshalb erscheint es heute – bei dieser veränderten Sachlage – durchaus angebracht, bewusst eine gewisse Zurückhaltung zu üben. Wenn ich »Fairness« oder »Esprit« meine, werde ich nicht mühsam nach einem deutschen Entsprechungswort suchen (das übrigens doch nie ganz trifft), sondern diese beiden Wörter aus zwei fremden Sprachen ungeniert benutzen, wie auch das gerade geschriebene »ungeniert«. Aber ich werde weder relaxed dem Wellness-Trend folgen noch meiner Nichte von einem neuen Hair Styling Shop berichten, der gerade im City Center eröffnet worden ist. Und wenn ich etwas über die Vorteile von Allrad-Fahrzeugen ausführen möchte, werde ich bestimmt nicht über Four-Wheel-Drive-Cars reden.

Manche Fremdwörter, auch aus dem Englischen, sind sinnvoll und notwendig. Freie Fahrt! Andere sind unnötig, überflüssig und wirken bei uns gewollt modern, manchmal lächerlich. Also: Vorsicht! Und schließlich gibt es noch die vielen Neutralen. Entscheiden Sie von Fall zu Fall!

Es ist wie bei den verschiedenen Essempfehlungen für Übergewichtige, Untergewichtige, so oder so Kränkliche oder Kranke: Einige Nahrungsmittel fördern die Gesundheit; andere nützen und schaden nicht; und wieder andere sollte man nach besten Kräften meiden. So kommt eine gute Ernährung heraus.

Sehen wir uns zum Schluss ein – nicht erfundenes – Textbeispiel an, das zugleich nachweist: Auch ohne sich ins Denglisch zu verirren, kann man sich in jargonhaftes, dabei großspuriges, der Sache nicht dienendes Fremdwortgedrechsel verlaufen.

> »Die Applikation der Dialektologie im Bereich der Kulturraumforschung wie Volks- und Landeskunde basiert im Wesentlichen auf einer Adaption der diatopischen Betrachtungsweise und der damit verbundenen kartographischen Darstellungsverfahren sowie auf der hilfsdisziplinären Funktion dialektaler Erscheinungen im Rahmen kulturgeographischer Untersuchungen und führt generell zu einer Stützung kulturanthropologisch-geographischer Aussagen.«

Der Sprachwissenschaftler Helmut Seiffert weist darauf hin, dass der Autor seine Fremdwörter zufällig wählt, weil sie zu seinem Fach- oder Institutsjargon gehören. Andere Begriffe, für die er genau so gut fremdsprachliche Ausdrücke bevorzugen könnte, »lässt er unübersetzt«. Eine solche Art und Weise zu formulieren, zeigt die Sinnlosigkeit des Schreibens und Redens im Jargon. Keine Folgerichtigkeit! Nicht zweckmäßig! Schwer zu verstehen! Seiffert bietet dann eine Übersetzungs ins Deutsche an. Sein Schlusskommentar: »Ganz klar wird das Gesagte auch hierdurch nicht, weil es – unabhängig von Jargonproblemen – auch in sich unklar ist.«

Das ist eine Erfahrung, die jeder immer wieder machen kann: Wenn wir einen Text, der uns schwer verständlich erscheint (Schachtelsätze, Fremdwortüberfluss, hochtrabender Stil), genau prüfen, werden wir meistens feststellen, dass er nicht nur stilistisch, sondern auch gedanklich schwach ist. Tun wir uns doch den Gefallen: Erweisen wir den Fremdsprachen die Ehre, sorgsam mit ihren Wörtern und Wendungen umzugehen, statt sie massenhaft wahllos in unsere Texte einzustreuen und sie derart – eigentlich zu missachten. Dazu Karl Kraus: »Gewiß, man muß Fremdwörter nicht gerade dort gebrauchen, wo es nicht notwendig ist, und man muß nicht unbedingt von Kretins sprechen, wo man es mit Trotteln zu tun hat. Aber das eine sei ihnen doch gesagt: daß ein Fremdwort auch einen Geschmack hat und sich seinerseits auch nicht in jedem Mund wie zu Hause fühlt.«

Treffende Wörter rein, Fress- und Modewörter raus!

Früher haben wir Häuser, Schlösser und Kirchen gebaut, Waren hergestellt oder produziert, Briefe, Berichte, Gedichte geschrieben, Statistiken erarbeitet, Parks angelegt, Brötchen gebacken, Frisuren gestaltet. Heute gibt es bei vielen Schreibenden für all diese und zahlreiche weitere Tätigkeiten nur noch ein einziges Wort: erstellen, dazu das unvermeidliche Verbalsubstantiv »Erstellung«.

Der alte Ausdruck »erstellen«, der einmal eng begrenzte Tätigkeiten beschrieb, hat neuerdings eine Karriere als Fresswort gemacht.

Meine alte Familienbibel beginnt mit dem Satz: »Am Anfang *schuf* Gott Himmel und Erde.« Das ist die Formulierung des Glaubens. Ein anderer Glaube, der Wissenschaftsglaube, sagt vorsichtiger, unsere Welt sei auf eine natürliche Weise, zum Beispiel durch den Urknall, *entstanden*. Und wie ist das nun heute mit unserer Welt? Es ist so: Ihre Erstellung, wie und von wem auch immer, gilt als Faktum; an der Erstellung ihrer Zerstörung wird noch gearbeitet.

Ein anderes Krakenwort dieser Art ist »umgehend«. Da heißt es: »Wir möchten Sie um umgehende Bearbeitung dieses Vorgangs bitten.« Natürlich möchte man nicht bitten, sondern man bittet. Was bedeutet in diesem Fall »umgehend«? Es bedeutet: schnell, gleich, zügig, möglichst bald, unverzüglich, ohne jede Verzögerung… All diese und weitere Ausdrücke scheinen in einem Wort verschmolzen zu sein: umgehend. Warum wird so selten anders formuliert? Zum Beispiel: Wir bitten Sie, diesen Vorgang gleich zu bearbeiten. Oder: bevorzugt. Oder: so schnell wie möglich. Oder… oder…

Nichts gegen Wörter wie »Erstellung« und »umgehend«. Hier oder da mögen sie nützlich sein, zum Beispiel, wenn man keine Zeit hat, treffend zu formulieren. »Wie war der Vortrag gestern Abend?«, fragt ein Kollege im Vorbeigehen. »Interessant… sehr interessant.«

Das mag für den Augenblick genügen. Später, im Gespräch beim Mittagessen, wird man's genauer beschreiben können.

Was Pauschalwörter zu Plagegeistern macht, ist die Fress-Sucht, mit der sie eine Fülle anderer, meistens genauerer Ausdrücke verschlingen. Wer sich das Formulieren mit Ausdrücken wie »Erstellung« und »umgehend« erleichtert, muss wissen, dass auf diese Weise seine Sprache – und damit auch sein Denken – verarmt. Und wenn das allgemein geschieht, wird unsere Sprache – und unser Denken – langweilig und belanglos.

Kürzlich suchte eine Werbeagentur eine Chefsekretärin. Der Text:

> Wenn Sie in einer innovativen Werbeagentur Ihre Kreativität und Kommunikationsfähigkeit in einem exklusiven Ambiente optimal einsetzen wollen, dann senden Sie uns Ihre Bewerbungsunterlagen mit Lichtbild und Gehaltsvorstellung.

Was für eine Ansammlung abgegriffener Standardvokabeln! Ich befürchte, hier haben kommunikationsfähige Kreativkräfte der Werbung in einem exklusiven Ambiente eine optimale Personalanzeige – erstellt. Und derart einspurig Rennenden wird kaum je im Traum einfallen, dass man für eine Werbeagentur, die neue Wege geht, eine Chefsekretärin suchen könnte, die sich umsichtig, einfallsreich und sprachgewandt einsetzen möchte.

Nebenbei: Wie soll man das machen – eine Gehaltsvorstellung senden?

Zusammengefasst: Wer lebendig, überzeugend, wirkungsvoll schreiben und reden möchte, hüte sich vor dem Dauergebrauch von Pauschalausdrücken und Standardvokabeln!

Kreativ formulieren!

Wir reden und schreiben mit Hilfe von Textbausteinen. Das sind zum Teil halbe oder ganze Sätze, zumeist Wendungen, aber auch Mini-Textbausteine.

Wer kennt nicht die Aussage »Sie wissen so gut wie ich«, eine Redensart, die der frühere Bundeskanzler Helmut Kohl wieder und wieder benutzt hat, vor allem in Interviews, meistens mit einem vorwurfsvollen Unterton. Und heute, da wir ihn sehr viel seltener reden hören, benutzen andere Politikprofis diese Wendung. Wahrscheinlich gar nicht bewusst. Vielmehr haben sie diese Wortfolge so oft gehört, dass sie wie von selbst in den eigenen Sprachschatz übernommen wurde.

Solche Textbausteine sind hilfreich, vor allem beim Reden. Wir müssen schnell etwas sagen, agieren oder reagieren, und da können wir nicht lange überlegen: »Wie drücke ich mich jetzt am besten aus?« Und für diesen Fall stehen viele Textbausteine bereit; sie sind so leicht abrufbar, dass sie uns mühelos über die Zunge rollen.

Dasselbe passiert beim Schreiben. Und da sind die mit Textbausteinen gespickten Formulierungen weitaus weniger gut. Denn was entsteht auf diese Weise? Allerweltstexte, die jede und jeder schreiben könnte. Nichts Eigenes. Da ist keine Kreativität am Werk – die doch in einem fort von allen Seiten verlangt wird. Nein, ein Zuviel an allbekannten Bausteinen macht einen Text langweilig. Keine Ausstrahlung. Kein Esprit. Eben Naja-Texte. Hier die Anfänge solcher Bausteine, und Sie werden merken, dass es leicht ist, sie in üblicher Weise zu ergänzen:

a) Diese Maßnahme ist so überflüssig wie …
b) Ein großartiges Konzert! Das Publikum dankte mit … Beifall.
c) Was würde passieren? Die Entscheidung stand auf …

Die Ergänzungen, die Sie mit Sicherheit sofort gefunden haben:

... ein Kropf.
... mit tosendem Beifall
... auf des Messers Schneide

Es ist ja auch gar nicht so leicht, derartig eingefrorene Formulierungen zu ersetzen. Was wäre also in diesen drei Fällen möglich? Vieles. Zum Beispiel:

a) Diese Maßnahme ist so überflüssig wie ein schlechter Roman. Diese Maßnahme ist so überflüssig wie ein Selbsttor im Fußball.
b) Ein großartiges Konzert! Das Publikum dankte mit Beifall, Beifall, Beifall...
c) Was würde passieren? Die Entscheidung...

Bei der dritten Formulierung kommen wir in Verlegenheit. Oder Sie nicht? Haben Sie für »auf des Messers Schneide« gleich Ersatz gefunden? Möglich wäre immerhin:

c) Was würde passieren? Die Entscheidung stand vor der Tür.
   Was würde passieren? Die Entscheidung stand dicht vor der Tür.

Nun ist dieses »vor der Tür« allerdings auch eine sehr gängige Redewendung; sie gewinnt aber an Frische, wenn sie in einem nicht so üblichen Zusammenhang gebraucht wird.

Überhaupt: Das können wir uns von den Lyrikern abgucken. Hilde Domin schreibt in ihrem Buch »Wozu Lyrik heute?«: »Kein Wort [...] ist [...] tot. Das Wort ist tot in einem Zusammenhang. In einem andern prägt es sich ein wenig um, schon steht es auf.«

Versuchen wir, mit der Entscheidung noch ein wenig zu spielen!

c) Die Entscheidung stand an wie ein Rennpferd vor dem Start.
c) Die Entscheidung lag in der Luft; man konnte sie förmlich riechen.
c) Die Entscheidung war nur noch eine Frage von Minuten.

Die Ergänzungen in den drei Beispielen zeigen zugleich unterschiedliche Möglichkeiten.

a) Ein »Bild« wird durch ein anderes ersetzt.
b) Ein Adjektiv wird durch zwei Substantive ersetzt.
c) Ein in diesem Zusammenhang abgenutztes Bild wird durch ein in diesem Zusammenhang noch nicht so abgenutztes Bild ersetzt.

Vor einigen Jahrzehnten, als mal wieder ein Krieg auszubrechen drohte, schrieb der Chefredakteur der »Welt«:

Der Krieg steht vor der Tür.

Ein gutes Bild? Bedenken wir: Auch Weihnachten steht jedes Jahr vor der Tür, auch der Frühling steht vor der Tür, auch die Einschulung unserer Kinder steht immer wieder vor der Tür, auch der Nikolaus steht eines Tages vor der Tür. Das heißt, diese Metapher ist recht alltäglich, also auch ziemlich verbraucht. Hinzu kommt, dass sie so oft für durchaus erfreuliche Sachverhalte benutzt wird. Was wäre im Zusammenhang mit Krieg besser gewesen? Schwer zu sagen? Machen wir es uns doch bitte ganz einfach, das Bessere zu finden, indem wir etwas Naheliegendes benutzen!

Krieg droht!

Während »Der Krieg steht vor der Tür« auch klanglich sehr harmlos, alltäglich, glatt klingt, bietet uns das schlichte »Krieg droht« mit »Kr« und »dr« zwei krächzende, knarrende Laute, die zum Inhalt viel besser passen als das freundliche »steht vor der Tür«.

Ein kleiner Test: Versuchen Sie bitte, die folgenden Wörter so zu ergänzen, wie es üblich ist!

a) eine bodenlose …
b) eiserner …
c) du bist eine falsche …
d) er ist ein falscher …
e) klug wie die …
f) unerschütterliche …
g) Nerven wie …

h) hart wie …
i) zäh wie …
j) schnell wie …
k) frech wie …
l) klar wie …
m) so dumm wie …
n) dunkle …
o) die nackte …
p) der gesunde …

Die Liste ließe sich noch lange fortsetzen. Und was stellen Sie fest, wenn Sie Ihre Ergänzungen mit den folgenden vergleichen?

a) eine bodenlose Gemeinheit
b) eiserner Wille
c) du bist eine falsche Schlange
d) er ist ein falscher Fuffziger
e) klug wie die Schlangen
f) unerschütterliche Ruhe
g) Nerven wie Drahtseile
h) hart wie Kruppstahl
i) zäh wie Leder
j) schnell wie die Windhunde
k) frech wie Oskar
l) klar wie Kloßbrühe
m) so dumm wie lang; oder: so dumm wie Bohnenstroh
n) dunkle Machenschaften
o) die nackte Wahrheit
p) der gesunde Menschenverstand

Die aufgezählten Verbindungen enthalten übrigens drei – Sie haben es sicher entdeckt –, die einmal zum Standardvokabular der nationalsozialistischen Jugenderziehung zählten: hart …, zäh …, schnell … So nämlich sollte die heranwachsende Jugend sein.

Wahrscheinlich stimmen Ihre Ergänzungen mit meinen in der überwiegenden Mehrheit der Fälle überein. In der »überwiegenden Mehrheit«? Überwiegt eine Mehrheit nicht immer? Sie erkennen, dass sich solche Koppelungen selbst dann durchsetzen können, wenn sie inhaltlich nicht sinnvoll sind. Entstanden ist die falsche »überwiegende Mehrheit« wahrscheinlich einmal durch Fehlaussagen von Politikern, die eine »überwältigende Mehrheit« meinten. Und vielleicht hat bei dieser Fehlformulierung sogar ein guter Gedanke mitgespielt, nämlich die Absicht, einer abgegriffenen und hochtrabenden Formulierung wie »überwältigende Mehrheit« auszuweichen. Hätte man auch gedacht, was man schrieb und redete, so hätte die ungewollte Doppelaussage nicht passieren können. »Denkt mal nach!«, möchte man da den Politikprofis zurufen.

Aber was hätten sie denn sonst an die Stelle der »überwiegenden Mehrheit« setzen können? Zum Beispiel: eine breite Mehrheit. Oder: eine starke Mehrheit. Oder: eine ansehnliche Mehrheit. Oder: eine beeindruckende Mehrheit. Oder: eine kräftige Mehrheit. Oder: eine nicht zu übersehende Mehrheit. Oder: eine ernst zu nehmende Mehrheit. Oder … oder …

Wer viele solcher Standardkoppelungen kennt, mag damit natürlich in seinen Schriften und ganz besonders in seinen Reden prächtig jonglieren und so den Eindruck eines individuellen Stils vorzutäuschen versuchen. Aber kann ein Stil individuell sein, wenn er sich auf möglichst viele abgegriffene Wörter, Wendungen, Redensarten stützt? Doch wohl kaum; denn er enthält ja wenig Eigenes, dafür umso mehr Geborgtes, Übernommenes. Dieser Stil zeigt lediglich, dass jemand über einen großen allgemeinen Wortschatz verfügt, dass er besonders viele »Textbausteine« in seinem Kopf gespeichert hat. Manche Kritiker sprechen auch von »abgenutzten Formeln, abgenagten Knochen«. Der Schriftsteller Radecki meint: »Sie sprechen Schreibmaschine« (womit er allerdings ein falsches Bild bemüht, denn ich kann mit der Schreibmaschine, heute mit dem PC, statt »unerschütterliche Ruhe« ebenso leicht »unbeirrbare Ruhe« oder vieles anderes schreiben).

Nach der Kritik nun die Zustimmung, denn jede Sache hat mindestens zwei Seiten. Wer bringt die Fähigkeit schon mit, wer hat die Zeit, in einem fort individuell zu schreiben, von »zu reden« ganz zu schweigen? Fast niemand. Das bedeutet: Ohne eine Vielzahl von Mini-Textbausteinen kommen wir nicht aus. Und was nun?

In meinem Buch »Außergewöhnliche Bewerbungen« (Verlag Langen Müller, Herbig) steht am Anfang der folgende Grundsatz:

> Eine außergewöhnliche Bewerbung muss ein gelungener Balanceakt sein. Was wir brauchen, ist angenehm Abweichendes im Rahmen des Üblichen und der Regeln.

Auf »Abweichendes im Rahmen des Üblichen und der Regeln« kommt es hier an. Die festgeleimten Redewendungen sind das Übliche, die kleinen Veränderungen das Abweichende – wie in diesem Satz, in dem ich »fest geleimte Redewendungen« statt des üblichen Ausdrucks »feststehende Redewendungen« gewählt habe. (Nebenbei: Warum nach neuer Rechtschreibung einmal Getrennt-, einmal Zusammenschreibung? Fragen Sie den Duden!)

Noch Ende des 20. Jahrhunderts schrieb man in einer großen deutschen Automobilfirma und einer großen deutschen Bank als Schlussformulierung in Briefen dies:

> Wir hoffen, Ihnen mit diesen Angaben gedient zu haben und verbleiben
>
> mit freundlichen Grüßen

Und ich bin ziemlich sicher, dass der Briefschluss dort heute oft noch genauso aussieht. In Anzeigen verlangen die Personalsuchenden häufig »Kreativität«. Warum? Weil sie so wenig davon haben?

Nebenbei: In diesem Schluss-Satz, der bei fortschrittlicher Korrespondenzgestaltung schon vor 40 Jahren ausgedient hatte, leisten sich die beiden erwähnten Großen auch noch den typischen Kommafehler. Mit »und« geht der Hauptsatz, nicht die Infinitivgruppe weiter. Also gehört davor ein Komma. Aber ist die Grundformgruppe, der erweiterte Infinitiv mit »zu«, nach den neuen Regeln nicht vom Kommazwang befreit? Ja. Wenn ich jedoch das Anfangskomma setze – erlaubt! –, dann muss ich auch das Endkomma setzen.

Gerade lese ich im Kölner Stadt-Anzeiger, dass mitten in Deutschlands Wirtschaftstief die Firma Obi mit Manfred Maus, ihrem Mitbegründer und Aufsichtsratschef, 2002 das beste Jahr ihrer gut 30-jährigen Geschichte feiern konnte. Der Umsatz sei, wie im Vorjahr, wieder um fast 10 Prozent vor Steuern gestiegen. Wie ist das möglich? Kreativität! In diesem Bericht lese ich unter anderem auch: »Mit der Vermittlung und Koordination handwerklicher Leistungen unter dem Namen Obi-Renovierungsservice will das Unternehmen stärker als bisher die große Zielgruppe derer ansprechen, die zwar im Baumarkt einkaufen würden, das aber bislang nicht tun, weil sie die Waren zu Hause nicht selbst verarbeiten können.« Eine hervorragende Idee.

Zurück zum Schreiben. Der Philosoph Dr. Gerd B. Achenbach schlug einmal in der Zeitschrift für deutsche Sprache »texten + schreiben« vor: »Setzen Sie sich hin, und versuchen Sie, fünfzig (!) Postkarten an Ihre Tante zu schreiben! Die Vorgabe ist lediglich, dass alle Ihre Kurztexte im DIN-A6-Format den Auftrag zu erfüllen haben, für die lieben Wünsche der Tante zu Ihrem Geburtstag zu danken. Wer dieses Experiment wagt, trainiert seine kreative Begabung und testet sie zugleich.« Und: »Kreativ in einem Anerkennung verdienenden Sinne ist nicht der, der in einem Gespräch von einem Gedanken zum anderen fliegt – je nachdem, was ihm gerade einfällt –, sondern der in der Lage ist, *einen* Gedanken festzuhalten und ihn dabei weiterzuentwickeln, neu zu beleuchten und zu vertiefen …«

Wie steht's mit einem weiteren Versuch? Nehmen wir doch einfach den wunderbaren Schluss-Satz der beiden großen Unternehmen:

> Wir hoffen, Ihnen mit diesen Angaben gedient zu haben, und verbleiben
>
> mit freundlichen Grüßen

Offenbar hat man der anderen Seite nützliche Auskünfte gegeben; das ist der Sachverhalt.

Versuchen Sie bei der Gelegenheit bitte auch gleich einmal, die Grußformel zu verändern. Sie werden schnell merken, dass es da, zumal für Geschäftsbriefe, nicht gerade viel Auswahl gibt. Aber ein paar Varianten können wir uns dennoch einfallen lassen. Dabei ist zu bedenken, dass unser Verhältnis zur Empfängerseite so oder so sein kann, also auch ein paar feine Abstufungen ermöglicht. Also? Zum Beispiel:

- Wir hoffen, dass Ihnen diese Informationen weiterhelfen.
  Mit freundlichem Gruß
- Wir hoffen, dass diese Angaben für Sie von Nutzen sind.
  Mit freundlichen Grüßen
- Können Ihnen diese Informationen weiterhelfen?
  Freundliche Grüße
- Sind diese Angaben, die wir für sehr zuverlässig halten, für Sie von Nutzen?
  Freundliche Grüße aus Köln
- Wir vermuten, dass diese Angaben für Sie von Interesse sind. Wenn Sie noch Fragen haben: bitte rufen Sie an.
  Freundlich grüßt Sie
- Interessant für Sie?
  Ich grüße Sie
- Wenn Sie weitere Einzelheiten zu diesem Thema erfahren möchten, rufen Sie mich doch einfach an. Ich helfe Ihnen gern.
  Mit den besten Grüßen
- Können Sie mit diesen Hinweisen etwas anfangen? Wir hoffen, dass wir Ihnen ein wenig behilflich waren.
  Mit besten Grüßen
  aus dem verschneiten Norden

Falls Sie einmal versuchen, eine alltägliche, schlichte Information mit ein paar Varianten zu versehen, werden Sie schnell merken, dass Ihnen bei der Arbeit immer noch etwas Neues einfällt. Wenn wir uns Gedanken machen, pflegen sie nicht etwa ziemlich schnell zu versiegen, sondern sie häufen sich, vermehren sich, vertiefen sich. Natürlich: Wer sich so gar nichts Eigenes denken kann und sich nicht einmal darum bemüht – dem sind die Gedanken anderer auch fremd.

Besonders wichtig ist es, sich etwas Besonderes zu überlegen, wenn man sich um einen Arbeitsplatz bewirbt. Nicht aus dem Rahmen fallen, aber kleine Abweichungen machen viel aus. Ist das schwer? Nein, es ist sehr leicht. Warum? Die weitaus meisten Bewerbungen (auch in Vorbildtextbüchern) beginnen nach den folgenden Mustern:

a) Hiermit bewerbe ich mich unter Bezugnahme auf Ihre Anzeige in der … Zeitung vom … für die Position der … im Bereich der …
b) Mit Interesse habe ich in der … Zeitung vom … gelesen, dass Sie einen weiteren Mitarbeiter für … suchen.

So oder sehr ähnlich lautet der erste Satz, und so wird es auch empfohlen.

c) Es würde mich freuen, wenn Sie mich zu einem Vorstellungsgespräch einladen würden, zu dem ich gern bereit bin.
d) Es würde mich freuen, wenn Sie meine Bewerbung berücksichtigen könnten und mich zu einem persönlichen Gespräch einladen würden.

So oder sehr ähnlich lautet der letzte Satz und so – wiederum – wird es auch empfohlen.

Wenn mir jemand auf eine Anzeige hin eine Bewerbung schickt, muss er sie gelesen haben. Was ich in der Anzeige geschrieben habe, weiß ich selbst. Und dass er sich über eine Einladung zu einem Vorstellungsgespräch freuen würde, ist doch klar; anderenfalls hätte er sich nicht beworben. Das alles ist inhaltlich und stilistisch nichts wert. Wer ein bisschen nachdenkt, kann dergleichen mit Leichtigkeit übertreffen und am Anfang und am Schluss des Bewerbungsbriefes Pluspunkte sammeln, die schließlich den Ausschlag geben können.

Der bedeutende Philosoph, Soziologe und Musiktheoretiker Theodor W. Adorno in seinem Buch »Minima Moralia« (Suhrkamp Verlag):

> Keine Verbesserung ist zu klein oder geringfügig, als dass man sie nicht durchführen sollte. Von hundert Änderungen mag jede einzelne läppisch und pedantisch erscheinen; zusammen können sie ein neues Niveau des Textes ausmachen.

Wissen wir nicht selbst aus unzähligen eigenen Erfahrungen in unserer Familie, unter befreundeten Menschen, an unserem Arbeitsplatz, dass bereits ein einzelnes Wort, ein einziger Satz, manchmal schon eine Nuance des Ausdrucks desinteressiert oder neugierig machen, langweilen oder aufhorchen lassen, verletzen oder streicheln kann?

Neue Rechtschreibung

Diese und jene glauben immer noch, man könne offiziell zur alten Rechtschreibung zurückkehren. Aber – das ist nun wirklich nicht zu erwarten. Obwohl … Der Jurist Professor Dr. Bernd Rüthers – mal kein Sprachwissenschaftler – schrieb in einem lesenswerten Beitrag »Willkür in den Worten«, Untertitel: »Die Rechtschreibreform und das Recht«, erschienen am 23. Dezember 2002 (in der FAZ):

> »Die Sprechweise der deutschen Sprache – auch der Rechtssprache – ist durch die jüngst staatlich verordnete ›Reform der Rechtschreibung‹ einschneidend verändert worden. […]
> Es ist also eine Täuschung, wenn behauptet wird, die neuen Schreibregeln seien einfacher. In Wirklichkeit sind sie nicht nur wesentlich komplizierter, sondern zudem noch haarsträubend unsystematisch und deshalb schwerer zu erlernen.«

Anmerkung: In der 20. Dudenauflage (alte Rechtschreibung) gab es zum Thema »Zusammen- und Getrenntschreibung« 8 Hauptregeln (im Kasten) und 8 Unterregeln (dicker Punkt). In der 21. Dudenauflage (neue Rechtschreibung) waren unter »Getrennt- und Zusammenschreibung« zu finden: 8 Hauptregeln (im Kasten), 24 Unterregeln (dicker Punkt). Spricht das für Vereinfachung? Zu beachten der Wechsel in der Reihenfolge der beiden Überschriftswörter!

Doch was soll's! Es wird, davon dürfen wir überzeugt sein, kein Zurück mehr geben.

Und das heißt? Weil – wie Rüthers schreibt – vieles so »unsystematisch« ist, muss man öfter zweifeln und nachschlagen.

Grundsätzliches: Nach dem Krieg gab es jahrzehntelang Bestrebungen zur Vereinfachung unserer Rechtschreibung. Die Haupttendenzen waren:

1. vermehrte Kleinschreibung
   (völlige Kleinschreibung – gemäßigte Kleinschreibung)
2. vermehrte Zusammenschreibung

Die Bestrebungen in den 90er Jahren haben diese Tendenzen umgedreht; sie wurden durchgesetzt und in einem neuen Regelwerk festgelegt. Also:

1. vermehrte Großschreibung
2. vermehrte Getrenntschreibung

Wie in der Kommasetzung, so gibt es auch in der neuen Rechtschreibung (im engeren Sinne) einige neue Muss-Regeln. Was sich da geändert hat, finden Sie in den folgenden Regeln und Beispielen.

Neue Muss-Regeln
Apostroph

Nach Substantiven und bestimmten Verbformen ohne Schluss-e steht kein Apostroph.

Die Reu ist lang.
Schreib, wie du sprichst!
Ich mach das lieber gleich.
Das werd ich mir ersparen.

Bindestrich: bei Ziffern
In Zusammensetzungen mit Ziffern steht ein Bindestrich.

8-zylindrig
4-mal
25-prozentige Steuer
60-jährige Arbeitnehmer

Achtung: nicht gültig für Ziffern + Nachsilben und nicht gültig für Ziffern + Wortersatzzeichen + Nachsilbe. Beispiele:

10fache Steigerung
eine 10tel Sekunde
50 %iger Nachlass

Getrenntschreibung:
Verb als zweiter Bestandteil + bestimmtes Adjektiv

Verbindungen mit »dahinter«, »darin«, »darüber«, »darunter« und »davor« werden getrennt geschrieben (bei Kurzformen wie »drüber« wird immer zusammengeschrieben).

dahinter kommen, darin liegen, darüber legen, darunter stehen, davor stellen

Getrenntschreibung:
Verb »sein« als zweiter Bestandteil

Verbindungen mit »sein« werden getrennt geschrieben.

da sein, dabei sein, darin sein, hinterher sein

Getrenntschreibung:
Verb als zweiter Bestandteil + Verbindungen mit »einander« und »wärts«

Adverbiale Verbindungen mit »einander« und »wärts« werden getrennt geschrieben.

aufeinander treffen, ineinander verzahnt, aufwärts streben, rückwärts laufen

Getrennt- und Zusammenschreibung:
Adjektiv oder Partizip als zweiter Bestandteil

Wenn gegenüber einer gebräuchlichen Wortgruppe zum Beispiel eine Präposition oder ein Artikel eingespart wird, ist zusammenzuschreiben.

mondbeschienen (vom Mond beschienen)
meterdick (einen Meter dick, mehrere Meter dick)

Wenn nichts eingespart wird oder wenn der erste Bestandteil erweitert ist, wird getrennt geschrieben.

die Stahl verarbeitende Industrie
eine Aufsehen erregende Nachricht

Zu unterscheiden:

eine äußerst verlustbringende Aktion
eine erhebliche Verluste bringende Aktion

Wenn ein zusammenzuschreibendes Verb zugrunde liegt, wird zusammengeschrieben.

irregeleitet – eine irregeleitete Persönlichkeit
nachtwandelnd – mit nachtwandlerischer Sicherheit

Wenn eine getrennt zu schreibende Wortgruppe zugrunde liegt, wird getrennt geschrieben.

allein stehend – allein stehende Arbeitslose
verloren gehen – ein verloren gegangenes Buch

Eine Verbindung von adjektivischem Partizip und Adjektiv wird getrennt geschrieben.

blendend weiß – eine blendend weiße Küche
kochend heiß – eine kochend heiße Suppe

Wenn der erste Bestandteil eine Ableitung auf »ig«, »isch« oder »lich« ist, wird getrennt geschrieben.

winzig klein, verführerisch leicht, grünlich gelb

Achtung, Ausnahme: richtiggehend (im Sinne von »durchaus so zu nennen«).

ein richtiggehender Glücksfall
Aber: eine richtig gehende Armbanduhr

Wenn der erste Bestandteil gesteigert oder erweitert werden kann, wird getrennt geschrieben.

ein leicht verständlicher Artikel in der Tageszeitung

Wenn der erste Bestandteil bedeutungsverändernd wirkt, wird zusammengeschrieben.

dunkelrot, halbamtlich

In Zweifelsfällen ist Getrennt- und Zusammenschreibung zulässig.

nicht öffentlich – nichtöffentlich
weit reichend – weitreichend
wohl tuend – wohltuend

Großschreibung »einzeln«

Früher wurde kleingeschrieben: der, die, das einzelne, im einzelnen, bis ins einzelne, einzelnes; nur in der Wendung »das Einzelne und das Allgemeine« galt Großschreibung. Jetzt gilt durchweg die Großschreibung.

der, die, das Einzelne, ich als Einzelner, bis ins Einzelne, im Einzelnen, Einzelnes

Groß- und Kleinschreibung: Tageszeiten

Großgeschrieben werden die Tageszeiten nach: gestern, heute, morgen, vorgestern, übermorgen.

gestern Abend, heute Morgen, morgen Vormittag, vorgestern Mittag, übermorgen Nachmittag

Großschreibung: substantivischer Gebrauch von Nicht-Substantiven

Substantivisch gebrauchte Adjektive und Partizipien werden immer großgeschrieben.

etwas Ähnliches, das Gute, Folgendes, das in Kraft Getretene, in Rot, bei Grün gehen, viel Neues, nichts Besonderes
es ist das Beste …
nicht das Geringste …
im Dunkeln tappen
auf dem Laufenden bleiben
aus dem Vollen schöpfen
zum Besten geben
Arm und Reich
Jung und Alt
Gleich und Gleich
Klein und Groß

Großschreibung: substantivischer Gebrauch von Pronomen und Zahlwörtern

Substantivisch gebrauchte Pronomen und Zahlwörter werden großgeschrieben.

die Zwölf, eine Drei in Betragen, die Dritte von rechts, die böse Sieben, das vertraute Du, ein gewisser Niemand

Zahladjektive dürfen großgeschrieben werden.

Die Klugheit der Wenigen wird selten berücksichtigt.
Die Meinung der Vielen ist manchmal falsch.

Possessivpronomen dürfen großgeschrieben werden.

Er hat das seine/Seine dazu beigetragen.
Die unseren/Unseren waren nicht dabei.

Groß- und auch Kleinschreibung ist erlaubt für Verbindungen mit »hundert«, »tausend« und »Dutzend«, wenn sie keine bezifferbare Größen angeben.

Wir haben hunderte/Hunderte von Antilopen gesehen.
Da waren tausende/Tausende von Protestierenden.
Wir hatten dutzende/Dutzende von Ausfällen.

Großschreibung: substantivischer Gebrauch von Adverbien, Präpositionen und Interjektionen

Substantivisch gebrauchte Adverbien, Präpositionen und Interjektionen werden immer großgeschrieben. In Bindestrich-Ausdrücken wird nur das erste Wort großgeschrieben.

das Auf und Ab, wechselndes Ja und Nein
im Voraus, ein vages Als-ob, das Entweder-oder

Kleinschreibung: das Anredepronomen »du« und Ableitungen

Das Anredepronomen »du« und alle Ableitungen werden kleingeschrieben; das gilt auch für Werbetexte, Widmungen usw.

Lieber Werner,

ich weiß, dass *du* auf eine bestimmte Information wartest. Aber ich kann sie *euch* noch nicht geben.

Neue Kann-Regeln
Apostroph (Auslassungszeichen): Namen im Genitiv

Neben der Schreibweise ohne Apostroph ist die mit Apostroph erlaubt. In solchen Fällen wird allerdings nichts ausgelassen; es geht vielmehr darum, die Grundform eines Namens deutlich zu machen.

Adenauers Westpolitik

Da jeder weiß, dass der Name »Adenauer« und nicht »Adenauers« ist, erübrigt sich ein Apostroph.

Eichel'sche Steuerpolitik
Dudenbeispiel: Andrea's Blumenecke

Bindestrich: drei gleiche Buchstaben

Wenn drei gleiche Buchstaben aufeinander folgen, werden alle drei geschrieben.

Schlammmassen, seeerfahren, Schlusssatz

Da solche Buchstabenhäufungen unübersichtlich wirken, empfiehlt sich die Verwendung eines Bindestrichs.

Schlamm-Massen, see-erfahren, Schluss-Satz

Fremdwörter

Fremdwörter werden – bis auf die Großschreibung von Substantiven – in ihrer Originalfassung geschrieben (a). Ausnahmen: Fremdwörter, die eingedeutscht sind (b).

a) Philosophie, Metapher, Milieu
b) Grafik, Jogurt, Portmonee

Das war zwar schon immer so (Foto, Kalzium), aber die Tendenz zur Eindeutschung wird im Rahmen der Rechtschreibreform verstärkt. Da die Eindeutschung fremder Wörter nach und nach geschieht, gibt es immer Übergangszeiten, in denen beide Formen erlaubt und gebräuchlich sind.

Exposé – Exposee
differentiell – differenziell
Penicillin – Penizillin

Worttrennung (Silbentrennung)

Einzelne Buchstaben werden abgetrennt:

A- der, e- ben, o- ben, ü- ber, Brau- e- rei, Na- ti- o- nen, po- e- tisch

Viele empfinden diese Art des Trennens unerträglich. Kein Problem: Wer so denkt, kann sie einfach vermeiden.

Bei anderen Wörtern ist die Trennung freigestellt. Zum Beispiel:

alt: dar- auf neu: da- rauf
alt: ein- ander neu: ei- nander

Die Kombination »st« darf nach den alten Regeln nicht getrennt werden, nach den neuen wird sie getrennt. Also:

As- ter, Mis- tel, has- ten, hus- ten

Nach den alten Regeln wurde »ck« an Trennstellen zu »k- k« aufgelöst. Jetzt kommt das »ck« auf die neue Zeile.

Nacken (früher: Nak- ken) – jetzt: Na- cken
wecken (früher: wek- ken) – jetzt: we- cken

Worttrennung (Silbentrennung) bei Fremdwörtern

In Fremdwörtern dürfen bestimmte Buchstabengruppen getrennt werden.

früher: Di- plom; jetzt: Dip- lom oder Di- plom
früher: Inter- esse; jetzt: Inte- resse
früher: Korre- spondenz; jetzt: Korres- pondenz
früher: Ma- gnet; jetzt: Mag- net

Getrennt- und Zusammenschreibung: Substantiv + Präposition

Substantiv und Präposition dürfen getrennt und zusammengeschrieben werden (Zusammenschreibung, wenn das Substantiv verblasst ist und die Verbindung in ihrer Bedeutung einer Präposition entspricht).

an Stelle – anstelle
auf Grund – aufgrund
in Frage – infrage
zu Grunde – zugrunde

Getrennt- und Zusammenschreibung: so dass, sodass

Bisher galt: so daß. Die neue Wortkombination mit »ss« darf getrennt, aber auch in einem Wort geschrieben werden.

so dass, sodass

Einschränkung der ß-Schreibweise

Nach kurzen Selbstlauten wird mit »ss«, nach langen Selbstlauten mit »ß« geschrieben.

früher: Schloß; heute: Schloss
früher: blaß; heute: blass
früher: er frißt; heute: er frisst; aber: er fraß

groß, bloß, Floß – nass, krass, Fluss
Fuß, Schoß, Kloß – Fass, ein bisschen, Küsschen
grüßen, fließen, beißen – küssen, fassen, müssen

Achtung: Daneben gibt es Wörter, in denen nach einem langen Selbstlaut kein »ß«, sondern ein »s« steht: Mus, Moosart.

Rechtschreibtest

Beim korrekturlesen kann jeder eine menge übersehen; Deshalb sollte man immer zu zweit lesen. Der einzelne muß zu Vieles zu gleich berücksichtigen, als daß er sicher sein könnte, nicht das Geringste übersehen zu haben. Und wenn es um Veröffentlichungen geht, kann es selbst auf das geringste ankommen. Deshalb hier folgendes: lieber einmal zuviel als einmal zuwenig lesen!

Das Meiste, was wir Morgens direkt nach dem aufstehen tun, zum Beispiel das waschen und Zähne putzen, erledigen wir routiniert, nahezu automatisch. Wir machen alles mögliche, ohne das es uns richtig bewußt wird. Das allmähliche entwickeln von Standart-Verrichtungen ist für unser Leben etwas außerordentlich wichtiges. Auch beim autofahren ist es das beste, vor allem in bezug auf die Betriebs-Sicherheit, feste Gewohnheiten aufzubauen, sodaß man nicht gefahrläuft, irgend etwas zu vergessen.

Auf der zur Zeit laufenden Hannover Messe gibt es für alle, jung und alt, wieder viel zu sehen, vom vollelecktronischen Fernschreiber bis zum Handi, von maschinellen Systemen für das belegversenden bis zur revolutionierenden Neu-entwicklung in der Bindetechnik. Wenn man in dem hin und her der Sachen und Begriffe nicht resignierend untergehen will, wird man Einiges an Vorbereitung leisten müßen. Das wesentliche vom unwesentlichen unterscheiden! Das naive Stand-Für-Stand abklappern führt zu garnichts.

Das schreiben von Berichten stellt besondere Anforderungen. Das sich-verstanden-Fühlen ist eine wichtige Voraussetzung für das Wohlbefinden, um so mehr in einer Leistungsgesellschaft. Das In-Kraft-treten der neuen Gesetze wird um ein beträchtliches hinaus gezögert. Auf das letzte Rundschreiben bezugnehmend, können wir nur sagen: das außeracht lassen der alten Regeln wird im einzelnen noch zu erheblichen Schwierigkeiten führen, über Kurz oder Lang werden wir nach ansicht des Prüfungskommite's zu den alten Abläufen zurükkehren müssen. Das mindeste ist ein 70-PS-Motor.

Lösung

Beim Korrekturlesen kann jeder eine Menge übersehen; deshalb sollte man immer zu zweit lesen. Der Einzelne muss zu vieles zugleich berücksichtigen, als dass er sicher sein könnte, nicht das Geringste übersehen zu haben. Und wenn es um Veröffentlichungen geht, kann es selbst auf das Geringste ankommen. Deshalb hier Folgendes: Lieber einmal zu viel als einmal zu wenig lesen!

Das meiste, was wir morgens direkt nach dem Aufstehen tun, zum

Beispiel das Waschen und Zähneputzen, erledigen wir routiniert, nahezu automatisch. Wir machen alles Mögliche, ohne dass es uns richtig bewusst wird. Das allmähliche Entwickeln von Standardverrichtungen ist für unser Leben etwas außerordentlich Wichtiges. Auch beim Autofahren ist es das Beste, vor allem in Bezug auf die Betriebssicherheit, feste Gewohnheiten aufzubauen, sodass (oder: so dass) man nicht Gefahr läuft, irgendetwas zu vergessen.

Auf der zurzeit laufenden Hannover-Messe gibt es für alle, Jung und Alt, wieder viel zu sehen, vom vollelektronischen Fernschreiber bis zum Handy, von maschinellen Systemen für das Belegversenden bis zur revolutionierenden Neu-Entwicklung in der Bindetechnik. Wenn man in dem Hin und Her der Sachen und Begriffe nicht resignierend untergehen will, wird man einiges an Vorarbeit leisten müssen. Das Wesentliche vom Unwesentlichen unterscheiden! Das naive Stand-für-Stand-Abklappern führt zu gar nichts.

Das Schreiben von Berichten stellt besondere Anforderungen. Das Sich-verstanden-Fühlen ist eine wichtige Voraussetzung für das Wohlbefinden, umso mehr in einer Leistungsgesellschaft. Das In-Kraft-Treten der neuen Gesetze wird um ein Beträchtliches hinausgezögert. Auf das letzte Rundschreiben Bezug nehmend, können wir nur sagen: Das Außerachtlassen der alten Regeln wird im Einzelnen noch zu erheblichen Schwierigkeiten führen, über kurz oder lang werden wir nach Ansicht des Prüfungskomitees zu den alten Abläufen zurückkehren müssen. Das mindeste (oder: Mindeste) ist ein 70-PS-Motor.

Zeichensetzung: Das Komma – ein unentbehrlicher Helfer

Zur Rechtschreibung wird auch die Zeichensetzung gezählt. Die neuen Regeln haben uns da, was das Komma betrifft, einige Geschenke gemacht. In bestimmten Fällen ist das Komma nicht mehr vorgeschrieben, nämlich:

1. bei Hauptsätzen, die durch »und« oder »oder« verbunden sind
2. bei Infinitivgruppen
3. bei Partizipgruppen

Zur Erinnerung: Früher mussten wir in folgenden Fällen ein Komma setzen:

1. Sie übernehmen die Textgestaltung, und wir kümmern uns um die Grafik.
2. Die Parteien sind laut Grundgesetz verpflichtet, bei der politischen Willensbildung des Volkes mitzuwirken.
3. Den Preisvorteil an die Kunden weitergebend, wahren wir unseren eigenen Vorteil.

In diesen Fällen steht also kein Komma mehr. Allerdings gibt es dazu eine Kann-Regel, die lautet: »Ein Komma kann jedoch gesetzt werden, um die Gliederung des Ganzsatzes deutlich zu machen.« So heißt es beim Thema »Hauptsätze« (Teilsätze). Bei den Infinitiv- und den Partizipgruppen kommt hinzu: »... oder um Missverständnisse auszuschließen.« Warum dieser weitere Fall für eine Kommasetzung nur bei den Wortgruppen, nicht aber bei den Hauptsätzen genannt wird, weiß ich nicht; dort gehört er genauso hin.

Für uns Schreibende wichtig: Wir müssen uns entscheiden. Das gilt für alle, die in einem Unternehmen, einer Behörde und so weiter arbeiten, denn niemand wird es sich erlauben wollen (oder dürfen), die

Schriftstücke mal so und mal so zu gestalten. »Da weiß die Rechte nicht, was die Linke tut.« Außerdem würde es wahrscheinlich des Öfteren Meinungsverschiedenheiten und sogar Streit geben, wenn man sich nicht auf bestimmte Regeln einigte.

Entscheiden also – ja! Aber wie? »Ist doch ganz einfach«, möchte man ausrufen, »Erleichterungen sind immer erwünscht, werden von unseren Mitarbeiterinnen und Mitarbeitern bestimmt begrüßt.« Das ist zunächst einleuchtend. Aber es lohnt sich dennoch, die Auswirkungen in der Praxis zu befragen.

Zu 1: Diese parkähnlichen Landschaften werden durch künstlich angelegte Hügel unterbrochen, auf denen Pavillons stehen und Wasseranlagen und Schilfteiche fügen sich in die Umgebung ein.

Ohne Komma hinter »stehen« hält man die folgenden »Wasseranlagen« und »Schilfteiche« zunächst für weitere Aufzählungsglieder; erst bei »fügen sich« wird uns klar, dass diese Annahme falsch war. Ein Komma hätte uns gleich auf die richtige Spur gesetzt.

Zu 2: Wir bitten die Leiter der Putzkolonnen sofort nach ihrer Ankunft auf dem Arbeitsplatz über die neue Aufteilung der einzelnen Gruppen zu informieren.

Bis zu dem Wort »Arbeitsplatz« müssen die Lesenden denken, dass die Leiter der Putzkolonnen um etwas gebeten werden. Ein Komma hinter »bitten« hätte dagegen sofort darüber aufgeklärt, dass die Leiter der Putzkolonnen – von anderen – informiert werden sollen.

Zu 3: Diese Gestaltung des Messestandes ist logisch und praxisgerecht gesehen irreführend.

Bis vor dem letzten Wort des Satzes glaubt man, dass etwas logisch und praxisgerecht ist; erst »irreführend« sagt uns das Gegenteil. Hätte die Partizipgruppe (logisch und praxisgerecht gesehen) am Anfang und am Ende ein Komma gehabt, wäre den Lesenden die anfängliche Fehlinterpretation erspart geblieben.

Es ist klar, dass das freigestellte Komma in allen diesen Fällen zu setzen ist, um schnelles und sofort richtiges Aufnehmen der gemeinten Informationen nicht zu behindern, sondern zu ermöglichen.

Was heißt das für die Praxis, zum Beispiel für eine Sekretärin? Sie muss bei jedem längeren Satz darauf achten, ob diese schnelle, zielsichere Informationsaufnahme ohne Komma gewährleistet ist. Wenn sie es nicht ist, muss sie das Komma setzen.

Und was sagt die Sekretärin dazu? Wenn sie – was ja bei vielen zutrifft – die Kommasetzung beherrscht, wird sie der Meinung sein: »Die Kommas setze ich wie automatisch. Kein Stocken. Kein Nachdenken. – Das ist mir lieber und ist einfacher und geht schneller, als wenn ich immer auf der Hut sein muss, um Schwerverständlichkeit, Mehrdeutigkeiten, Missverständnisse und dergleichen zu vermeiden.«

Wo dies so ist, hat man mit der Kommasetzung kein Problem. Die Hausregel lautet dann: »Wir setzen das Komma wie bisher – nach den alten Regeln.«

Bei den neuen Kommaregeln gibt es allerdings *eine* Veränderung, die eine Anpassung an andere Regeln sein soll.

a) »Dies wollen wir gelten lassen«, sagte die Schiedsrichterin.
b) »Dies gilt unbedingt!«, rief die Schiedsrichterin aufgebracht.
c) »Soll das wirklich gelten?«, fragte die Schiedsrichterin.

In den Fällen b und c stand nach den alten Regeln kein Komma. Nun hat man diese Fälle dem sehr viel häufiger vorkommenden Fall a angeglichen.

Für alle, die bei der Kommasetzung die alten Gepflogenheiten den fragwürdigen Neuerungen vorziehen, hier noch einmal diese alten Regeln im Zusammenhang und dazu gleich ein bisschen Grundgrammatik. (Wenn man die Schulzeit schon lange hinter sich hat, kann eine Kurz-Wiederholung nicht schaden, und nach meinem Eindruck ist sie auch für viele heutige Schülerinnen und Schüler durchaus bekömmlich.)

Bitte bedenken Sie dabei auch dies: Wenn Sie sich einmal einigermaßen sorgfältig damit befassen, haben Sie in dieser Hinsicht ausgesorgt. Kein Nachschlagen mehr, keine Zweifel mehr, Zeitgewinn, Sicherheit! Und als Auskunftgebende sind Sie in zahlreichen Fällen sehr begehrt.

Bei der Kommasetzung geht es um drei Bereiche:

Bereich 1: Komma zwischen Satzteilen
Bereich 2: Komma bei Wortgruppen (Infinitiv-, Partizipgruppen)
Bereich 3: Komma zwischen Sätzen

Erläuterung zu Bereich 1 (Satzteile)

Unter Satzteilen verstehen wir hier nicht die »klassischen 5« (Subjekt, Prädikat, Objekt, adverbiale Bestimmung, Attribut), sondern irgendwelche Teile, die gegeneinander abgegrenzt werden müssen.

a) Aufzählungsglieder
b) hervorgehobene Satzteile

Ein Beispiel für a und b:

> Zu Weihnachten haben wir an unsere Kunden, je nach ihrer Wichtigkeit, verschiedene Geschenke verschickt: Taschenkalender, Chefkalender, Wandkalender und Brieftaschen.

Diese Aussage enthält eine Hervorhebung (je nach ihrer Wichtigkeit) und eine Aufzählung: (... kalender, Brieftaschen).

Erläuterung zu Bereich 2 (Wortgruppen)

Infinitivgruppen sind Wortgruppen, deren Kern, ein Infinitiv mit »zu«, erweitert ist. Was sind Infinitive? Besondere Formen des Verbs. Infinitive geben nur das Geschehen wieder; sie sagen nichts über Person, Zahl und Zeit, und auch über die Handlungsart (Aktiv, Passiv) und die Aussageweise (Indikativ, Konjunktiv, Imperativ) erfahren wir nichts.

Das Wort »zu« steht bei einfachen Verben getrennt davon, bei zusammengesetzten Verben oft ins Verb eingefügt.

Wir bitten Sie, uns *zu* informieren.
Wir bitten Sie, diese Waren ein*zu*kaufen.

Partizipgruppen sind Wortgruppen, deren Kern, ein Partizip, mindestens durch zwei Wörter erweitert ist. Was sind Partizipien? Besondere Formen des Verbs:

Verb: geben (Infinitiv, Grundform)
1. Partizip: gebend (Partizip Präsens, Mittelwort Gegenwart)
2. Partizip: gegeben (Partizip Perfekt, Mittelwort Vergangenheit)

Drei Sätze, die unsere Verbformen in Aktion zeigen:

- Wir geben den Preisvorteil an unsere Kunden weiter.
- Den Preisvorteil an unsere Kunden weitergebend, wahren wir unseren eigenen Vorteil.
- Der weitergegebene Preisvorteil hat das Geschäft belebt.

Erläuterung zu Bereich 3 (Sätze)
Wir unterscheiden selbstständige Sätze (Hauptsätze) und unselbstständige Sätze (Nebensätze). Die selbstständigen Sätze:

Aussagesatz:	Wir verkaufen das Grundstück.
Fragesatz:	Verkaufen Sie das Grundstück?
Aufforderungssatz:	Verkaufen Sie das Grundstück!

Die unselbstständigen Sätze, die Nebensätze, erscheinen in einer verwirrenden Formenvielfalt. Es ist aber leicht, einen Überblick zu gewinnen.

Relativsätze

Immer wenn Sie für »der«, »die«, »das« einsetzen können »welcher«, »welche«, »welches«, haben Sie es nicht mit einem Artikel, sondern mit einem Relativpronomen zu tun, das einen Gliedsatz einleitet.

Der Hund, den wir heute in unser Tierheim aufgenommen haben, ist ein Terrier.

Das Relativpronomen »den» bezieht sich auf das vorausgehende Hauptwort »Hund«; es steht an seiner Stelle, ersetzt es.

Indirekte Fragesätze

Indirekte Fragesätze werden durch Fragewörter eingeleitet. Aber – an ihrem Ende steht kein Fragezeichen. Die Frage erscheint nicht selbstständig, sondern von einer anderen Aussage abhängig.

Indirekt: Ich wüsste gern vorher, wer kommt.
Direkt: Wer kommt?

Indirekt: Bitte teilen Sie uns mit, wer teilnimmt.
Direkt: Wer nimmt teil?

Allerdings können solche Einleitungswörter auch einen anderen als einen fragenden Sinn haben.

Wir wissen, was gilt.
Es ist klar, wer mitmacht.
Keiner kann übersehen, worum es geht.

Sie erkennen sofort, dass hier nicht gefragt, sondern festgestellt wird. Zum Glück: Für die Kommasetzung ist das gleichgültig, ob auf solche Wörter indirekte Fragen oder Feststellungen folgen.

Konjunktionalsätze

Diese Nebensätze werden durch unterordnende Konjunktionen eingeleitet. Zum Beispiel:

damit, dass, wenn

Warum werden diese Bindewörter als »unterordnend« bezeichnet? Weil die Aussage, die ihnen folgt, von einer anderen Aussage abhängig ist.

Wir wissen, dass wir uns auf Sie verlassen können.

Die Hauptaussage ist hier »Wir wissen«; darauf bezieht sich der dass-Satz, er ist untergeordnet.

Diese Unterordnung = Abhängigkeit ist übrigens das einzige sichere Erkennungsmerkmal für Nebensätze; andere Merkmale können wegfallen, ohne dass der Nebensatz seine Eigenart aufgibt.

Wir wissen, wir können uns auf Sie verlassen.

Der zweite Teil wäre, stände er allein, ein Hauptsatz. In der Verbindung mit dem ersten Teil ist er jedoch ein Nebensatz.

Außer unterordnenden gibt es auch nebenordnende Konjunktionen; sie verbinden Satzteile, Hauptsätze und gleichrangige Nebensätze. Zum Beispiel:

Es regnet heute den ganzen Tag, und es wird gar nicht richtig hell.
Sie sehen doch, dass es in einem fort regnet und dass es gar nicht richtig hell wird.

Nebensätze können auch verkappt auftreten. Das kennzeichnende Einleitungswort ist wie unter einer Kapuze (cappa) versteckt.

Sie sehen, wir haben nichts zu verbergen.
Sie sehen, dass wir nichts zu verbergen haben.

Auch verkappte Nebensätze werden durch Komma abgetrennt.

Kommaregeln: Satzteile

Das Pluszeichen hinter der Regelnummer bedeutet immer: Ein Komma steht. Das Minuszeichen hinter der Regelnummer bedeutet immer: Kein Komma steht (sodass Sie schon am Anfang wissen, wohin die Aussage geht. Weder + noch – bedeutet: Komma freigestellt!).

1 + Ein Komma steht zwischen Aufzählungsgliedern.

Sie war engagiert, aufgeschlossen, fachkundig.

2 – Kein Komma steht, wenn Aufzählungsglieder durch »und« oder »oder« verbunden sind.

Sie war engagiert, aufgeschlossen und fachkundig
Er war einfallsreich, intelligent oder raffiniert.

3 – Kein Komma steht, wenn das letzte Adjektiv vor einem Substantiv kein Aufzählungsglied ist, sondern mit dem Hauptwort einen Gesamtbegriff bildet.

Es wurden gründliche, vielseitige chemische Versuche durchgeführt.
Nur »gründliche« und »vielseitige« sind hier Aufzählungsglieder (Erkennungszeichen: Zwischen Aufzählungsgliedern kann immer ein »und« stehen.)

4 – Kein Komma steht zwischen Gliedern einer mehrteiligen Gesetzesangabe.

Durch § 9 Abs. 3 Teil 5 des Vertrages wird eine Selbstbeteiligung festgelegt.

5 – Kein Komma steht zwischen Titeln und Vornamen.

Dieser Bericht stammt von Frau Prof. Dr. Dr. h. c. Marlies Günzler.

6 + Ein Komma steht zwischen mehrteiligen Datums- und Zeitangaben, zwischen mehrteiligen Wohnungsangaben, zwischen mehrteiligen Literaturangaben. Duden: »Man kann diese Angaben als Aufzählungen oder als Fügungen mit Beisatz auffassen; deshalb ist das letzte (schließende) Komma vor der Weiterführung des Satzes freigestellt.«

Verabredet sind wir am Freitag, dem 7. Februar, 19.30 Uhr(,) im Restaurant »Großer Bär«.
Seine Wohnung in Hameln, Wehler Weg 2a, Obergeschoss(,) teilt er mit seinem Bruder.

Er hat aus seinem Buch »scheues wild wahrheit«, Teil Gedichte, Teil Aphorismen, Teil Essays(,) vorgelesen.

7 + Ein Komma steht zwischen Aufzählungen, die durch gegensätzliche Konjunktionen verbunden sind.

Diese Texte sind inhaltsreich, aber schwer zu verstehen.
Diese Texte beschreiben nicht, sondern erzählen.
Dies ist nicht verwerflich, vielmehr eine Notwendigkeit.

8 – Kein Komma steht a) vor anreihenden Konjunktionen, die eng zusammengehörende Satzteile verbinden, b) vor ausschließenden Konjunktionen, c) vor vergleichenden Konjunktionen.

Das ist sowohl höflich als auch entgegenkommend.
Wir reisen morgen oder übermorgen oder nächste Woche.
Der Motor ist stärker als erwartet.

9 + Ein Komma steht zwischen Satzteilen, die durch anreihende Wortpaare verbunden sind.

Teils können wir zustimmen, teils nicht.
Bald wähnten wir uns am Ziel, bald weit davon entfernt.
Einerseits sind wir froh, andererseits etwas bedrückt.
»Halb zog es ihn, halb sank er hin.«
Jetzt nähert er sich der Ziellinie, jetzt ist er am Ziel.
Ob sofort, ob später – wir werden es schaffen.

10 + Ein Komma steht vor und hinter nachgestellten näheren Bestimmungen.

Frank, unser Wortführer, ließ keine Ausflüchte gelten.
Dies gilt, und zwar in jedem Fall.
An dieser Stelle gab es Beifall, das heißt Zustimmung.
Wir sind einverstanden, vor allem mit dem zweiten Teil.
Elfmeterschießen muss geübt werden, insbesondere für den Fall von Verlängerungen.

Das Wort »bitte« verlangt als dringende Aufforderung ein Komma, als Höflichkeitsformel aber nicht.

Bitte, schicken Sie uns die Unterlagen möglichst bald.
Schicken Sie uns, bitte, die Unterlagen möglichst bald.
Bitte seien Sie so freundlich, uns zu informieren.

Kommaregeln: Infinitivgruppen

11 + Ein Komma steht meistens vor oder hinter Infinitivgruppen; Infinitivgruppen in Mittelstellung werden vorn *und* hinten durch Komma abgetrennt.

Wir waren einverstanden, ohne zu zögern.
Ohne zu zögern, waren wir einverstanden.
Wir waren, ohne zu zögern, einverstanden.

12 – Kein Komma steht, wenn Hauptsatz und Infinitivgruppe ineinander verzahnt sind. Beispiele (Infinitivgruppe kursiv):

Dies werden wir *zum Präzedenzfall zu machen* versuchen.
Wir werden *dies zum Präzedenzfall zu machen* versuchen.
Diesen Fall bitten wir *als Präzedenzfall auszuweisen.*

Die Hauptsätze sind: »Wir werden versuchen« und »Wir bitten«.

13 – Kein Komma steht, wenn die Infinitivgruppe in Spitzenstellung das Subjekt vertritt. Da diese Regel kaum bekannt ist und das fehlende Komma daher von vielen als Fehler gewertet wird, empfiehlt es sich, die Konstruktion zu umgehen.

Die Interessen von Bauern und Verbrauchern zu harmonisieren ist nicht leicht.
Aber: Die Interessen von Bauern und Verbrauchern zu harmonisieren, das ist nicht leicht.

14 – Kein Komma steht, wenn der Infinitivgruppe ein Hilfsverb oder ein hilfszeitwörtlich gebrauchtes, nicht erweitertes Verb vorausgeht.

Wir *haben* seinem Eingreifen viel zu verdanken.
Die Schäden *sind* ganz klar zu beziffern.
Wir *brauchen* uns deswegen keine Vorwürfe zu machen.
Wir *pflegen* uns mit unseren Partnern abzustimmen.
Wir *vermögen* das nicht eindeutig auszuschließen.
Sie *scheinen* diesen Fall verdrängt zu haben.
Er *versprach* ein guter Anwalt zu werden.
Er *drohte* in Ohnmacht zu fallen.

Manchmal müssen die Schreibenden entscheiden, ob ein Wort als vollwertiges Verb oder als Hilfsverb aufgefasst werden soll.

Wir bitten(,) das zu berücksichtigen.
Wir hoffen(,) alle zu überzeugen.
Wir wagen(,) das vorherzusagen.
Wir glauben(,) pünktlich fertig zu werden.
Wir wünschen(,) dies zu wiederholen.
Das half(,) den Anschluss zu finden.

15 – Kein Komma steht, wenn eine Infinitivgruppe Teil einer Aufzählung ist und durch eine Konjunktion angeschlossen wird.

Wir werben systematisch, zielgruppenorientiert und ohne Kompromisse zu machen.

Sie erkennen: Das Komma bei Infinitivgruppen ist ein wenig kompliziert. Aber wenn man es beherrscht, kann die Kommasetzung gerade in solchen Fällen richtig Spaß machen. (Das *kann* eben nicht *jeder*.)

Kommaregeln: Partizipgruppen

16 + Ein Komma steht vor oder hinter Partizipgruppen; Partizipgruppen in Mittelstellung werden vorn und hinten durch Komma abgetrennt.

Wir haben hinhaltend geantwortet, Ihre Mitteilung verschweigend.

Ihre Mitteilung verschweigend, haben wir hinhaltend geantwortet.
Wir haben, Ihre Mitteilung verschweigend, hinhaltend geantwortet.

17 + Ein Komma steht bei Partizipgruppen auch dann, wenn das Mittelwort ausgelassen ist.

Er verhandelte sehr vorsichtig, spätere Auftragsaussichten im Sinn. (Ausgelassen: habend.)
Spätere Auftragsaussichten im Sinn, verhandelte er sehr vorsichtig.
Er verhandelte, spätere Auftragsaussichten im Sinn, sehr vorsichtig.

18 Partizipgruppen mit »betreffend« brauchen nicht durch Komma abgetrennt zu werden, weil »betreffend« den Charakter einer Präposition annimmt.

Den Preisnachlass betreffend(,) sind wir zuversichtlich.

19 – Kein Komma steht bei Partizipgruppen mit »entsprechend«, weil »entsprechend« in diesen Zusammenhängen zur Präposition geworden ist.

Wir haben Ihrem Vorschlag entsprechend sofort reagiert.

20 – Kein Komma steht, wenn eine vorangestellte Partizipgruppe das Subjekt vertritt.

Rechtzeitig und sorgfältig kalkuliert ist halb gewonnen.

21 – Kein Komma steht, wenn eine Partizipgruppe als Teil einer Aufzählung gebraucht und durch eine Konjunktion angeschlossen wird.

Wir werben systematisch, zielgruppenorientiert und auf jeden Einzelfall besonders eingehend.

Kommaregeln: Hauptsätze

22 + Ein Komma steht zwischen Hauptsätzen (Aussage-, Frage- und Aufforderungssätzen), auch wenn sie durch Konjunktionen verbunden sind.

Wir bereiten den Versand vor, Sie führen ihn dann so schnell wie möglich aus.
Sie hatten einen Zahlungsvorschlag gemacht, und wir hatten ihn angenommen.
Sind Sie versichert, und können Sie das nachweisen?
Füllen Sie bitte den beigefügten Personalbogen aus, und schicken Sie ihn so schnell wie möglich zurück!

23 – Kein Komma steht zwischen Hauptsätzen, wenn diese Sätze sehr kurz sind, inhaltlich eng zusammengehören und das Subjekt nicht wechselt.

Er schrieb und er schrieb.
Aber: Sie diktierte, und er schrieb.

24 + Ein Komma steht bei Auslassungs-Hauptsätzen; sie werden wie vollständige Sätze behandelt.

Vielleicht, dass sie den Lieferanten wechseln. (Vielleicht trifft es zu,…)

Kommaregeln: Nebensätze

25 + Ein Komma steht bei Nebensätzen, es sei denn, sie sind durch »und« oder »oder« verbunden.

Wir sind davon überzeugt, dass Sie keine Beziehungen zu den Firmen unterhalten, die für uns Konkurrenten sind.
Wir wissen, dass Sie großen Einfluss haben und dass Sie deshalb unser Konzept wirkungsvoll vertreten können.

26 + Ein Komma steht bei Auslassungs-Nebensätzen.

Sie wussten nicht, was tun. (…, was zu tun sei.)
Vertrauen verloren, Kredit verloren. (Hier sind beide, Hauptsatz und Nebensatz, verkürzt. »Wenn das Vertrauen verloren ist, ist der Kredit verloren.«)

27 Nebensätze mit »wie« und »wenn« dürfen ohne Komma stehen, wenn sie kurz und formelhaft gebraucht sind, wie eine adverbiale Bestimmung.

Das haben wir(,) wie üblich(,) geregelt.
Wir werden das(,) wenn möglich(,) ausschließen.

Wie können wir Nebensätze (Gliedsätze) erkennen? Meistens werden sie durch ein besonderes Wort eingeleitet.

Wörter, die immer Gliedsätze einleiten:	Wörter, die manchmal Gliedsätze einleiten:
der (welcher)	
die (welche)	
das (welche)	
als dass	als
als ob	bis
als wenn	insofern
bevor	je
da (weil)	seit
damit	seitdem
ehe	ehedem
falls	während
indem	wie
nachdem	
obgleich	
obschon	
obwohl	
ohne dass	

sobald
solange
sooft
sosehr
soviel
weil
wenngleich
wennschon
zumal

Die folgenden Wörter leiten nur dann Nebensätze (indirekte Fragesätze) ein, wenn sie eine Frage enthalten, am Ende des Satzes aber kein Fragezeichen steht. Dies gilt nur nicht bei »was« im Sinne von »etwas«.

> wann, warum, was, wer, wessen …, weshalb, wieso, wobei, woher, wohin, womit, wonach
> Beispiel: Wir möchten wissen, was da zu tun ist.
> Direkt: Was ist da zu tun?

Des Öfteren begegnen uns Verwechslungen von Bindewörtern. Zum Beispiel: Wir haben insofern keine Schwierigkeiten, dass wir für diesen Fall vorgesorgt haben. Hier muss es natürlich »insofern … als« heißen. Im Folgenden finden Sie die Aufzählung unserer Nebensatzmöglichkeiten nach ihrer Funktion.

Subjektsatz	Dass die Politik hier versagt hat, ist nicht zu leugnen. Wer oder was? Das Versagen der Politik ist nicht zu leugnen.
Objektsatz	Dass diese TV-Sendungen noch unvollkommen sind, geben wir zu. Wen oder was? Die Unvollkommenheit dieser TV-Sendungen geben wir zu.

Adverbialsatz
(Umstandssatz)

Finalsatz (Absichtssatz)	Wir senden Ihnen die Kalender schon im November, damit Sie rechtzeitig werben können.
Instrumentalsatz (Mittel)	Manche Probleme werden dadurch gelöst, dass man sie diskutiert.
Kausalsatz (Grund)	Manch einer versagt, weil er in der Prüfung zu aufgeregt ist.
Komparativsatz (Vergleich)	Es ging schneller, als wir erwartet hatten. Aber: Es ging schneller als erwartet. (Auf »als« folgt nur ein Satzteil, kein Nebensatz.) Sie ist so groß, wie er in dem Alter war. Aber: Sie ist so groß wie ihr älterer Freund. (Auf »wie« folgt nur ein Satzteil, kein Nebensatz.)
Konditionalsatz (Bedingung)	Wenn Sie noch Fehler entdecken, rufen Sie bitte an.
Konzessivsatz (Einräumung)	Obwohl die Mannschaft gut gespielt hat, ist ihr nur ein Unentschieden gelungen.

	Lokalsatz (Ort)	Wo Supermärkte stehen, verschwinden die meisten kleinen Geschäfte.
	Modalsatz (Art und Weise)	Wie das hier formuliert ist, wird es wirkungslos bleiben.
	Temporalsatz (Zeit)	Sobald die Feiertage vorüber sind, kehrt Ruhe ein.
Attributsatz		
	Relativsatz	Eine Entwicklung, die schnell geht, wäre uns recht. (Eine schnelle Entwicklung wäre uns recht.)
	Konjunktionalsatz	Ihre Auffassung, dass ein Leistungsanspruch besteht, ist fragwürdig. (Ihre Auffassung über das Bestehen eines Leistungsanspruches ist fragwürdig.)
	Indirekter Fragesatz	Die Frage, wann wir die Preise senken, ist noch offen. (Die Frage des Zeitpunkts der Preissenkung ist noch offen.)

Kommatest

Wo ist in den folgenden Sätzen ein Komma erforderlich? Bitte einsetzen! Jedes Komma ist sowohl nach den alten als auch nach den neuen Regeln notwendig.

1 Wir erhielten eine lange wichtige amtliche Mitteilung.
2 Die Lage war ernst aber nicht hoffnungslos.
3 Bitte nach Köln Ursulastraße 3 Haupteingang 4. Stock schicken.
4 Alle Briefe die zu spät eingegangen sind blieben unbeantwortet.
5 Unsere Zentrale fragt wann die Informationsschrift fertig sein wird.
6 Schreiben Sie langsam damit keine Fehler passieren.
7 Manch eine kluge Frau gewinnt indem sie nachgibt.
8 Falls sich innerhalb eines halben Jahres kein Eigentümer meldet gehört der Hund Ihnen.
9 Arbeitgeber und Arbeitnehmer dienen obwohl sie oft gegeneinander kämpfen der gleichen Ordnung.
10 Oft kommt jemand zum Erfolg weil er warten kann.
11 Es ist bekannt dass dies ein Irrweg ist.
12 Die Probleme waren größer als wir vermutet hatten.
13 Die wenigen neuen Probleme waren größer als die zahlreichen alten.
14 Die Stimmenthaltungen sind genauso schädlich wie die zu Dutzenden aufgetretenen Einsprüche.
15 Die Sache entwickelt sich so wie wir es vorausgesehen haben.
16 Das Amt teilte uns mit das Bürgerbegehren sei abgelehnt worden.
17 Es ist bekannt dass mehr investiert werden muss, dass die Personaldecke zu dünn ist und die Mitarbeitenden teilweise unzureichend auf die Umstellung vorbereitet sind.

Kommatest: Aufgabenlösungen

1 Wir erhielten eine lange, wichtige amtliche Mitteilung.
2 Die Lage war ernst, aber nicht hoffnungslos.
3 Bitte nach Köln, Ursulastraße 3, Haupteingang, 4. Stock(,) schicken.
4 Alle Briefe, die zu spät eingegangen sind, bleiben unbeantwortet.
5 Unsere Zentrale fragt, wann die Informationsschrift fertig sein wird.
6 Schreiben Sie langsam, damit keine Fehler passieren.
7 Manch eine kluge Frau gewinnt, indem sie nachgibt.
8 Falls sich innerhalb eines halben Jahres kein Eigentümer meldet, gehört der Hund Ihnen.
9 Arbeitgeber und Arbeitnehmer dienen, obwohl sie oft gegeneinander kämpfen, der gleichen Ordnung.
10 Oft kommt jemand zum Erfolg, weil er warten kann.
11 Es ist bekannt, dass dies ein Irrweg ist.
12 Die Probleme waren größer, als wir vermutet hatten.
13 Die wenigen neuen Probleme waren größer als die zahlreichen alten.
14 Die Stimmenthaltungen sind genauso schädlich wie die zu Dutzenden aufgetretenen Einsprüche.
15 Die Sache entwickelt sich so, wie wir es vorausgesehen haben.
16 Das Amt teilte uns mit, das Bürgerbegehren sei abgelehnt worden.
17 Es ist bekannt, dass mehr investiert werden muss, dass die Personaldecke zu dünn ist und die Mitarbeitenden teilweise unzureichend auf die Umstellung vorbereitet sind.

Satzzeichen – mehr als Punkt und Komma

In dem Kapitel »Wie die Satzgestaltung den Stil prägt« (Seite 172 ff.) fällt auf, dass mit der Vielfalt verwendeter Satzarten auch eine Vielfalt zu verwendender Satzzeichen verbunden ist.

Das Komma, unser am häufigsten benutztes Satzzeichen, war einmal strengen Regeln unterworfen, und von einigen »Freistellungen« abgesehen, ist es das immer noch.

Die anderen Satzzeichen dagegen stehen uns weitgehend wahlweise zur Verfügung. Gut, nach einer direkten Frage hat ein Fragezeichen zu stehen. Wenn ich das aber nicht mag, kann ich es durch Bevorzugung eines indirekten Fragesatzes vermeiden. Am Ende eines Hauptsatzes steht in der Regel ein Punkt. Wenn ich das für besser halte, darf ich die Sache sehr oft auch durch ein Semikolon regeln. Aber da sind wir schon mitten drin in der Aufzählung unserer Satzzeichen. Also systematisch, fein säuberlich nach dem Alphabet!

Auslassungspunkte, Ausrufezeichen, Doppelpunkt, Fragezeichen, Gedankenstrich, Komma, Punkt, Semikolon. Der folgende Kurztext enthält sie alle.

> Sehr geehrter Herr Wündel,
>
> haben Sie mich vergessen? Sie wollten mir doch neue Muster schicken! – Ich brauche sie dringend, vor allem für: Anzüge, Kostüme; Freizeitjacken, Sportjacken; Pullunder und Pullover.
> Liegt vielleicht auch schon Prospektmaterial für Ausstatterhemden, Freizeithemden, Blusen, Lady-Shirts, Chasuble-Westen … vor? Dann bitte gleich mitschicken! Danke.
>
> Freundliche Grüße

Sie erkennen sofort: Wer die Vielzahl der verfügbaren Satzzeichen nutzt, kann gar nicht anders, als auch einen lebhaften Stil zu schreiben.

Mit einem Satz …

Der Gedanke ist der sinnvolle Satz.

Ludwig Wittgenstein

Haben Sie schon einmal vom seltsamen Verhalten und Können der Schwarzbären gehört? Das sind Winterschläfer. Aber während andere Tiere alle paar Tage eine kurze Unterbrechung einlegen, um zu fressen, zu trinken, auszuscheiden, schlafen die Schwarzbären durch. Und falls sie einmal gestört werden und sich schnell eine andere Höhle suchen müssen, führen sie das mit großer Geschwindigkeit aus – ihre Muskelkraft hat unter der ausgedehnten Schlafpause nicht gelitten. Wenn wir mal zwei Monate krank das Bett hüten müssen … schon haben unsere Muskeln schlapp gemacht. Diese unglaublichen außergewöhnlichen Fähigkeiten verdanken die Schwarzbären, wie Wissenschaftler inzwischen herausgefunden haben, einem besonderen Stoff, den andere nicht haben.

Eines Morgens – nichts zu suchen war mein Sinn – fiel mir der folgende Satz ein:

> Der Schwarzbär löscht die Spur vor der Höhle.

Das tut er, damit ihn nach Möglichkeit während seines durchgehenden Winterschlafs niemand aufstöbert und stört.

Ich wusste sofort, das musste ich festhalten. Was war geschehen? »Mit *einem* Satz« war ich in einen Text gesprungen, den es noch gar nicht gab, in ein Gedicht, das sich dann, nach und nach, um diesen Satz herum entwickelte.

Sie haben es gemerkt: Unser Titel ist zweideutig. Das Wort »Satz« weist auf die üblicherweise damit bezeichnete sprachliche Einheit hin, aber zugleich auf einen Satz im Sinne eines Sprunges. »Mit einem riesigen Satz sprang die Boxerhündin über die Tonne hinweg.« Ebenso hatte ich einen großen Satz gemacht und war so in einen zu schreibenden Text gesprungen.

Für den Fall, dass Sie nun neugierig auf das aus meinem »Satz« entstandene Gedicht geworden sind, will ich es Ihnen nicht vorenthalten.

Vorweg eine Warnung: Vermutlich werden Sie dieses Gedicht traurig finden. Das trifft zu, aber nur teilweise.

Wenn Sie Lust haben, gleich einmal eine etwas schwierige, ungewöhnliche Sprach-Gedanken-Übung zu machen, überlegen Sie bitte einmal, was an dem folgenden lyrischen Text gar nicht so traurig ist, was die Sache hier und da und dort immer irgendwie in der Schwebe hält.

winter

am abgrund entlang
laufen die füße
sich wund
vergängliche fülle
des lichts

im kopfgebein
dunkelt vernunft
langsamer schwerer
der atem

die grauenden augen
heimlich noch
glänzend

der schwarzbär löscht die spur
vor der höhle

dämmerung über dem schnee

Ein paar Hinweise zu unserem Thema »traurig – weniger traurig«: Das Gedicht spricht, indirekt, von den vergeblichen Mühen des Sisyphos, von der Lichtfülle in der Welt, die laut Wissenschaft sehr langsam abnimmt, bis kein Leben mehr möglich sein wird, vom Dunkeln der Vernunft, das oft im Alter einsetzt... Aber es sagt auch, dass die sich wund laufenden Füße immerhin laufen, dass Lichtfülle und Vernunft vorhanden sind, dass der Atem geht, dass die Augen heimlich noch glänzen. Und schließlich bleibt mit der Dämmerung in der letzten Zeile alles offen, denn es gibt nicht nur eine Abenddämmerung, sondern auch eine Morgendämmerung.

Ich verbessere den letzten Satz. »Und schließlich bleibt mit der Dämmerung in der letzten Zeile alles offen: weil es nicht nur eine Abenddämmerung, sondern auch eine Morgendämmerung gibt.«

Auch der erste Satz wäre in Ordnung gewesen, aber – Sie spüren es sicherlich – die verbesserte Fassung erzeugt mehr Spannung. »Kleinigkeiten«, die nicht nur in Gedichten und ihren Interpretationen wichtig sind, sondern auch in Werbetexten, politischen Reden, Schriftsätzen fürs Gericht, Protokollen, Reden zu privaten Anlässen... Wenn wir unsere Sprache schreibend, redend – denkend – benutzen, haben wir es immer sofort mit der ganzen Sprache zu tun.

Dass sie hier bei der Frage nach einem »Satz« mit einem Gedicht überrascht werden, hat einen besonderen Grund. Im dritten Teil dieses Buches geht es um vielerlei Textsorten, vom Aphorismus bis zum Leserbrief, von der Glosse bis zur Festrede, von Tagebucheintragungen bis zu Bewerbungen, von Glückwunschbriefen bis... Die Lese- und Vortragsform »Gedicht« ist nicht dabei; deshalb an dieser Stelle eine kleine Vorstellung dieser in der deutschen Literatur wichtigen Textgattung – die nicht nur umfasst, was in vielen, vielen Büchern steht, sondern noch viel mehr all die Gedichte – humorvolle oder ernste –, die landauf, landab ganz privat – ohne Veröffentlichung – geschrieben wurden und geschrieben werden. Vielleicht haben Sie auch schon einmal, vielleicht in der Jugend, ein Gedicht geschrieben?

»Packpapierdeutsch« verboten!

Wenn wir uns gegen veraltete Kaufmanns- und Behördensprache wenden, benutzen wir dafür Bezeichnungen wie »Papierdeutsch«, »Papiersprache«, »Papierwörter« ... Anstoß genommen hat man an dieser Ausdrucksweise schon viele Jahrzehnte vorher. Heinrich Heine hat dafür das Wort »Packpapierdeutsch« geprägt.

Was ist damit gemeint?

> Sehr geehrter Herr Pfleger,
>
> Ihr o. g. Schreiben vom 04.08. ds. J. haben wir dankend erhalten. Nach Überprüfung der uns von Ihnen übermittelten Unterlagen erklären wir uns hiermit ausnahms- und entgegenkommenderweise bereit, einen Betrag in Höhe von Euro 124,– an Sie zur Überweisung zu bringen, sodass die Angelegenheit nunmehr ihre Erledigung gefunden haben dürfte.
> Wir möchten Sie bitten, uns alsbald entsprechenden Bescheid zu geben, ob Sie mit diesem Regelungsvorschlag konform gehen.
> Ihren weiteren Nachrichten gern entgegensehend und im Voraus bestens dankend, verbleiben wir
>
> mit freundlichen Grüßen

Was ist auszusetzen?

»o.g.« – ein typischer Papierausdruck; überflüssig, weil das »o.g.« ja oben steht, und wenn es als Betreff oben steht, ist klar, dass der Brief damit zu tun hat. Außerdem: Die Schreibweise ist falsch. Richtig: o.g., also mit Leerzeichen zwischen den beiden abgekürzten Wörtern »oben genannt«.

Die Datumsschreibweise ist veraltet. Das Jahr wird genannt.

Auch »dankend erhalten« ist ein typischer Büroausdruck. Weg damit.

Ob der Schreiber nach Überprüfung oder ohne Überprüfung Geld überweist, ist dem Empfänger ziemlich gleichgültig.

Das »hiermit« ist an dieser Stelle eine Fehlbesetzung. Womit sonst?

Das oft gebrauchte »ausnahms- und entgegenkommenderweise«: Papierdeutsch und zugleich gönnerhaft, also ungünstig.

Statt »einen Betrag in Höhe von Euro 124,– zur Überweisung zu bringen«, sollte man schlicht »124 Euro überweisen« schreiben.

Der Schreiber »möchte« natürlich nicht bitten – er bittet.

Wer würde im Gespräch jemals »alsbald« sagen? Das »Normalwort« ist »bald«.

Einen »*entsprechenden* Bescheid«? Was für einen Bescheid denn sonst? Jeder andere wäre doch in diesem Zusammenhang sinnlos.

Der ganze letzte Absatz ist typisches überflüssiges Papierdeutsch. Nicht mehr zu gebrauchen! Wie könnte ein solches »Papier-Schreiben« zu einem normalen Brief werden? Zum Beispiel so:

> Sehr geehrter Herr Pfleger,
>
> um die Sache aus der Welt zu schaffen: Wir sind bereit, Ihnen 124 Euro zu überweisen. Sind Sie damit einverstanden?
>
> Freundlich grüßt Sie

Nach dem Krieg, in den 50er und 60er Jahren, war es in der Praxis schwer, schnörkelloses, höfliches, partnerorientiertes Brief-Deutsch einzuführen. Die stehende Gegenrede »Das haben wir immer so gemacht!« hat manchen guten Ansatz gebremst.

Ein starker Schub in Richtung einer modernen Korrespondenzsprache ist einem Trick und der Ausnutzung einer aktuellen Arbeitsmarktsituation zu verdanken. Die Wirtschaft blühte, Arbeitskräfte wurden knapp. Zum Beispiel: Sekretärinnen und Phonotypistinnen waren kaum noch zu kriegen. In dieser Situation kann ein Vorschlag, rund ein Drittel des Aufwands beim Diktieren, Schreiben, Korrekturlesen … einzusparen, Wunder wirken. Schließlich war man Kaufmann und konnte rechnen.

In einem Großunternehmen, in dem ich damals tätig war, wurden im Monat rund 100 000 Briefe diktiert, geschrieben, kontrolliert, verschickt und noch einmal rund 100 000 Seiten intern geschrieben. Dass man durch relativ einfache und dabei so einleuchtende sprachliche Änderungen leicht aus der Personalnot herauskommen konnte – wunderbar.

So wurden bei zahlreichen Unternehmen über das »Sparmodell Geschäftssprache«, zumindest für die Briefe, zugleich wesentliche sprachlich-gedankliche Verbesserungen erzielt.

Prüfen Sie bitte, ob Ihre Briefe – und auch andere Texte – folgende »Papierausdrücke« enthalten! Streichen oder ersetzen Sie diese Wörter! (Warnung: Manche dieser Ausdrücke sind nicht in jedem Fall und unter allen Umständen »verboten«. Ausnahmen von der Regel gibt es immer.)

alsbald	bald
alsdann	dann
angesichts	wegen
angesichts der Mieterhöhung	wegen der Mieterhöhung
Aber zum Beispiel:	Angesichts der Niagarafälle war ich tief beeindruckt.
anheimstellen	freistellen
wir stellen Ihnen anheim	wir stellen es Ihnen frei wir überlassen es Ihnen Sie können es steht Ihnen frei
anlässlich	bei, in
anlässlich unseres Treffens	bei unserem Treffen
anlässlich unseres Gesprächs	in unserem Gespräch
Aber zum Beispiel:	anlässlich der Hundertjahrfeier unseres Unternehmens
Anliegen Durch unseriösen Gebrauch unglaubwürdig geworden!	

Es ist uns ein echtes Anliegen	Es ist uns ernst damit … Wir halten … für sehr wichtig
anliegend	hiermit, mit diesem Brief
antwortlich	auf, zu
aufgeben (im Sinne von »angeben«)	angeben, nennen, mitteilen, schreiben
Außerachtlassung	
Sie haben unter Außerachtlassung unserer Anweisungen gehandelt.	Sie haben gegen unsere Anweisungen gehandelt.
baldgefällig, baldgef.	Streichen!
baldmöglichst	möglichst bald, recht bald, gleich
bedienen	u. a.: beliefern
beifolgend	hiermit, mit diesem Brief
beiliegend	hiermit, mit diesem Brief
beinhalten	enthalten, einschließen, umfassen
beitreiben	gerichtlich geltend machen
bekanntgeben	
(im Sinne von »angeben«)	angeben, nennen, mitteilen
Geben Sie uns bitte Ihr Konto bekannt.	Geben Sie uns bitte Ihr Konto an.
Aber zum Beispiel:	Die Bundesregierung gibt bekannt: …
bestens	Streichen!
betreffs	wegen
beziehungsweise, bzw.	und, oder, teils – teils, genauer gesagt
Aber zum Beispiel:	A und B haben 10 bzw. 20 Euro erhalten
Besser allerdings:	A hat 10, B 20 Euro erhalten.
Bezugnahme	Streichen!

Unter Bezugnahme auf Ihr o. g. Schreiben vom …	Streichen! Überflüssig, weil im Betreff schon genannt.
bezüglich	wegen
Bezug nehmend	(wie »Bezugnahme«)
dankend	Partizip, im Brief umständlich
Besser:	Wir danken Ihnen … Vielen Dank!… Danke.
derselbe… (rückbezüglich)	er, sie, es
Wenn Überstunden anfallen, müssen dieselben extra bezahlt werden.	Wenn Überstunden notwendig sind, müssen sie extra bezahlt werden. Überstunden müssen zusätzlich bezahlt werden.
des Monats, d. Mts.	Datum vollständig schreiben!
des Jahres, d. J.	Datum vollständig schreiben!
diesbezüglich	Streichen!
Wir werden uns diesbezüglich abstimmen.	Wir werden uns abstimmen. (Worüber ist klar; sonst hinge auch »diesbezüglich« in der Luft.)
dieserhalb	darüber, deswegen
Wir haben dieserhalb verhandelt.	Wir haben darüber verhandelt.
einig gehen	einverstanden sein, zustimmen
einreichen	senden, schicken
Aber zum Beispiel:	eine Klage einreichen eine Bittschrift einreichen
entgegensehend	Streichen (den ganzen Satz)!
eruieren	herausfinden, ermitteln, erforschen
freundlichst	Streichen!
Wir bitten Sie freundlichst…	Wir bitten Sie…
gefällig, gefl.	Streichen!

gegebenenfalls, ggf.	Streichen!
gleichsam	wie
hereinreichen, herreichen	senden, schicken, bringen
höflichst, höfl.	Streichen!
Wir bitten Sie höflichst…	Wir bitten Sie…
Ihrerseits	Streichen!
Inabzugbringung	abziehen
Wir bitten um Inabzugbringung	Wir bitten, … abzuziehen.
Inangriffnahme	anfangen, anpacken, in Angriff nehmen
Inanspruchnahme	beanspruchen, in Anspruch nehmen
Inbetriebnahme	Einsatz, Start, das Anlassen
konform gehen	einverstanden sein, zustimmen
mittels	mit, durch
Mühewaltung	Bemühung
oben erwähnte, o. e.	Streichen!
oben genannte, o. g.	Streichen!
seitens, vonseiten, von Seiten	von
stattgeben	zustimmen, befürworten, annehmen
sukzessive	nach und nach, allmählich, stufenweise
tangieren	berühren
Unterzeichnete(r)	Unterzeichner (besser: Name)
ventilieren	prüfen, untersuchen, genau erörtern
verbleiben	Streichen!
vermittels(t)	mit, durch
vorerwähnte, v. e.	Streichen!
vorgenannte, v. g.	Streichen!
weitgehendst	weitgehend
Zurverfügungstellung	zur Verfügung stellen

Papierwörter: Wörter, die fast nur auf dem Papier zu finden sind. Wie ersetzen? Streichen oder den Ausdruck wählen, den Sie stattdessen im Gespräch verwenden.

Schachteln und Klammern macht Spaß! Aber …

Vor Schachtelsätzen wird immer wieder gewarnt. In der Regel zu Recht. Denn es ist nicht gut, die Aufnahme von Informationen aus Gebrauchstexten zu erschweren. Ob die Stilforderung, keine Schachtelsätze zu schreiben, für jede Art von Text gilt, diese Frage klammern wir einmal aus. Das Verschachteln kann ja durchaus im Sinne des Autors und seines Stoffes liegen. Berühmte Beispiele dafür gibt es genug.

> Zu gegebener Zeit werden wir Ihnen die Berichte über die Prüfungen der elektrischen Anlagen in Ihren beiden Häusern in der Wallburgstraße in jeweils zweifacher Ausfertigung zu Ihrer Verwendung bzw. zur Weitergabe an Ihre Versicherungsgesellschaft übersenden.

Das ist ein schlichter Hauptsatz, ohne Nebensätze, Infinitiv- oder Partizipgruppen. Dennoch … Was macht den Satz schwerfällig?

> Zu gegebener Zeit werden wir …

Wir möchten nun erfahren, *was* die andere Seite tun oder auch unterlassen wird. Darauf müssen wir leider lange warten. Erst das letzte Wort liefert Aufklärung: »werden wir … übersenden.«

Dieses »werden … übersenden« nennt man auch eine verbale Klammer. Die Klammer kommt zustande, wenn wir eine mehrgliedrige verbale Aussage verwenden, deren erster Teil am Anfang und deren letzter Teil am Ende oder zumindest viel weiter hinten im Satz steht. Ist der Abstand zwischen dem ersten und dem zweiten Teil groß, leidet darunter die Informationsaufnahme. Wir sprechen dann von einer »überdehnten verbalen Klammer«. Der Autor hat den Bogen zu weit gespannt.

Wie würden Sie den zitierten Beispielsatz ändern? Dazu ein paar Überlegungen:

Was heißt »Zu gegebener Zeit«? Wann sonst? Und wann *ist* die Zeit gegeben? – Können wir die Zusatzangaben »in jeweils zweifacher Ausfertigung« und »zu Ihrer Verwendung bzw. zur Weitergabe an Ihre Versicherungsgesellschaft« nicht anhängen, statt sie einzuklammern?

Vorschlag zum Vergleichen:

> Sobald die elektrischen Anlagen in Ihren beiden Häusern in der Wallburgstraße untersucht worden sind, erhalten Sie die Prüfberichte in zweifacher Ausfertigung, eine für Sie und eine für Ihre Versicherungsgesellschaft.

Ein weiterer Satz mit überdehnter verbaler Klammer:

> Die einbadige Methode des Bleichens und Weißtönens kann trotz des einschränkenden Vorbehalts, der von unserer Abteilung Anwendungstechnik zu bedenken gegeben wurde, für einige Fasertypen die optimale Methode zur Erzielung eines maximalen Weißgrades darstellen.

Auch hier erscheint die verbale Klammer zu stark beansprucht: »kann… darstellen«. Wir müssen berücksichtigen, dass vom letzten Wort einer solchen Aussage viel oder alles abhängt. In diesem Fall allerdings weisen die vorhergehenden Aussagen – die »eingeklammerten« Aussagen – schon auf einen positiven Ausgang hin. Wie vereinfachen? Wie die schädliche Überdehnung vermeiden? Zum Beispiel:

> Trotz des Vorbehalts unserer Abteilung Anwendungstechnik kann das einbadige Bleichen und Weißtönen für einige Fasertypen hervorragend geeignet sein, einen hohen Weißgrad zu erzielen.

Noch zwei Kleinigkeiten: Schon die Satzverkürzung – durch Wegfall von Überflüssigem – verbessert die Verständlichkeit. Die Aussagen »optimale Methode« und »eines maximalen Weißgrades« wurden ersetzt. Denn selbst wenn wir mit einem Ergebnis dieser Art sehr zufrieden sind, ob es *optimal* ist und ob ein *maximaler* Weißgrad zu erzielen ist, das erscheint doch sehr fraglich. Meistens lässt sich auch bei guten Ergebnissen immer noch etwas verbessern. Hier kommt hinzu, dass die Abteilung Anwendungstechnik sogar Bedenken angemeldet hat. Ausdrücke wie »optimal«, »maximal«, »minimal« und »ideal« sind in der Werbung beliebt, zu Modewörtern geworden. Wenn dann hier und da auch noch von »optimalster Ausnutzung« oder »idealster Konstellation« die Rede ist, wissen wir, dass die Sätze nur geschrieben, aber nicht gedacht worden sind.

Auch die angebotene Verbesserung war nicht »optimal«. Wenn es um das Weißtönen geht, dann geht es auch um die Erzielung eines hohen Weißgrades. Also:

> Trotz des Vorbehalts unserer »Anwendungstechnik« kann das einbadige Bleichen und Weißtönen für einige Fasertypen hervorragend geeignet sein.

Ist sie nun optimal? Nein. Aber noch ein bisschen besser als vorher. Und darum geht es.

Unser erstes Beispiel enthielt keinen Nebensatz, unser zweites Beispiel enthielt einen Nebensatz. Nun erst noch einmal ganz einfach, dann etwas komplizierter:

> Wir möchten Ihnen heute die Ergebnisse unserer Versuche, die wir bei uns in der Anwendungstechnik durchgeführt haben, mitteilen.

Was wir möchten, nämlich die Aussage »mitteilen« – zu spät. Also:

> Wir teilen Ihnen heute die Ergebnisse unserer Versuche, die wir bei uns in der Anwendungstechnik durchgeführt haben, mit.

Jetzt ist die Sache, die durch das Weglassen des inhaltlich falschen »möchten« besser geworden ist, durch das Nachhinken des »mit« – also durch die Spaltung eines zusammengesetzten Verbs – wiederum schlechter … noch schlechter geworden. Wie ändern? Das »mit« einfach weiter nach vorn ziehen, sodass zwar eine verbale Klammer bestehen bleibt, diese Klammer aber nicht überdehnt wirkt.

> Wir teilen Ihnen heute die Ergebnisse unserer Versuche mit, die wir bei uns in der Anwendungstechnik durchgeführt haben.

Etwas schwieriger, aber im Prinzip dasselbe Problem und dieselbe Lösung wie im Vorbeispiel:

> Der hessische Minister für Wirtschaft und Technik hat um Einladung des für Fernleitungen zur Beförderung brennbarer Flüssigkeiten zuständigen Referenten seines Hauses zu den Sitzungen des Unterausschusses Fernleitung gebeten.

Wer kommt da noch mit? Besser:

> Der hessische Minister für Wirtschaft und Technik hat gebeten, zu den Sitzungen des Unterausschusses Fernleitungen zur Beförderung brennbarer Flüssigkeiten den zuständigen Referenten seines Hauses einzuladen.

Ein stärkerer Eingriff ist bei so genial gebauten Wortgebilden wie diesem notwendig:

> Der Darlehensnehmer tritt hiermit alle ihm aus dem oben im Abschnitt »Darlehenszweck« genannten Bausparvertrag zustehenden und künftig zur Entstehung kommenden Ansprüche und Rechte jeder Art, insbesondere auf Zuteilung und Auszahlung des jeweiligen Bausparguthabens, auf Annahme der Zuteilung, auf Auszahlung eines gegebenenfalls zu gewährenden Zwischendarlehens, das Recht auf Kündigung und Übertragung des Bausparvertrages sowie den Anspruch auf Auszahlung der Wohnungsbauprämie, auch wenn diese auf einem Prämiensonderkonto verbucht wird, an die Bank ab.

Es beginnt mit »tritt« (drittes Wort im Satz) und endet mit »ab« (letztes Wort im Satz). Dazwischen liegen 9 – in Worten: neun – Zeilen. Und nun? Wie schon gehabt: nach vorn ziehen!

> Der Darlehensnehmer tritt alle Ansprüche und Rechte an die Bank ab, die ihm aus dem unter »Darlehenszweck« genannten Bausparvertrag zustehen oder zustehen werden. Diese Abtretung betrifft insbesondere:
>
> 1. Zuteilung und Auszahlung...
> 2. Annahme der Zuteilung
> 3. Auszahlung eines Zwischenkredits
> 4. ...
> 5. ...

Ähnlich verhält es sich bei dem folgenden Satz, der uns zwar nicht mit einer überdehnten verbalen Klammer ärgert, aber sich trotzdem nicht gerade lesefreundlich vorstellt.

> Personen, die nach § 20 Abs. 3 in der sozialen Pflegeversicherung versicherungspflichtig sind, können auf Antrag von der Versicherungspflicht befreit werden, wenn sie nachweisen, dass sie bei einem privaten Versicherungsunternehmen gegen Pflegebedürftigkeit versichert sind und für sich und ihre Angehörigen, die bei Versicherungspflicht nach § 25 versichert wären, Leistungen beanspruchen können, die nach Art und Umfang den Leistungen des Vierten Kapitels gleichwertig sind.

Wie ist dieser Satz gebaut?

> Hauptsatzanfang – Nebensatz – Hauptsatzfortsetzung – Nebensatz – Nebensatzanfang – Nebensatz – Nebensatzfortsetzung – Nebensatz

Allein schon diese Stichwort-Zusammenstellung lässt ahnen, dass der zugehörige Satz nicht gerade Freude verbreiten wird. Da für Laien oder Halblaien, die Versicherungsnehmer, auch noch der Inhalt schwer zu verstehen ist und die Empfänger zudem ihre Kunden sind, müssten sich die Briefschreibenden eigentlich besonders viel Mühe geben. Aber tun sie es? Wie verbessern? Zum Beispiel so:

Personen, die nach § 20 Abs. 3 in der sozialen Pflegeversicherung pflichtversichert sind, können von dieser Pflicht befreit werden. Die Voraussetzungen:

1. Sie sind bei einem privaten Versicherungsunternehmen gegen Pflegebedürftigkeit versichert.
2. Sie sind berechtigt, für sich und ihre Angehörigen – die bei Versicherungspflicht nach § 25 mitversichert sind – Leistungen zu beanspruchen.
3. Für die Inhalte 1 und 2 wird der Nachweis erbracht.

Der Inhalt ist so umfangreich wie zuvor; die vernünftige Satzgestaltung und Gliederung ermöglicht schnelles Verstehen.

Fragen: indirekt oder direkt?

Achten Sie bitte einmal darauf: In Geschäftsbriefen gibt es am Ende der Sätze fast nur den Punkt. Haben die Schreibenden niemals Fragen? Doch, haben sie. Aber sie kommen ohne Fragezeichen aus: weil sie nicht direkt, sondern indirekt fragen. Zum Beispiel so:

> Wir möchten Sie bitten, uns baldmöglichst mitzuteilen, ob Sie mit diesem Vorschlag hinsichtlich des neuen Lampen-Prospekts konform gehen.

Kritik: a) nicht »möchten bitten«, sondern »bitten«. b) Der Ausdruck »baldmöglichst« ist ein »Papierwort«; im Gespräch würden wir bestimmt »möglichst bald« sagen. c) Die »hinsichtlich«-Formulierung verstärkt den Papierdeutsch-Eindruck. d) Auch »konform gehen« gehört zu dem, was schon Heinrich Heine einmal »Packpapierdeutsch« genannt hat.

Zu unserem Kernthema »Fragen«: Die Frage wird in einen Nebensatz verstoßen. Würden Sie das im Gespräch auch machen? Höchstwahrscheinlich nicht. Sie würden auf die einfachste Weise direkt fragen. Vielleicht so:

> Sind Sie mit diesem Vorschlag für den neuen Lampen-Prospekt einverstanden? Bitte informieren Sie uns gleich.

Statt des »Bitte«-Satzes wäre auch eine freundliche Formulierung wie diese möglich:

> Wir freuen uns auf Ihre schnelle Antwort.
> Würden Sie uns gleich informieren? Wir sind gespannt.

Briefe – ob Geschäfts- oder Privatbriefe –, die zwar Fragen enthalten, aber nur indirekte Fragen in Form eines Aussagesatzes mit einem

Nebensatz, solche Briefe wirken, wenn sie nicht durch andere Stilmittel aufgehellt sind, ein bisschen langweilig. Oder etwas anders formuliert, im Sinne unseres Themas: Briefe – ob Geschäfts- oder Privatbriefe –, die nur indirekte statt direkter Fragen enthalten, wirken die nicht oft ein bisschen langweilig? – Die Einleitung dieses Buches lautet:

> Liebe Leserin, lieber Leser,
>
> es würde mich interessieren, ob Sie den Etappenhasen kennen. Ich meine das Volksstück »De Etappenhas«.

Der zweite Absatz beginnt so:

> Ich erwähne ihn, weil er etwas mit dem vorliegenden Buch zu tun hat.

Und der vierte Absatz beginnt mit dem Satz:

> Leider wurde er Anfang 1968 auf einer seiner Seminarreisen Opfer eines Autounfalls.

Der sechste Absatz beginnt mit den Worten:

> Und Horst Bernhard Bunje ist kein Einzelfall. Sicher kommen auch Ihnen einige Namen in den Sinn.

Fängt dieses Buch wirklich so an? Habe ich die vier zitierten Sätze richtig wiedergegeben? Nein.

Anfang Absatz eins: Kennen Sie den Etappenhasen – das Volksstück »De Etappenhas«?

Spricht der direkte zweiteilige Fragesatz nicht viel stärker an als der angehängte indirekte Fragesatz, der ob-Nebensatz?

Anfang Absatz zwei: Weshalb erwähne ich ihn? Was hat er mit dem vor Ihnen liegenden Buch zu tun?

Statt des ordentlichen, aber etwas langweiligen Hauptsatzes mit einem angehängten weil-Nebensatz: zwei kurze Fragen. Fragen an meine Lesenden und auch an mich selbst. Bei der Gelegenheit: Warum schreibe ich in diesem Buch manchmal »die Lesenden«, »die Schreibenden« und ähnliche substantivierte Partizipien? Weil ich sonst aus Höflichkeit immer Weiblein *und* Männlein ansprechen müsste. Das ist gelegentlich möglich, aber auf die Dauer sehr umständlich, wenig stilfördernd.

Anfang Absatz vier: Was ist aus ihm geworden?

Dieser kleine Fragesatz ist wie der Auftakt eines Musikstückes. Ohne Auftakt – brav, aber eben nur brav.

Anfang Absatz sechs: Und Horst Bernhard Bunje, ist er ein Einzelfall? Kommen auch Ihnen Namen in den Sinn?

Die fehlerhaft oben angegebenen kurzen Hauptsätze – wiederum ordentlich, doch nicht »ansprechend«.

Welche Hauptvorteile haben direkte Fragen? Sie beleben den Text. Nicht ein Hauptsatz nach dem anderen. Sie sprechen die Lesenden unmittelbar an und beziehen sie so in die Überlegungen des Autors ein.

Eine direkte Frage in Form eines Auslassungssatzes ist neuerdings des Öfteren am Ende einer Personalanzeige oder eines Bewerbungsbriefes zu sehen.

Früher und meistens heute noch so oder so ähnlich:

a) Wenn Sie an dieser Stelle interessiert sind, schicken Sie bitte Ihre vollständigen Bewerbungsunterlagen an …
b) Falls Sie aufgrund meiner Bewerbung an einem Vorstellungsgespräch interessiert wären, würde ich mich freuen.

Zu a Sind Sie interessiert? Dann schicken Sie bitte Ihre Bewerbungsunterlagen an …

Zu b: Sind Sie interessiert? Ich würde mich freuen.
Interessiert?

Das heißt natürlich nicht: Alle indirekten Fragen vermeiden! Nein, wenn es indirekte Fragen gibt, so werden sie wohl auch ihre Berechtigung haben.

1. Wie werden Sie sich entscheiden?
2. Wir sind gespannt darauf, wie Sie sich entscheiden werden.

Zu 1: Ohne Umschweife gefragt, lebhaft, gesprächsnah, auf Antwort dringend.

Zu 2: Freundlich-vorsichtig, zurückhaltend, nicht drängend.

Indirekte Fragen verschlechtern den Stil nur dann, wenn sie die direkten Fragen weitgehend ersetzen. Ich wüsste gern, wie *Sie* über das Thema »direkte oder indirekte Fragen« denken. Ach nein, doch nicht so! Wie denken *Sie* darüber: direkte oder indirekte Fragen?

Die Hauptsache in den Hauptsatz?

Zu den Vorurteilen, die wohl nicht mehr aus der Welt zu schaffen sein werden, gehört die These: dass man Hauptsachen in Hauptsätze zu stecken habe, während »man« – in der Praxis – von Goethe bis Karl Kraus – dieser hehren Stilregel unbekümmert und vergnügt zuwiderhandelt.

Beim Stilpapst Ludwig Reiners liest sich das in seiner »Stilfibel« so: »Hauptsachen gehören in Hauptsätze!« Er zeigt dann mit zwölf Beispielen, dass man »jede Mitteilung in die Form eines Hauptsatzes oder eines Nebensatzes kleiden« kann. Gerade die gewählten Beispiele beweisen zwar, dass diese Behauptung richtig ist; was sie nicht beweisen, ist die Überlegenheit des Hauptsatzes gegenüber dem Nebensatz bei der Mitteilung von Hauptsachen. Hier seine Beispiele unter 2., 3., 5. und 8.

Nebensatzform

> Obwohl sie manche Enttäuschung erlebt hatte, versuchte sie es immer von neuem.

Hauptsatzform

> Sie hatte zwar manche Enttäuschung erlebt, aber trotzdem versuchte sie es immer wieder von neuem.

Ich halte die erste Formulierung für die bessere. Sie ist geschmeidiger, sie baut mit dem einleitenden Nebensatz einen Spannungsbogen auf. Davon abgesehen: Sowohl im Hauptsatz als auch im Nebensatz stehen »Hauptsachen«.

Nebenbei: War hier ein bisschen Oberflächlichkeit im Spiel? Das sinnvolle »wieder« aus dem zweiten Satz findet im ersten Satz nicht statt. Und: Ist »aber trotzdem« hier nicht eine unbeabsichtigte Verdoppelung?

Nebensatzform

Ich sprang hinzu, um ihr zu helfen.

Hauptsatzform

Ich sprang hinzu, ich wollte ihr helfen.

Auch hier wird in beiden Satzteilen Wichtiges mitgeteilt. Aber auch in diesem Fall erscheint mir die erste Fassung geglückter.

Nebensatzform

Als ich dies gehört hatte, reiste ich ab.

Hauptsatzform

Ich hörte dies und reiste sogleich ab.

In der Nebensatzfassung erscheint mir der Zusammenhang zwischen »hören« und »abreisen« deutlicher.

Nebensatzform

Der Leser, der bis hierhin gelesen hat, wird schon ungeduldig.

Hauptsatzform

Bis hierhin hat der Leser gelesen, jetzt wird er ungeduldig.

Hier zeigt sich: Die Hauptsatz-Nebensatz-Formulierung trifft besser, was gesagt werden soll. Welcher Leser wird jetzt ungeduldig? Der bis hierhin gelesen hat. »Bis hierhin hat der Leser gelesen.« Diese Aussage ist langweilig. Man fragt sich: »Was soll's?« Das hängt irgendwie in der Luft, gewinnt erst durch den zweiten Hauptsatz Sinn. Die Fassung mit Nebensatz zeigt uns zugleich Vorteile des Relativsatzes (siehe Kapitel: »Relativsätze«).

> Ich finde es beinahe natürlich, daß wir an Besuchenden mancherlei auszusetzen haben, daß wir sogleich, wenn sie weg sind, über sie nicht zum liebevollsten urteilen; denn wir haben sozusagen ein Recht, sie nach unserem Maßstabe zu messen.

Alle beobachteten Fakten stehen hier in Nebensätzen und in einer nebensatzähnlichen Infinitivgruppe. In den Hauptsätzen finden wir subjektive Beurteilungen dieser Fakten. Was ist wichtig oder besonders wichtig? Beides. Wer schrieb diesen Satz? Goethe in seinem Roman »Die Wahlverwandtschaften« (zweiter Teil, fünftes Kapitel, »Aus Ottiliens Tagebuch«).

> Darüber wird später noch mehr zu sagen sein. Hier genügt es, nur festzustellen, daß es Sinn und Bedeutung auch außerhalb (oder unterhalb) der Sprache gibt.

Im zweiten Satz dieses Textausschnittes erreicht uns das Wichtige im Nebensatz, das weniger Wichtige im Hauptsatz. Die beiden Sätze stammen aus Bruno Snells vorzüglichem Buch »Der Aufbau der Sprache« (Claassen Verlag). Bruno Snell wird zu den hervorragenden Vertretern der klassischen Philologie gezählt.

> Ein Stilwert, der allen Sätzen außer dem Einwortsatz gemeinsam ist, wird deutlich, wenn man denkt, daß die Worte, die im Satz aufeinanderfolgen und eine mehr oder weniger lange Sprechzeit erfordern, als ein Miteinander, als eine sinnvolle Einheit erfaßt werden müssen.

Mit dem zitierten Satz beginnt Wilhelm Schneider, Professor für Germanistik, das Kapitel »Satzbau«, »1. Die Planung des Satzes«, seines Buches »Stilistische deutsche Grammatik« (Herder Verlag).

> Der Erzähler unterscheidet sich vom Politiker nur dadurch, daß er Zeit hat. Gemeinsam ist beiden, daß die Zeit sie hat.

Der Witz, die Überraschung, das Entscheidende steckt in den beiden dass-Sätzen. Diesen Aphorismus hat Karl Kraus geschrieben.

Beispiele für die Regelthese

Hier ein alltäglicher Satz aus der Geschäftskorrespondenz:

> Zu unserem Bedauern haben wir feststellen müssen, dass Sie auf unser Angebot noch nicht geantwortet haben.

Hier sei nun alles klar, meinen die Stilrezeptebauer. Die Einleitung – Geschwätz, überflüssig. Also?

> Sie haben auf unser Angebot noch nicht geantwortet.

Die Kritik lautet: Der Schreiber habe den Hauptsatz mit Unwichtigem gefüllt, und dadurch sei das Wichtige in den Gliedsatz verdrängt worden. Dies aber dürfe nicht sein. Das Wichtige gehöre in den Hauptsatz.

Erste Frage: Warum gehört das Wichtige in den Hauptsatz? Etwa, weil diese Satzart *Hauptsatz* heißt und die andere Satzart, in die das Wichtige nicht gehören soll, *Nebensatz?*

Eine so oberflächliche Begründung, die sich an zwei Bezeichnungen orientiert, ist ja wohl nicht ernst zu nehmen.

Zweite Frage: Warum ist der Inhalt des Beispielhauptsatzes unwichtig? Ich finde ihn zwar schlecht formuliert, aber einen gewissen Wert hat er schon, einen »Ton«-Wert. Die verbesserte Fassung, in der das Wichtige in den Hauptsatz gehoben wird, hat den erheblichen Nachteil, dass sie vorwurfsvoll klingt, während dieser Mangel in der ursprünglichen Fassung zumindest gemildert erscheint.

Wie hätte man alldem aus dem Wege gehen und die Sache in jeder Weise besser machen können? Zum Beispiel so:

> Haben Sie unser Angebot schon prüfen können?

Das selbstverständliche, also überflüssige Bedauern der ersten Fassung ist weg, und der leicht vorwurfsvolle Unterton der zweiten Fassung ebenfalls. Wer zu eigenem Vorteil erinnern will, tut gut daran, zu fragen, statt zu behaupten.

> Wir bestätigen Ihnen dankend den Eingang Ihres Schreibens vom 4. d. Mt. und teilen Ihnen mit, dass unser »PC-Service« nicht mehr monatlich, sondern wöchentlich erscheint.

Den Eingang des Schreibens vom ... hat der Schreiber schon im Bezug des Briefes bestätigt (da gehört er hin), und dass er mit seiner Antwort etwas mitteilen will – wer würde etwas anderes vermuten? Hier ist der Inhalt des Hauptsatzes überflüssig, und das Überflüssige schädigt die Hauptsache, indem es sie in den Hintergrund schiebt.

Damit sind wir bei dem Sonderfall angelangt, für den die Regel »Hauptsachen gehören in Hauptsätze!« sinnvoll ist. Wenn der einleitende Hauptsatz weder einen Inhalts- noch einen Stilwert hat, stellt er sich uns als vergeudeter Hauptsatz dar. Solche nichtssagenden, also überflüssigen Einleitungshauptsätze nennt man gern Vorreiter; sie sind eben nicht die Hauptsache, *die* kommt hinterhergewackelt.

Das eigentliche Problem

Die Unsitte, viele Sätze in Geschäftsbriefen – und keineswegs nur dort! – mit einem Vorreiter zu beginnen, hat zu der Forderung »Hauptsachen gehören in Hauptsätze« geführt. Und auf diese Unsitte bezogen, für diesen Sonderfall, ist die Regel vernünftig.

Was verdrießlich macht, ist die Erfahrung, dass die Regel immer wieder ohne die notwendigen Einschränkungen gepredigt wird. Zwar werden gewöhnlich erhellende Beispiele mitgeliefert, aber die notwendige Anmerkung, dass die Regel nur für solche Fälle gelte, die fehlt. Manchmal führt diese Allerweltsregel, die eine eingeschränkte Regel sein müsste, in Verbindung mit der Regel »Schreib im Aktiv!« zu recht grausamen *modernen* Texten.

> Ihren Brief mit der Bitte um Zahlungsaufschub haben wir erhalten. Eine weitere Fristverlängerung ist jedoch nicht möglich. Auch wir haben unsere Verpflichtungen. Ihre Überweisung erwarten wir innerhalb einer Woche nach Erhalt dieses Schreibens.

Je länger sich ein solches Schreiben hinzieht – »Brief« wäre der falsche Ausdruck –, desto unverdaulicher wird es, obwohl doch der Verfasser zwei »hervorragende« Regeln der modernen Geschäftskorrespondenz, wie sie wieder und wieder einschränkungslos verkündet werden, mustergültig befolgt hat!

Zurück zum Anfang. Der erste Satz dieses Kapitels (S. 151) ist im ersten Teil ein wenig dem Einleitungssatz von Karl Kraus in seinem Essay »Sprachlehre« nachgebildet. Bei Karl Kraus heißt es:

> Zu den Vorurteilen gegen mich, die wohl nicht mehr aus der Welt zu schaffen sein werden, gehört die Vermutung, daß ich die Zeitungen lese, um etwas zu finden, woran ich Anstoß nehmen könnte, während ich in Wahrheit im Blätterwalde so für mich hingehe und nichts zu suchen mein Sinn ist.

Die beiden wichtigsten Informationen stehen in dem Teil ab »daß«, der ausschließlich Nebensätze enthält. Aber natürlich ist auch wichtig, was im Hauptsatz steht. Alle Elemente sind notwendig: damit sich ein »spannender«, interessanter Satz »entwickelt«.

Relativsätze: leicht zu handhaben, vielseitig – manchmal ein bisschen tückisch

Der Relativsatz ist so beliebt, dass man geradezu vom »neuen Relativsatz« sprechen kann. Warum so beliebt? Er ist leicht zu handhaben, und er leistet vielseitige Dienste. Allerdings – in zweierlei Beziehung hat er auch kleine Tücken. Wenn wir die kennen und beherrschen, sind uns die Relativsätze wertvolle Helfer. Deshalb ist es auch lohnend, sich näher mit dieser Art Nebensatz zu beschäftigen.

Nicht neu ist, wie Sie sicher erwartet haben, die Form des Relativsatzes. Nach wie vor wird er durch ein Relativpronomen (bezügliches Fürwort) eingeleitet: der, die, das; seltener: welcher, welche, welches; gelegentlich: da, wo.

Neu dagegen, immer öfter, ist die Wahl des Inhalts. (Der Kursivdruck in den Beispielen entspricht nicht den Originaltexten, sondern soll nur optisch verdeutlichen.)

Zunächst einiges aus dem Sportteil einer Tageszeitung.

»mit tränenerstickter Stimme«

Als Michael Stich das große Turnier in Stuttgart gewonnen hatte, hieß es am 22. Februar 1993 (natürlich noch alte Rechtschreibung):

> Kurz nach Abschluß einer 225-minütigen sportlichen Achterbahn erklärte Michael Stich, der sein Konto um 335 000 Dollar bereicherte und mit dem Gewinn von 414 Weltranglisten-Punkten wieder in die elitäre Gesellschaft der Top-Ten-Spieler zurückkehrte, mit träne-nerstickter [Originaltrennung] Stimme, es habe ihm »Riesenspaß gemacht, bei diesem tollen Turnier zu spielen«.

Falsche Trennungen sind heutzutage normal, die damals noch falsche Schreibweise »225-minütig« war es ebenfalls – reden wir nicht weiter darüber. Aber was bietet uns der Relativsatz? Sinnvoll wäre beispielsweise gewesen:

> Kurz nach Abschluss einer 225-minütigen sportlichen Achterbahn erklärte Michael Stich, dem die große Anstrengung dieser 5-Satz-Auseinandersetzung noch ins Gesicht geschrieben stand, mit tränenerstickter Stimme, es habe ihm »Riesenspaß gemacht, bei diesem tollen Turnier zu spielen«.

Die Diskrepanz zwischen der tränenerstickten Stimme und dem Riesenspaß mag in beiden Fassungen hingehen, wenn wir voraussetzen, dass die Lesenden »vor Freude und Erschöpfung« hinzudenken. Der Relativsatzinhalt ist im zweiten Fall passend, im ersten zumindest sehr viel weniger.

Erstens: Während die Aussage des zweiten Relativsatzes etwas mit der »225-minütigen sportlichen Achterbahnfahrt« zu tun hat, beschäftigt sich der Inhalt des ersten Relativsatzes mit etwas ganz anderem: mit Geld und Punkten. Wozu also diesen Zusammenhang in *einem* Satz herstellen?

Zweitens: Durch den Geld-und-Punkte-Relativsatz wird die tränenerstickte Stimme von dem dramatischen Geschehen auf dem Tennisplatz weit weg gerückt. War Michael Stich etwa deshalb von Tränen überwältigt, weil er eine Menge Geld und eine Menge Punkte eingeheimst hatte? Wenn das seine erste große Gage gewesen wäre – vielleicht. Aber so?

Drittens: Ein 22 Wörter umfassender Relativsatz, der einen ganz anderen Gedanken als der Hauptsatz äußert, ist nicht gerade ein Stilkunststück. Warum wurden die beiden Aussagen nicht anders gestaltet? Zum Beispiel:

> Kurz nach Abschluss einer 225-minütigen sportlichen Achterbahnfahrt erklärte Michael Stich mit tränenerstickter Stimme – so groß waren Freude und Erschöpfung –, es habe ihm »Riesenspaß gemacht, bei diesem tollen Turnier zu spielen«. Freuen konnte er sich wirklich: über den sportlichen Erfolg, aber auch über 335 000

> Dollar und über 414 Weltranglistenpunkte, die ihn wieder unter die Top-Ten-Spieler gebracht hatten.

Zum Vergleich: Die aus demselben Verlag stammende Boulevardzeitung »Express« berichtete wie folgt:

> Er warf den Schläger in die Luft, sank in die Knie wie bei seinem Wimbledonsieg 1991, in der Loge führte Ehefrau Jessica vor Freude einen Veitstanz auf: Nach 3:46 Stunden feierte Michael Stich gestern nachmittag mit dem 4:6, 7:5, 7:6, 3:6, 6:4 über den Holländer Richard Krajicek »einen der wichtigsten Turniersiege meiner Karriere«.
> So verdient die 414 Weltranglistenpunkte und die 570 000 Mark Siegprämie auch sind – ein Beigeschmack bleibt. Denn […]

Der erste Satz ist hier zwar auch nicht gerade kurz, aber das macht nichts: weil alles schön hintereinander berichtet wird. Und der Doppelpunkt in der Mitte ist gut gesetzt: als Bindeglied zwischen der Emotionen- und der Tatsachenschilderung. (Den »Veitstanz« hätte man sich allerdings ersparen dürfen, denn dieser Ausdruck bezeichnet in erster Linie eine Krankheit: rhythmische Muskelkrämpfe/Zuckungen im ganzen Körper nach Großhirnschädigung; er wird zwar auch in harmloserem Sinn gebraucht, aber so wild und zuckend, wie das Wort andeutet, hat sich Stich-Frau Jessica nun wirklich nicht verhalten.)

In BILD las sich das dramatische Sportgeschehen so:

> Matchball! Jessica Stockmann preßt die Faust an die Lippen. Den 8100 Fans in der Schleyerhalle stockt der Atem. Aufschlag Richard Krajicek. Michael Stich beendet das Match mit einem unglaublichen Rückhand-Hammer – 4:6, 7:5, 7:6, 3:6, 6:4 gegen den Holländer. Jessica tanzt – grenzenloser Jubel nach einem 3:46-Stunden-Thriller. […]
> Für seinen größten Triumph seit dem Wimbledonsieg '91 erhielt er 414 Weltranglisten-Punkte, katapultierte sich wieder unter die besten zehn.

Ob man diese Ausdrucksweise samt Rechtschreibfehler nun mag oder toleriert – lange Relativsätze, die zum Hauptsatz nicht passen, kommen hier nicht vor.

»Naja, jeder greift in der Eile bei der Satzbildung mal daneben!«, mag man sagen. Nein, nein: Der neue Relativsatz ist Absicht.

Am 19. Februar formulierte ein Sportjournalist so:

> Gleich im dritten Spiel des ersten Satzes nahm Becker, der von seinen letzten fünf Turnieren vier gewann, dem Dänen den Aufschlag ab. Allerdings zeigte Carlsen, der sich im vergangenen Jahr von Platz 837 auf den 62. Rang der Weltrangliste verbesserte, im zweiten Durchgang mehr Widerstand als erwartet. [...]
> Nach dem gewonnenen ersten Satz riß bei Stich der Faden. Diese Schwäche machte Rosset, der vor zwei Wochen das Turnier in Marseille gewann, stark.

Immer dieselbe Masche! Im letzten Beispiel umso weniger verständlich, als der inhaltlich abschweifende Relativsatz die Aussage »machte stark« auseinander reißt – unnötig. (Am Rande: Wie ist das mit der Zeitenfolge im letzten Satz?)

Schreiben und reden

Das ist eben die Gefahr beim Schreiben. Wer würde schon mit derlei Einschiebseln reden! Denkste! Achten Sie bitte einmal auf die Texte, die wir von den Sportreportern vor Ort zu hören bekommen. Auffallend oft sind da die gleichen Satzgebilde zu vernehmen – obwohl dort noch mehr dagegenspricht.

Wir dürfen nun raten, ob die redende von der schreibenden oder die schreibende von der redenden Zunft abgekupfert hat.

Kaum herausbekommen werden wir, was diese Liebhaber des besonderen Relativsatzes bezwecken. Ich befürchte, dass – bewusst oder unbewusst – der Hang zum feineren Stil dahinter steckt. Muss man sich nicht von der »Schreibe« der Boulevardblätter unterscheiden? Und sind da nicht raffinierte Satzbildungen ein hervorragendes Mittel? Neben kurios eingesetzten Fremdwörtern übrigens.

Fremdwörter auf Abwegen

Unter dem Haupttitel »Vorstand unter Druck – Berger vor der Ablösung« lautete der einleitende Satz am 22. Februar 1993 so:

> Nach außen hin ist der Vorstand des 1. FC Köln bemüht, nicht in Panik zu verfallen und versucht akribisch den Flächenbrand, den die schlimme 0:3-Pleite gegen Kaiserslautern ausgelöst hat, vehement einzudämmen.

Der Ausdruck »akribisch« bedeutet: sehr genau, sorgfältig und gewissenhaft; der Ausdruck »vehement« dagegen: heftig, ungestüm, stürmisch. Wie verträgt sich das?

Zitiert werden weiterhin zwei Stimmen, eine in indirekter Rede, eine wörtlich. Die eine ist sehr zurückhaltend (Berger sei nicht entmachtet [...], er werde auch am kommenden Samstag gegen Eintracht Frankfurt auf der Bank sitzen); die andere ist mehr als deutlich (»Jetzt kann nur ein neuer Mann« [...]). Das heißt, die eine Stimme wirkt vorsichtig, beschwichtigend (nicht akribisch), die andere dramatisierend, also zwar vehement, aber nicht eindämmend, sondern anstachelnd. Zum Übrigen passend wäre eine Formulierung wie »teils beschwichtigend, teils deutlich fordernd, der Lage Herr zu werden«.

(Dass der eine Satz gleich zwei Kommafehler enthält [noch altes Regelwerk], haben Sie sicherlich, nebenbei, bemerkt.)

Nicht verallgemeinern!

Nun wäre es allerdings falsch, Relativsätze wie diese – nicht notwendige Relativsätze – für ein stilistisches Übel schlechthin zu halten, etwa nach dem Motto: Schreibt kurze Sätze! Sie lassen sich auch gezielt als Stilmittel einsetzen, schwerlich gewiss in einem Geschäftsbrief oder einer Bedienungsanleitung, aber dafür umso leichter in einem Roman oder einem Essay.

Hier ein paar Stellen aus dem Roman »Unterwegs« von Henriette Winter:

> Als Wilfried Ernst, *dessen gutbürgerlich ererbter Name sich in einigem Widerspruch zu seinen alltäglichen Gewohnheiten befand,* vorsorglich die Matura abgelegt hatte, konnte, so meinte er, das Leben endlich beginnen.

Ohne den »dessen«-Nebensatz fehlte dieser Aussage die leichte Ironie, die erst bewirkt, dass die Lesenden phantasievoll dieses oder jenes Sonderbare oder Tolldreiste oder Verrückte vorhersehen.

> An diesem Tage hatten die beiden Brüder, *die Speis und Trank im elterlichen Gutshaus innig verband,* ihre Arbeit im Kontor kaum von ferne gesehen. Gewiß nicht um der Bequemlichkeit willen, nein, Wichtigeres stand auf dem Spiele und wartete auf ihr sorgsam maskiertes Interesse, *das niemandem je verborgen geblieben war.*

Ohne die beiden Relativsätze wären die Aussagen zu werten, wie sie lauten: Erst der Einschub und das Anhängsel geben zu erkennen, dass es sowohl mit der brüderlichen Eintracht als auch mit dem Wichtigen, das auf dem Spiele stand, nicht gar so weit her sein kann.

> Der stattliche, elegant gekleidete Herr, *der sich nahezu herrenhaft an seiner Weste festhielt,* würdigte seine Umgebung keines Blickes.

Auch hier: Erst und nur der Relativsatz, das beiläufige Nebenher, dreht den Inhalt des Hauptsatzes in die gemeinte Richtung.

Aus einer Biographie (Verfasser unbekannt):

> In diesen Jahren, *die auf der Höhe des Zeitgeistes abseits seiner Schreibfrüchte wandelten,* begann er wieder zu malen, in der selbstdurchschauten Illusion, daß der, *welcher er sei,* sich so besser zeigen und verbergen könne.

Hier haben wir zunächst einen grammatisch nicht notwendigen, dann einen notwendigen Relativsatz. Während der erste Nebensatz den Zeitgeist ironisiert, wird in den an »malen« gehängten weiteren

Satzteilen angedeutet, dass der, über den berichtet wird, (wohl Wilhelm Busch), sich selbst belächeln konnte. Bemerkenswert ist in diesem Zusammenhang auch die Infinitivgruppe am Schluss. Viele hätten wahrscheinlich geschrieben: sich so besser zeigen und zugleich besser verbergen könne. Die Verkürzung auf »zeigen und verbergen könne« lässt interessanten Denkspielraum für die Lesenden zu der Frage, ob man sich vielleicht durch ein Sichzeigen, hier in Bildern, gut verbergen und durch ein Sichverbergen, hier hinter Bildern, gut zeigen kann.

Statt »der, die, das« wird nur noch selten »welcher, welche, welches« benutzt. In diesem Satz aber – Sie sehen es – ist es eindeutig die bessere Wahl, und wenn nur, um einem »der, der er« aus dem Weg zu gehen.

Aus einer Rede, in der hintersinnige Kritik geübt wird:

> Wer den steilen Karriereweg des Ministers, *der ein rechter Hobbysoldat ist,* aufmerksam verfolgt hat, wird seiner optimistischen Tüchtigkeit die Verwunderung nicht versagen können.

Ein offenbar bewusst sehr zwiespältig formulierter Satz, in dem Anerkennung und Einschränkung der Anerkennung dicht nebeneinander stehen. Richtig ist zweifellos: »steile Karriere, Optimismus, Tüchtigkeit«. Zugleich wirken aber auch der Ausdruck »Hobbysoldat«, zumal »rechter«, und die kleine Verschiebung von »Bewunderung« zu »Verwunderung«.

Wohl gesetzte Information eines GmbH-Geschäftsführers:

> Die Arbeitsweise meiner Sekretärin, *der ihre Selbstverwirklichung alles ist,* hat uns davor bewahrt, das Angebot rechtzeitig abzugeben, *was uns wahrscheinlich eine Menge Mühen und Plagen erspart.*

Schlagen wir zum Schluss bei einem jener Sprachkünstler nach, der ohne ironische Untertöne kaum vorstellbar ist, bei Karl Kraus.

Es geht ihm in »Pretiosen« um das Wort »gleichen« bei Stefan Zweig.

> Daß »gleichen« schwachförmig gebraucht wird, dürfte seit solchen Olims Zeiten, *der die Welt noch ohne Neue Freie Presse geschaut hat,* nicht der Fall und selbst damals nicht üblich gewesen sein.

In »Alte und neue Formen« lesen wir:

> Da ist unserm Alten, *der auch im Stil der alten Chroniken zu Hause ist wie überhaupt in jedem außer dem eigenen,* ein Fund geglückt.

Und in dem Essay »Wenn das Wort ergriffen wird« verteidigt er die Sprachkompetenz der Fremden, die nach Wien kommen, gegen die der Einheimischen, von denen er sagt: »Freilich vergessen sie dabei, daß kein Fremder so wenig Deutsch versteht, daß er nicht doch verstünde, wie wenig sie es verstehn.«

> Gleichwohl dürften die Italiener, *die beim Fußballmatch unterlagen,* gefunden haben, daß ein Satz wie der in der Arbeiter-Zeitung bei ihnen nicht vorkommen könnte: [...]

Erinnern Sie sich an das erste Beispiel, in dem zwei Relativsätze inhaltlich wie Fremdkörper wirkten? Auch hier: Was hat das Fußballmatch mit den Ausdrucksfähigkeiten der Arbeiter-Zeitung zu tun? Der Unterschied: Es hat viel damit zu tun – wenn man den Satz so liest: Selbst wenn die Italiener – welche Schande! – beim Fußballmatch unterlagen, sind sie immer noch und trotzdem, sogar als Fremdsprachler, im Gegensatz zu Einheimischen so kultiviert, dass sie gleich erkennen, was in einer *ihrer* Arbeiterzeitungen nicht hätte stehen können.

Schließlich eine nicht eben schwierige, aber doch recht *hübsche* Stelle aus Kraus' köstlichem »Biberpelz«:

> Kaum war mir der Pelz gestohlen worden, waren auch schon drei Vertreter der Polizei im Lokal, drängten sich durch die Wucherer, *die meinen Tisch umstanden und ihrer Entrüstung über den Diebstahl Ausdruck gaben,* und fragten mich, ob ich einen Verdacht hätte.

Wenn sich Diebe in der Gestalt von Wucherern an den Tisch eines Bestohlenen drängen und ihrer Entrüstung über einen Diebstahl Ausdruck geben, so ist das eigentlich schon ein starkes Stück. Gerade so ein starkes Stück aber findet in einem Nebensatz, wie beiläufig erwähnt, seinen angemessenen Ausdruck.

Zur Abrundung noch einige Relativsatzstellen aus den Werken verschiedener Schriftsteller, zum Teil von solchen, bei denen man dergleichen am wenigsten zu entdecken glaubt.

> Sehen Sie, so etwas schreibt Papa einfach. Seit Sie dabei sind, diese gräßlichen Sätze selber zu verbessern, *in denen zu viele »Super« vorkommen und zu viele »sehr schön«, »sehr groß«, die sich wie Gestotter lesen,* haben Sie herausbekommen, daß es das Thema, über das er schreibt, ist, was Sie interessiert, und nicht sein Stil.

Hier haben wir sogar zwei voneinander abhängige Relativsätze, die eingeschoben sind, allerdings nicht in den Hauptsatz, sondern zwischen einen Nebensatz und eine Infinitivgruppe am Anfang und einen Hauptsatz mit drei Nebensätzen am Schluss. Wer hat diesen raffinierten Satz geschrieben? Thomas Mann? Nein, Ernest Hemingway.

> Auch im schriftlichen Text hat zumal die Ellipse, *die in der Auslassung entbehrlicher Satzglieder als eine »Sparform« unserer Sprache angesehen wird,* ihre zeitgemäße Berechtigung – und das in den verschiedensten Formen alltagssprachlicher Verwendung: [...]

Dieser Satz stammt aus dem Buch »Gutes Deutsch – besseres Deutsch« (Wissenschaftliche Buchgesellschaft Darmstadt) von Willy Sanders, Germanist und Hochschulprofessor.

> Nahezu unbegreiflich ist, daß der renommierte und ansonsten sehr verdiente Aufsatzdidaktiker Albrecht Weber, *der die neuere Stilforschung und Soziolinguistik durchaus beachtet hat,* in seiner jüngsten Arbeit »Dialektik der Aufsatzbeurteilung« (1973) Reiners' »Stilfibel« immer noch für die heutige Stilerziehung in der Schule empfiehlt.

Das stammt aus »Gutes Deutsch« von Reinhard M. G. Nickisch.

> Sein seitwärts gescheiteltes Haar, *das in zwei Einbuchtungen von den schmalen und auffällig geäderten Schläfen zurücktrat,* war dunkelblond, und im Gegensatz dazu erschienen die langen Wimpern und die Brauen, *von denen er gern die eine ein wenig emporzog,* ungewöhnlich hell und farblos.

Das hat nun wirklich Thomas Mann geschrieben (»Buddenbrooks«).

> Eine kleine, blasse Frau, *der ein mit runden, schwarzen Blumen geputzter Krepphut schief auf den Haaren saß,* hatte die Grimasse eines Lächelns um die dürftigen Lippen.

Und dieser Satz mit dem überraschenden »Frau, der« findet sich in Rilkes »Die Aufzeichnungen des M. I. Brigge«.

Da in diesem Zusammenhang Heinrich von Kleist nicht fehlen darf, hier ein Satz aus »Die Marquise von O.«:

> Sie lud und führte beide, *die wie Brautleute gingen,* zur Abendtafel, *an welcher der Commandant zwar sehr heiter war, aber noch von Zeit zu Zeit schluchzte, wenig aß und sprach, auf den Teller niedersah und mit der Hand seiner Tochter spielte.*

Der zweite Relativsatz beansprucht 73 Prozent des ganzen Satzes, der erste zerschneidet die Aussage »führte […] zur Abendtafel«. Das darf doch alles gar nicht sein. Oder?

Die letzten drei Sätze sind nur ein kleiner Teil der vielen Beispiele, die der Germanist Wilhelm Schneider in seinem Buch »Stilistische deutsche Grammatik« in dem Kapitel »Der Relativsatz« aufführt. Er schreibt darin speziell über diese Art Nebensatz:

> Doch hat die oft vorgebrachte Stilregel, nur Nebensächliches und Beiläufiges unterzubringen und die Hauptsache im Hauptsatz, nicht einmal für den Schulgebrauch volle Gültigkeit. Natürlich kann der Relativsatz ein fast überflüssiges Nebenbei bringen, aber er kann auch so Wichtiges und Entscheidendes aussagen, daß ohne

> ihn der ganze Satz leer wäre. Überhaupt ist der Relativsatz ein Tausendsassa und hat vor den übrigen Nebensätzen manches voraus.

Schneider urteilt weiter: Die Vielverwendbarkeit und Wendigkeit des Relativsatzes [...] lasse noch eine allgemeine Bemerkung über seinen Stilwert zu. Ein Sprachstil, der den Relativsatz häufig gebrauche, sei im Allgemeinen glatter und gelenkiger als einer, der ihn verschmähe, nur ausnahmsweise zulasse. Ein Schriftsteller, der kein Freund des Relativsatzes sei, neige dazu, substantivische Wendungen attributiver und adverbialer Art zu verwenden, die leicht steif wirken könnten.

Um das Lob des Relativsatzes vollständig zu machen, ein letztes Beispiel:

> Die topographische Karte, *auf welcher das Gut mit seinen Umgebungen nach einem ziemlich großen Maßstabe charakteristisch und faßlich durch Federstriche und Farben dargestellt war und welche der Hauptmann durch einige trigonometrische Messungen sich zu gründen wußte, war bald fertig: [...]*

Dieser Satz stammt aus Goethes »Wahlverwandtschaften«!

Solange Relativsätze richtig gebildet sind und sich eindeutig auf ihr Bezugswort beziehen, haben wir offenbar, was ihre Verwendung betrifft, freie Hand – so weitgehend, dass ausnahmsweise sogar Tadelnswertes sinnvoll werden kann. Lassen wir uns also weder durch Schulvorschriften noch durch Stildiktatoren in unserer Formulierfreiheit einengen! Allerdings, wer sich solcher Freiheit erfreuen, sich also stilistischen Regelzwängen entziehen möchte, handelt sich damit die Verpflichtung ein, in erhöhtem Maße selbst die Verantwortung zu übernehmen.

Wichtig für unsere Beurteilung von Relativsätzen – wie für alle stilistischen Möglichkeiten – sind folgende Fragen:

1. Was will ich mit meinem Text erreichen?
2. Mit welchen sprachlichen Mitteln diene ich meinen Zwecken am besten?

Wenn ich einen Geschäftsbrief schreibe, wird es so gut wie immer – unter anderem – wesentlich darauf ankommen, dass er auf der Empfangsseite bei schnellem Lesen sofort einwandfrei verstanden wird.

Dies gilt ebenso für Zeugnisse, Bedienungsanleitungen, Nachrichten, Berichte – kurz: für alle Texte, die in erster Linie informieren sollen.

Schreibe ich dagegen einen Roman, einen Essay, ein Gedicht, eine Glosse ..., so darf ich mit allen Möglichkeiten, die mir die Sprache in so reicher Fülle bietet, arbeiten und spielen, um die beabsichtigte Wirkung zu erzielen.

Und was ist mit unseren Sportberichten, mit deren bedenklichen Relativsätzen unsere Betrachtung begann? Sie sollen informieren, aber auch unterhaltsam sein. Das heißt, wir dürfen ... wir sollten sogar in Texten dieser Art sorgfältig dosiert Stilmittel einsetzen, die über das, was in einem Geschäftsbrief üblich ist, hinausgehen. Aber keinesfalls, um zu zeigen, was für komplizierte Satzgefüge wir zu gestalten verstehen, sondern um den Lesespaß zu erhöhen.

Wenn Relativsätze tückisch werden ...

... ohne dass wir es merken – das eben ist die Tücke –, dann wird's auch gefährlich.

Am 6. Januar 2003 um 7:04 Uhr ließ uns der Bayerntext wissen:

> **1389** Die Kölner Universität ist die erste Hochschule in Deutschland, die auf Betreiben der Stadtherren gegründet wurde.

Haben Sie diese interessante Information richtig verstanden? »Klar«, werden Sie sagen, »was ist denn daran falsch zu verstehen?«

Die so formulierte Aussage lässt folgende Deutungen zu:

1. 1389 ist in Deutschland, und zwar in Köln, die erste Hochschule gegründet worden, und zwar auf Betreiben der Stadtherren.
2. 1389 ist in Deutschland, und zwar in Köln, die erste Universität auf Betreiben der Stadtherren gegründet worden.

Kurz: Handelt es sich um die erste Universitätsgründung in Deutschland überhaupt oder um die erste Stadtherren-Universitätsgründung?

Vielleicht neigen Sie dazu, es eindeutig so zu sehen: »Natürlich geht es um die erste Universität in Deutschland überhaupt.« Ein anderer mag, mit gleicher Berechtigung, meinen: »Es handelt sich natürlich um die erste Stadtherren-Universitätsgründung in Deutschland.«

Wenn die Tatsachen so wären, könnte noch eine dritte Version gemeint sein: Es war die erste Universitätsgründung in Deutschland überhaupt, und diese erste Gründung war zugleich eine Stadtherren-Gründung.

Wie ist es möglich, dass uns ein einfacher, recht kurzer Satz (Hauptsatz + Nebensatz) so zweifeln lässt? Weil der Relativsatz in unserer Sprache zwei Aufgaben erfüllen kann.

Zu 1: In diesem Fall hat der Relativsatz attributiven Charakter. Bedeutung: Die Kölner Universität ist die erste in Deutschland gegründete Hochschule. Informationszugabe: Sie wurde auf Betreiben der Stadtherren gegründet.

Zu 2: In diesem Fall hat der Relativsatz determinierenden Charakter. Bedeutung: Es handelt sich um die erste auf Betreiben der Stadtherren gegründete Hochschule in Deutschland.

Dazu zwei einfache, leicht einzusehende Beispiele:

a) Dieser kleine Terrier namens Foxi, der ganz allerliebst aussah, hat mich gebissen.
b) Der Hund, der mich gebissen hat, war ein Foxterrier.

Zu a: Wir können den Relativsatz weglassen, ohne dass die Hauptaussage beschädigt wird.

Zu b: Der Relativsatz ist notwendiger Teil der Aussage.

Wie hätten die Bayerntext-Verantwortlichen formulieren müssen, damit uns Lesenden keine Zweifel kommen? Zum Beispiel:

1. Die Kölner Universität ist die erste in Deutschland gegründete Hochschule; die Gründung geschah auf Betreiben der Stadtherren.

2. Die Kölner Universität ist die erste auf Betreiben der Stadtherren gegründete Hochschule in Deutschland.

Nebenbei, obwohl das für unser Thema – attributiver oder determinierender Relativsatz – belanglos ist: Wie verhält es sich wirklich?

Erstens: MEYERS GROSSES UNIVERSAL LEXIKON sagt, dass die Kölner Universität nicht 1389, sondern 1388 gegründet wurde. Welche Quelle die zuverlässigere ist – keine Ahnung. Allerdings spricht einiges für das Lexikon – wenn mich auch der fehlende Bindestrich ein wenig stört, allerdings nicht ernsthaft irritiert, weil dieser Fehler in diesem Zusammenhang zu den Standardfehlern gehört (für den meistens die Grafikabteilung verantwortlich sein dürfte).

Zweitens: Es kann sich nur um die Version 2 handeln, denn die erste Universität, die überhaupt in Deutschland gegründet wurde – wiederum laut Lexikon – ist die von Heidelberg, nämlich 1386.

Bei der Gelegenheit erscheint ein kleiner Seitenblick auf eine Einrichtung angebracht, auf die man im Allgemeinen mächtig stolz ist: die Informationsgesellschaft. Dass wir heute dank Internet so schnell an so viele Informationen rankommen, ist sicher ein angenehmer Fortschritt. Zu bedenken ist aber:

Zum einen: Informationen, die wir uns beschaffen und vielleicht, wenn für uns wichtig, unserem Gedächtnis einprägen, diese Informationen sind noch keine eigenen Gedanken.

Zum anderen: Die Fülle – Überfülle? – verfügbarer Informationen stellt uns eine neue Aufgabe: Um in der Informationsflut nicht zu ertrinken, müssen wir wählen, und das ist oft gar nicht leicht.

Schließlich: Wie unser Beispiel zeigt, gibt es in der Überfülle verfügbarer Informationen auch viele mehrdeutige oder falsche Informationen. Früher sagte man als Beweis für die Richtigkeit einer Information: »Es stand in der Zeitung.« Das glaubt heute wohl keiner mehr. Jetzt wäre es ebenso fragwürdig zu sagen: »Wenn es aus dem Internet kommt, dann muss es stimmen.« Selbst der beliebte Informationszusatz »Das ist wissenschaftlich bewiesen!« sollte eher misstrauisch als gläubig machen.

Wie unser Universitätsbeispiel zeigt, muss zur richtigen Information noch etwas Wesentliches hinzukommen, damit der Informationsfluss klappt: Die Informationen müssen klar und eindeutig formuliert sein. Und an dieser notwendigen Sprachkompetenz hapert es heute an vielen Stellen mehr denn je.

Aber diese Forderung sollte uns nicht erschrecken und schon gar nicht abschrecken. Wenn wir mit dem Blick auf die Sachverhalte, die wir darstellen, und mit dem Blick auf die Lesenden, die wir informieren, motivieren, begeistern, unterhalten wollen, unser Bestes geben, werden wir zugleich selbst am meisten davon profitieren: indem uns das Schreiben Freude macht, vielleicht sogar die Last des Schreibens zur Lust wird.

John Milton: »Es gibt keine Pflicht, die nicht der Heiterkeit bedürfte, um recht erfüllt zu werden.«

Vielleicht ist Ihnen in diesem Beitrag aufgefallen, dass vielen Zitaten die notwendigen Anführungszeichen fehlen. Sind sie wirklich notwendig? Im Duden 9 steht die Aufklärung:

> Anführungszeichen brauchen nicht gesetzt zu werden, wenn die hervorzuhebenden Textteile bereits auf andere Weise (durch den Zusammenhang, die Schriftart, Sperrung) kenntlich gemacht sind: […]

Eine Nachfrage in der Dudenredaktion hat ergeben – was zu erwarten war –, dass zu den anderen Weisen selbstverständlich auch die Einrückung gehört.

Das Weglassen der Anführungszeichen hat einen angenehmen Nebenvorteil: Oft gibt es Zitate in einem Zitat; dann müssen, zur Unterscheidung, die halben Anführungszeichen ran, und an manchen Stellen führt das zu einem undurchsichtigen Satzzeichensalat. Wer so Kompliziertes vermeiden möchte, indem er zum Beispiel Anführungszeichen durch Einrückung ersetzt, findet die Erlaubnis in unserem Duden.

Wie die Satzgestaltung den Stil prägt

Ein Ehepaar war bei einem anderen Ehepaar zu Gast. Das Ehepaar möchte das Gastgeberehepaar nun auch zu sich einladen. Sehen wir uns verschiedene Fassungen einer Einladung an.

Sehr geehrter Herr Dr. Reimann,

nachdem wir kürzlich die Freude hatten, Ihr Gast in Ihrem entzückenden Heim sein zu dürfen, möchten nun auch wir Sie zu einem zwanglosen Beisammensein einladen.

Wir wären Ihnen sehr verbunden, wenn Sie uns die Ehre erweisen würden, uns am Samstag, dem 1. November, zusammen mit Ihrer verehrten Frau Gemahlin zum Abendessen und einem Plauderstündchen bei einem guten Tropfen zu besuchen.

Sollte Ihnen dieser Termin allerdings nicht genehm sein, wäre uns auch ein anderer recht. Wenn Sie uns, bitte, rechtzeitig benachrichtigen wollen, ob wir mit Ihrem Besuch rechnen können.

Wir freuen uns schon jetzt auf die Fortsetzung unseres anregenden Gedankenaustausches.

Ihrer Zusage (wie wir hoffen) gern entgegensehend, verbleiben wir für heute

mit freundlichen Grüßen

Dieser Brief – Sie haben es gleich gemerkt – kann unter »alte Schule« rangieren, ebenso auch unter »veraltete alte Schule«... Das ist ja alles gut gemeint, aber derart steif, teilweise geschäftsmäßig ausgedrückt...

Worauf es uns hier jedoch vor allem ankommt: Der Brief kennt nur zwei Satzarten: Hauptsatz und Nebensatz. Also auch nur zwei Satzzeichen: Punkt und Komma. Und wie wirkt das? Eintönig, langweilig, fade. In diesem Text ist kein Schwung, kein reizvoller Gedanke.

> Sehr geehrter Herr Dr. Reimann,
>
> der Abend neulich in Ihrem schönen Haus hat uns sehr gefallen. Unsere Gespräche waren interessant. Und der Wein sowie die anderen Köstlichkeiten haben sehr gemundet.
>
> Nun möchten wir uns gern revanchieren. Wir laden Sie zu einem Plauderabend am 1. November ein. Das ist ein Samstag. Bei Nichtpassen geben Sie uns bitte rechtzeitig Bescheid.
>
> Wir freuen uns auf einen weiteren netten Abend mit Ihnen und Ihrer Gattin.
>
> Herzliche Grüße an Sie beide.

Und wie beurteilen Sie diesen zweiten Brieftext? Ja, er ist um einiges moderner formuliert. Die Uraltfloskeln des ersten Briefes fehlen. Im Übrigen aber auch nicht gerade anregend, wie kommt das?

Dieser Brief kennt nur eine einzige Satzart: den Hauptsatz. Und damit auch nur ein einziges Satzzeichen, den Punkt – von dem üblich gewordenen Komma hinter der Anrede einmal abgesehen.

Es wird zwar fast immer und fast überall empfohlen: Schreibt kurze Sätze! Aber wohin das führen kann – wir sehen es. Ein Stakkato-Schreiben ist zwar leicht zu verstehen, schnell aufzunehmen, aber ein »richtiger Brief«, wie wir ihn uns vorstellen können, der sollte ein bisschen anders aussehen.

Die beiden Beispiele zeigen uns auch, dass es gar nicht so leicht fällt, einen guten Brief – hier eine gute private Einladung – zu schreiben.

Einer der Gründe dafür: Wir sind es nicht gewöhnt. Viele Menschen haben in ihrer Bürotätigkeit eine Menge Formulierarbeit zu leisten: Geschäftsbriefe, Aktennotizen, Berichte, Protokolle, vielleicht Zeugnisse, möglicherweise Informationstexte, Pressemitteilungen, Werbetexte …

Aber für andere Textsorten fehlt jegliche Routine – schwierig!

> Sehr geehrte Frau Reimann,
> sehr geehrter, lieber Herr Dr. Reimann,
>
> haben wir Ihnen schon gesagt, wie gut es uns bei Ihnen gefallen hat? Natürlich. Aber wir möchten es wiederholen – und ergänzen: Bitte besuchen Sie uns auch einmal.
>
> Ist Ihnen Samstag, der 1. November, recht? Abends gegen acht? Wenn Ihnen der Tag schlecht passt, schlagen Sie bitte einen anderen vor.
>
> Wir freuen uns auf Ihren Besuch; und wir freuen uns auf einen weiteren angenehmen und anregenden Abend.
>
> Bis dahin alles Gute!

Ob Sie diese Briefaufgabe möglicherweise gern so ähnlich oder vielleicht ganz anders lösen würden, das wollen wir offen lassen. In einem Punkt werden wir uns allerdings höchstwahrscheinlich einig sein: Dieser Brief wirkt sehr viel ansprechender als die beiden anderen.

Ein wichtiger Grund dafür ist die Vielseitigkeit der Satzgestaltung:

Anrede; Frage in Form eines Fragesatzes mit Nebensatz; Auslassungssatz; Aussage-Hauptsatz; Bitte-Hauptsatz. Fragesatz; Auslassungs-Fragesatz; Nebensatz, Bitte-Hauptsatz; Aussage-Hauptsatz, Aussage-Hauptsatz; Auslassungs-Wunschsatz!

Entsprechend vielfältig ist die Satzzeichenparade: Komma, Fragezeichen, Punkt, Gedankenstrich, Doppelpunkt, Ausrufezeichen. Schon an der Vielzahl verwendeter Satzzeichen lässt sich die Vielfalt der verwendeten Satzarten ablesen. Und die Vielfalt beider – Satzarten und Satzzeichen – spricht für eine lebhafte Ausdrucksweise.

Wenden wir uns, um das Thema zu vertiefen und unser Wissen anzureichern, von einem schlichten Einladungsbrief der großen Literatur zu. Finden wir dort, was wir an dem einfachen Beispiel entdeckt haben?

Früher hat man überhaupt nur schriftstellerischen Werken, also literarischen Texten, »Stil« zuerkannt, während wir heute von jedem Text sagen, dass er in einem bestimmten Stil geschrieben sei. Wie unterschiedlich die stilistische Gestaltung eines Textes sein kann, sollen drei Beispiele veranschaulichen.

Von wem mag der folgende Text sein, in dem es um fremde Meinung geht?

> Diese, also unser Dasein in der Meinung anderer, wird, infolge einer besonderen Schwäche unserer Natur, durchgängig viel zu hoch angeschlagen; obgleich schon die leichteste Besinnung lehren könnte, daß es, an sich selbst, für unser Glück, unwesentlich ist. Es ist demnach kaum erklärlich, wie sehr jeder Mensch sich innerlich freut, sooft er Zeichen der günstigen Meinung anderer merkt und seiner Eitelkeit irgendwie geschmeichelt wird. So unausbleiblich, wie die Katze spinnt, wenn man sie streichelt, malt süße Wonne sich auf das Gesicht des Menschen, den man lobt, und zwar in dem Felde seiner Prätension, sei das Lob auch handgreiflich lügenhaft.

Wer einmal die »Aphorismen zur Lebensweisheit« gelesen hat, ist sofort im Bilde. Geschrieben hat dies der Philosoph Arthur Schopenhauer.

> Vorausgesetzt, daß die Wahrheit ein Weib ist –, wie? ist der Verdacht nicht begründet, daß alle Philosophen, sofern sie Dogmatiker waren, sich schlecht auf Weiber verstanden? daß der schauerliche Ernst, die linkische Zudringlichkeit, mit der sie bisher auf die Wahrheit zuzugehen pflegten, ungeschickte und unschickliche Mittel waren, um gerade ein Frauenzimmer für sich einzunehmen? Gewiß ist, daß sie sich nicht hat einnehmen lassen – und jede Art Dogmatik steht heute mit betrübter und mutloser Haltung da. Wenn sie überhaupt noch steht!

Der kecke Querdenker, der für diesen Text verantwortlich zeichnet, ist der Philosoph Friedrich Nietzsche, zitiert aus seiner Vorrede »Jenseits von Gut und Böse«.

> Es waren seine Maßstäbe, in allem, bis auf's Jagen. Er hatte seine eigenen Maßstäbe beim Töten, und sie hatten ihnen gerecht zu werden oder sich einen anderen zum Jagen zu suchen. Er wußte auch, daß sie ihn alle deswegen respektierten. Dieser Macomber war jedoch ein Sonderling. Verflucht und ob! Und die Frau. Tja, die Frau. Ja, die Frau. Hm, die Frau. Na, das war für ihn erledigt. Er sah sich nach ihnen um. Macomber saß wütend und finster da. Margaret lächelte ihm zu. Sie sah heute jünger aus, unschuldiger und frischer und nicht so berufsmäßig schön. Was in ihrem Herzen vorgeht, weiß Gott, dachte Wilson. Sie hatte vergangene Nacht nicht viel gesprochen. Dabei war es ein Vergnügen, sie anzusehen.

Aus Ernest Hemingways »Das kurze glückliche Leben des Francis Macomber«.

Woran liegt es, dass wir den Eindruck sehr unterschiedlicher Stile haben? Zu einem wesentlichen Teil an Art und Länge der benutzten Satzformen.

Schopenhauers Sätze sind ganz auf die Sache gerichtet: Aussagesätze, stark gegliedert, aber nicht zerstreuend, springend, sondern sammelnd, abrundend. Sie führen jeden Gedanken zu Ende, brechen nichts vorzeitig ab, nehmen nichts vorweg. Ein Fluss, der ruhig dahinfließt, mit kleinen Strudeln und Stromschnellen hier und da, aber im Ganzen gelassen. Von uns Lesenden verlangen diese Sätze innere Ruhe, Aufmerksamkeit und Geduld – einen langen Atem.

Nietzsches Stil ist zwar ebenfalls stark gegliedert, aber auf andere Weise; er fließt nicht gelassen dahin, sondern sprudelt. Fragen, rhetorische Fragen, Ausrufe, Satzunterbrechungen, gedankliche Steigerungen, Zuspitzungen: Die ganze Skala kunstvoller Stilfiguren wird zu unserer Unterhaltung, Überraschung, Verblüffung aufgeboten. Wir müssen ständig auf der Hut sein, weil uns sonst allzu leicht etwas entgeht, Seitenhiebe, Anspielungen ... Anstrengend, aber genussreich!

Bei Hemingway finden wir beide Stilarten wieder, wenn auch reduziert. Wie Schopenhauer bevorzugt er hier den Aussagesatz, wie Nietzsche die belebende Auflockerung: aber beides in vereinfachter

Form. Aus den langen Perioden Schopenhauers werden knappe Aussagen, nur geringfügig oder gar nicht gegliedert. »Er sah sich nach ihnen um. Macomber saß wütend und finster da. Margaret lächelte ihm zu.« Und aus den höchst verfeinerten Auflockerungen Nietzsches werden ans Primitive grenzende Einflechtungen: »Verflucht und ob! Und die Frau. Tja, die Frau. Ja, die Frau. Hm, die Frau. Na, das war für ihn erledigt.«

Nach diesen Textausschnitten aus Werken von Alt- und Neuklassikern nun noch ein kurzer Text aus einem Buch, das ich als Vorabexemplar soeben erhalten habe.

> Wir müssen uns fragen, ob es so etwas wie eine heitere Wissenschaft gibt. Es könnte natürlich auch sein, dass Heiterkeit das Vorrecht der Wissenden wäre. Das gilt ebenso für die Traurigkeit. Vielleicht muss man ja nicht nur mit guten Augen ausgestattet sein, die mehr gesehen haben, als den andern auf der Hand liegt. Und selbst der Blick der Eule reicht nicht hin. Vielmehr müsste man als Nachtsichtiger ein Nachsichtiger geworden sein.
>
> Nachsicht wäre einstweilen der Himmel auf Erden. Im Dunklen sieht sie nicht schwarz, und im Finstern sieht sie selbst das unscheinbarste Licht. Sie sieht das Richtige im Falschen. Ihr Blick neigt sich dem Gesehenen zu. Denjenigen Menschen, die nachdenken, wird Nachsicht zur Zuneigung. Das strenge sie bezeichnende Wort heißt Liebe.

Auch dieser Text kennt leider nur Haupt- und Nebensätze, kennt nur Punkt und Komma. Halt, halt! Ich bitte Sie, liebe Leserin, lieber Leser, mir eine kleine Frechheit zu verzeihen, die darin besteht, dass ich falsch zitiert habe. Die »Zueignung« am Anfang des dritten Buches von Dr. Gerd B. Achenbach über »Lebenskönnerschaft« (alle bei Herder) – Titel: »Vom Richtigen im Falschen« – liest sich anders.

> Heitere Wissenschaft – gibt es das? Oder wäre Heiterkeit das Vorrecht der Wissenden? – und Traurigen? Vielleicht sind nicht allein

zwei gute Augen nötig, die mehr gesehen haben, als den andern auf der Hand liegt, und selbst der Blick der Eule reicht nicht hin – vielmehr müßte man als *Nacht*sichtiger ein *Nach*sichtiger geworden sein?

Nachsicht, das wäre einstweilen der Himmel auf Erden. Im Dunklen sieht sie nicht schwarz, im Finstern das schwächste Licht, selbst das unscheinbare: Sie sieht das Richtige im Falschen. Ihr Blick neigt sich dem Gesehenen zu. Dem, der nachdenkt, wird Nachsicht zur Zuneigung. Das strenge Wort, das sie bezeichnet, heißt Liebe.

So hat es der Philosoph Achenbach wirklich ausgedrückt. Und so ist durch das korrekt Zitierte vor Ihren Augen aus meinem zwar inhaltlich ungefähr zutreffenden, aber stilistisch eintönigen Hauptsatz-Nebensatz-Text ein spannender, reizvoller, stilistisch nuancenreicher Text geworden.

Leicht zu erkennen an den abwechslungsreich verwendeten Satzzeichen: Gedankenstrich, Fragezeichen; Fragezeichen; Fragezeichen; Komma, Komma, Komma, Gedankenstrich, Fragezeichen; Komma, Punkt; Komma, Komma, Doppelpunkt; Punkt; Punkt; Komma, Komma, Punkt.

An dieser Stelle nehme ich die Gelegenheit wahr, darauf aufmerksam zu machen, dass auch die abwechslungsreichste Satzgestaltung und was wir sonst an Stilfeinheiten aufbieten mögen, weniger ist, als es sein könnte: wenn es unter gedanklicher Armut leidet. Ein schöner Stil ohne kräftigen Inhalt ist ein schöner Schein.

Beim Vergleichen unserer Texte mit den Texten »der Großen« mag uns zweierlei trösten.

Erstens: Selbst sehr gute und große Schriftsteller sind nicht immer in Bestform; auch sie schreiben hier und da – mit ihren Höchstleistungen verglichen – Schwächeres und Schwaches.

Zweitens: Auch die Könner stehen unter dem Druck und Diktat von Bestleistungen, unter anderen ihrer eigenen Bestleistungen, die von ihnen Wiederholung fordern.

Trost genug? Aber sehen wir uns nun den ersten kleinen Absatz der Achenbachschen »Zueignung« einmal – wenigstens stichwortartig – auf der Inhaltsebene an.

Um es vorwegzunehmen: Wir können diesen Text verstehen, ohne aus ihm hinaus auf andere Texte zu blicken, die er einbezieht. Wer aber bestimmte andere Texte kennt, kann gar nicht umhin, sie einzubeziehen. Bestimmte Ausdrücke der Achenbach-»Zueignung« sind wie Fenster, die unsere Sicht auf anderes, Dazugehörendes und auf weiterhin zu Bedenkendes ermöglichen.

Die Zueignung beginnt mit dem Satz »Heitere Wissenschaft – gibt es das?« Ein Werk Friedrich Nietzsches trägt den Titel »Die fröhliche Wissenschaft« und das Kapitel »Wir Furchtlosen« beginnt mit den Worten: »Was es mit unserer Heiterkeit auf sich hat.«

Dann folgt: »Oder wäre Heiterkeit das Vorrecht der Wissenden? – und Traurigen?« Mit dem Gedankenstrich und der mit Kleinbuchstaben beginnenden Gegensatzfrage bleibt der Autor mit seinen eigenen Gedanken auch weiterhin mit Nietzsche verbunden. Die Folge »Wissenden? – und Traurigen?« ist in unserer Rechtschreiblehre nicht vorgesehen. Ein Verstoß also, wenn auch geringfügiger Verstoß, gegen eine Regel, aber eine Verbindung zu den Autoren, auf die angespielt, die einbezogen werden. Nietzsche war ein großer Liebhaber des Gedankenstrichs, und auch die »falsche« Kleinschreibung kommt bei ihm vor. Aus seinem Werk »Also sprach Zarathustra«: »Hier sitze ich und warte, alte zerbrochene Tafeln um mich und auch neue halb beschriebene Tafeln. Wann kommt meine Stunde? – die Stunde meines Niedergangs: denn noch *ein* mal will ich zu den Menschen gehen.«

»Heitere Wissenschaft – gibt es das? Oder wäre Heiterkeit das Vorrecht der Wissenden? – und Traurigen?« Was hat es nun, als Anspielung, mit den »Traurigen« auf sich? In Theodor Adornos Werk »Minima Moralia« beginnt die »Zueignung« mit den Worten »Die traurige Wissenschaft«. Um es kurz zu machen: Im ersten Satz haben wir es erstens und hauptsächlich mit dem Autor Achenbach, zugleich aber – ohne die Namen zu nennen – mit Nietzsche und Adorno zu tun.

Und was hat es gleich danach mit dem Blick der Eule auf sich? (»Und selbst der Blick der Eule reicht nicht hin – vielmehr müßte man als *Nacht*sichtiger ein *Nach*sichtiger geworden sein?«) Es geht hier um die »Eule der Minerva«, die erst mit beginnender Dunkelheit zum Flug ansetzt. Die »Eule der Minerva« ist eine bildliche Umschreibung der Philosophie, der Liebe zur Weisheit. Ursprünglich war die römische Göttin Minerva die Beschützerin des Handwerks; sie wurde jedoch später mit der griechischen Göttin Athene gleichgesetzt, die als Göttin der Weisheit galt. Die Eule kann in der Nacht sehen. Aber brauchten wir in unserem Leben nicht mehr als Nachtsicht? Nämlich »Nachsicht«?

Dieser Mini-Exkurs zeigt, glaube ich, wie viel in wenigen Zeilen nicht nur an Satzgestaltungsmöglichkeiten, sondern auch an Gedankenreichtum stecken kann.

Ist aus den Stilbetrachtungen dieses Kapitels, überwiegend an Texten der Philosophie und der Romanliteratur entwickelt, etwas für unsere Gebrauchstextarbeit zu gewinnen? Ganz sicher. Wir könnten sogar leicht nachweisen, wie sich Werbetextprofis zum Beispiel erfolgreich aus dem Kreativtopf der Lyrik bedient haben. Daraus lässt sich, nebenbei, auch schließen, was Karl Kraus so ausgedrückt hat:

> Und doch ist es dieselbe Beziehung zum Organismus der Sprache, was da und dort Lebendiges und Totes unterscheidet; denn dieselbe Naturgesetzlichkeit ist es, die in jeder Region der Sprache, vom Psalm bis zum Lokalbericht, den Sinn dem Sinn vermittelt.

Das war auch der Grund, weshalb das Sprachgenie Karl Kraus einer Pressenotiz und einem Leserbrief oft (zur Verwunderung der Mittelmäßigen) genauso viel Aufmerksamkeit widmete wie einem Text der Weltliteratur. »Vom Psalm bis zum Lokalbericht«!

Aufgaben und Lösungsvorschläge

Hinter den Aufgaben-Sätzen (Kennbuchstabe a) stehen immer ein paar kurze kritische Hinweise. Dann folgt ein Verbesserungsvorschlag (Kennbuchstabe b). Natürlich wird der Wortlaut Ihrer Korrektur ein anderer sein. Der Vorschlag soll Ihnen nur sagen, ob Ihre Verbesserung in die richtige Richtung gegangen ist.

1. a) Zu unserem größten Bedauern mussten wir zu der Feststellung gelangen, dass bei Übersendung der Aufforderung zur Anmeldung Ihrer Ansprüche unsererseits irrtümlich die Aushändigung eines nicht mehr den gegenwärtigen Bestimmungen entsprechenden Merkblattes erfolgte.

»Zu unserem größten Bedauern« – geschenkt. Dass man zu einer Feststellung gelangen musste – auch geschenkt. Ich möchte nur wissen, was falsch gelaufen ist. Und wenn dann noch eine kleine Entschuldigung kommt, das darf man doch eigentlich erwarten, nicht wahr? – Bitte vergleichen Sie Ihre Verbesserung mit dem folgenden Vorschlag.

1. b) Als wir Sie baten, Ihre Ansprüche anzumelden, haben wir Ihnen irrtümlich ein ungültig gewordenes Merkblatt geschickt. Bitte entschuldigen Sie unser Versehen.

Oft müssen wir irgendwelche Unterlagen, die wir erbeten hatten, nach Auswertung zurückschicken. Ein sehr einfacher Vorgang.

2. a) Die Skizzen erhalten Sie zu unserer Entlastung in der Anlage wieder zurück.

Ob zur Entlastung oder nicht, das wird dem Empfänger gleichgültig sein. Hauptsache, er bekommt das Ausgeliehene zurück. Wie steht's mit »in der Anlage«? Was bedeutet »wieder zurück«?

2. b) Die Skizzen erhalten Sie hiermit zurück.

Das »hiermit« ist in diesem Zusammenhang eine Kurzform für »mit diesem Brief (hier)«. Der Empfänger erhält die Skizzen nicht »wieder zurück«, sondern einfach zurück; »wieder zurück« wäre nur richtig, wenn es sich um mindestens eine zweite Rückgabe handelte.

3. a) Wir möchten Sie daher höfl. bitten, uns Ihre Honorarnote noch vor Ende d. J. einzureichen.

Dies schrieb eine Versicherungsgesellschaft an einen Rechtsanwalt. Der meinte aber, dass er keine Honorarnote einzureichen, sondern eine Rechnung zu schicken habe. Was reicht man ein? Zum Beispiel ein Gesuch, eine Klageschrift, eine Bittschrift, lauter Schriftstücke, die der Annahme der anderen Seite bedürfen.

3. b) Bitte schicken Sie uns Ihre Rechnung noch vor Jahresende.

Wer mit Beifügungen sparsam umgeht, fördert einen »schlanken« Stil. Wie beurteilen Sie den folgenden Satz?

4. a) Wir möchten Ihnen für Ihre Eigeninitiative bestens danken; Ihre gemachten Erfahrungen werden uns nützen.

Möchte er nur danken, oder tut er es? Er dankt. Wie ist das mit der Eigeninitiative, die ja besonders oft auch in Personalanzeigen verlangt wird? Welche Initiative, wenn nicht die eigene, könnte man denn sonst noch einsetzen? Und wie sehen Sie die »gemachten Erfahrungen«?

4. b) Wir danken Ihnen für Ihre Initiative; Ihre Erfahrungen werden uns nützen.

Das »bestens« gehört zur Papiersprache. Wenn es seine Erfahrungen sind, wird er sie wohl gemacht haben.

5. a) Wie wir Ihnen bereits schon mitgeteilt haben, liegt unsererseits kein Grund vor, den vorliegenden Preis zum gegenwärtigen Zeitpunkt abzusenken.

Hält doppelt gemoppelt besser? Wir unsererseits, und Sie Ihrerseits ...? Wann ist der gegenwärtige Zeitpunkt?

5. b) Wie wir Ihnen schon mitgeteilt haben, sehen wir keinen Grund, diesen Preis jetzt zu senken.

Dieses »bereits schon« ist zur Plage geworden. Vor allem in gesprochenen Texten. Wissen so zahlreiche Reporter in dieser Sekunde nicht mehr, was sie vor zwei Sekunden gesagt haben? Aber selbst unmittelbar hintereinander ist dieses »bereits schon« anzutreffen. – Wer kurz und bündig (dabei nicht »kurz angebunden«!) schreiben will, wird dabei entdecken, dass die meisten Vorsilben überflüssig sind. Warum »absenken«, wenn »senken« dasselbe sagt?

6. a) Die neue Regelung wird anlässlich der nächsten Sitzung in Vorschlag gebracht.

Geht es einfacher und schlichter?

6. b) Die neue Regelung wird in der nächsten Sitzung vorgeschlagen.

Das »anlässlich« ist stilistisch zu hoch gegriffen, und die Streckform »in Vorschlag bringen« hat hier keinen besonderen Wert, der über »vorschlagen« hinausginge.

7. a) Die Problemstellung des Zeitraums der Anlaufzeit müssen wir noch einer Überprüfung unterziehen.

Warum muss man eine einfache Mitteilung so aufplustern? Problemstellung, Zeitraum, Überprüfung unterziehen ...

7. b) Das Problem der Anlaufzeit müssen wir noch lösen.

Fremdwörter haben ihre Berechtigung – aber nicht alle und überall.

8. a) Die dilatorische Behandlung dieser Angelegenheit lässt einen kontradiktorischen Gehalt vermuten und zwingt uns dazu, andere Möglichkeiten zu ventilieren.

Brauchen Sie zur Verbesserung dieses Satzes ein Wörterbuch? Nichts dagegen einzuwenden!

8. b) Die aufschiebende Behandlung dieser Angelegenheit lässt einen widersprüchlichen Gehalt vermuten; deshalb müssen wir ermitteln, ob es andere Möglichkeiten gibt.

Falls ein Rechtsanwalt einem Kollegen so schreiben möchte – wenn's ihm Spaß macht...! Aber seinem Mandanten gegenüber, der ihn ja honoriert und nur selten Jurist ist, darf er sich etwas leichter verständlich ausdrücken.

9. a) Ihrer Rückantwort sehen wir baldmöglichst mit Interesse entgegen.

Ein hübscher Schluss-Satz. Aber so ganz können wir wohl nicht damit einverstanden sein. Besser:

9. b) Wir freuen uns auf Ihre baldige Antwort.

Die »Rückantwort« wäre nur berechtigt, wenn es sich um eine Antwort auf eine Antwort handelte. Die gibt es aber eher selten. Die Antwort reicht. – Und was, bitte, hat der Schreiber davon, wenn er dieser Antwort baldmöglichst entgegensieht? Es geht doch nicht um »baldmöglichstes Entgegensehen«, sondern um eine »baldmöglichste Antwort«. Dass die Zusammensetzung »baldmöglichst« typisch Papierdeutsch ist, haben Sie natürlich gemerkt. So spricht doch keiner.

10. a) Der guten Ordnung halber weisen wir Sie darauf hin, dass die nächste Rate am 01.02. ds. J. fällig wird.

Ich möchte nur eins wissen: Oder, von ihm aus gesehen: Ich soll nur an eins denken: dass... Also:

10. b) Die nächste Rate wird am 1. Februar fällig.

Nur wenn sich das Jahr nicht von selbst verstände, muss es angegeben werden. Dann aber nicht mit der Umschreibung »ds. J.«, sondern mit der Jahreszahl. – Ob die andere Seite mir das nun der Ordnung halber oder der guten Ordnung halber mitteilt, ist mir ziemlich wurscht. Dass er mich »darauf hinweist«, schon weniger; das klingt nämlich beinahe zeigefingerhaft – mit einem vorwurfsvollen Unterton.

11. a) Unter höfl. Bezugnahme auf Ihr Schreiben vom 23.05. machen wir Ihnen die verbindliche Mitteilung, dass die in Ihrem Schreiben genannten Kalender von uns für Sie bestellt worden sind.

Wenn sich jemand wegen einer ganz kleinen Mitteilung so viele Worte abringt, dann ist wahrscheinlich keine sehr ökonomische Zusammenarbeit zu erwarten.

11. b) Die Kalender haben wir bestellt.

Erste Zeile: Das steht im Betreff – ohne »höfl.« natürlich, das schon wegen der Abkürzung keineswegs höflich *ist.* Dass er mir eine verbindliche Mitteilung machen will, entnehme ich der Tatsache, dass er mir schreibt. Um welche Kalender es geht – die in meinem Schreiben genannten –, das weiß ich selbst am besten.

12. a) Der Platz soll dadurch geschaffen werden, indem der besondere Hinweis entfällt.

Passt das alles so richtig zusammen? Oder haben Sie etwas auszusetzen?

12. b) Der Platz soll dadurch geschaffen werden, dass der besondere Hinweis entfällt.

Das den Nebensatz einleitende Bindewort »indem« passt nicht zu »dadurch«, das ein »dass« verlangt.

13. a) Nach Durchführung der Anlegung des Grundbuchblattes bitten wir um Zusendung einer unbeglaubigten Grundbuchtabelle.

Wie war das? Geht's nicht ein bisschen schlichter und verständlicher?

13. b) Bitte schicken Sie uns, sobald das Grundbuchblatt angelegt ist, eine unbeglaubigte Grundbuchtabelle. Danke.

Fünf fette Hauptwörter und ein einziges Tätigkeitswort … das konnte nicht gut gehen. Und so hat sich der Schreiber dann auch gleich vertan, als er »nach der Durchführung« bat. Nein, er wollte nicht nach der Durchführung der Anlegung … bitten – er bittet jetzt, dass man ihm nach der Durchführung der Anlegung … schickt. An solchen Logikfehlern merkt man, dass es offenbar auch für die Verfasser solcher Sätze gar nicht so leicht ist, den Überblick zu behalten.

14. a) Wenn wir diese Werte zusammenkoppeln, ist ein fehlerhaftes Ergebnis vorprogrammiert.

Die Doppelausdrücke nehmen zu, werden allmählich zur Plage. Ohne sie:

14. b) Wenn wir diese Werte koppeln (verbinden), ist ein fehlerhaftes Ergebnis programmiert.

Übrigens, »zusammenkoppeln« und »vorprogrammieren« sind Teil-Verdoppelungen.

15. a) Es dürfte Ihrer geschätzten Aufmerksamkeit entgangen sein, dass wir diese Frage bereits in unserem Schreiben vom 21. 05. ausführlich behandelt haben.

So etwas liest man gern. Ich habe eine Kleinigkeit übersehen, und der geschätzte Briefpartner gießt mir gleich einen Kübel Ironie übern Kopf.

15. b) Diese Frage haben wir schon in unserem Brief vom 21. Mai behandelt.

Auch wenn wir annehmen, dass der andere ein Dussel oder ein Esel oder ein Dummkopf ist: Wir tun gut daran, das für uns zu behalten, ja, es nicht einmal anzudeuten. Vor allem im Geschäftsleben – aber nicht nur dort – ist Ironie dieser Art pures Gift.

16. a) Wir hoffen, dass wir Ihnen klar machen konnten, dass Sie von unserer Mitarbeiterin richtig informiert worden sind.

Mit oberlehrerhaften Zurechtweisungen kommt man nicht weit, schon gar nicht als Korrespondent eines Versicherungsunternehmens.

16\. b) Wir haben mit unserer Mitarbeiterin ausführlich gesprochen. Danach dürfen wir davon ausgehen, dass Sie von ihr richtig informiert worden sind.

Das ist keineswegs »windelweich« oder dergleichen; es ist nur sachlich. Und Sachlichkeit ist bei Meinungsverschiedenheiten erfahrungsgemäß oberstes Gebot.

17\. a) Die Hereinnahme eines entsprechenden Vorbehalts in die Informationsschreiben wurde von den Besprechungsteilnehmern nicht befürwortet.

Wieder einmal eine Hauptwortkette. Sie wissen, wie man sie auflöst.

17\. b) Die Besprechungsteilnehmer waren dagegen, in die Informationsbriefe einen Vorbehalt aufzunehmen.

Die Besprechungsteilnehmer haben etwas nicht befürwortet, sie waren dagegen. Warum diese Teilnehmer im Passiv auftreten lassen?

18\. a) Das stark nachgelassene Geschäft hat zu Entlassungen geführt.

Wann dürfen Perfektpartizipien als Attribute verwendet werden?

18\. b) Das stark zurückgegangene Geschäft hat zu Entlassungen geführt.

In dem Kapitel »Wertvolle und sonstige Beifügungen« steht die Erklärung. Nur wenn diese Mittelwörter mit »sein« verbunden werden, dürfen sie als Beifügungen dieser Art verwendet werden. (Das Geschäft *hat* nachgelassen – nein! Das Geschäft *ist* zurückgegangen – ja!)

19\. a) Die Versicherung muss nachdem die Gegenstände noch vorhanden sind, weiterhin aufrechterhalten werden.

Wie ist das mit der Konjunktion »nachdem«? Was sagt sie aus, und was *soll* hier ausgesagt werden?

19. b) Weil die Gegenstände noch vorhanden sind, muss die Versicherung aufrechterhalten werden.

Zunächst: In dem Beispielsatz fehlt vor »nachdem« das notwendige Komma; »nachdem« gehört zu den angenehmen Bindewörtern: weil sie, im Gegensatz zu anderen, immer ein Komma verlangen. Aber ist »nachdem« hier überhaupt richtig gewählt? Geht es um Zeit oder um Begründung? Es geht um eine Begründung dafür, dass die Versicherung aufrechterhalten werden muss. In der Schlussformulierung ist das »weiterhin« überflüssig; es ist ja in »aufrechterhalten werden« enthalten.

20. a) Die überwiegende Mehrheit der Beteiligten ist der festen Überzeugung, dass für die Bewältigung dieser Aufgaben *eine* Kraft ausreichend ist.

Erkennen Sie die Doppelaussage? Und der Rest – etwas umständlich. Oder?

20. b) Die Mehrheit der Beteiligten ist davon überzeugt, dass *eine* Kraft ausreicht, diese Aufgaben zu lösen.

Warum muss es immer eine »feste« – in anderen Fällen sogar eine »felsenfeste« – Überzeugung sein? Der kleine Satz hat sechs Hauptwörter; damit wird das schwache »ausreichend ist« nicht fertig. In diesem Satz bewegt sich fast nichts.

Hatten Sie ein bisschen Spaß an der Lösung dieser kleinen Textaufgaben? Und haben Sie sich gefreut, wenn Sie Fehler und Schwächen erkannt haben? Viele sagen, solche Aufgaben zu lösen, das sei reizvoller als die Lösung von Kreuzwort- oder Silbenrätseln.

Das Gewebe muss halten

Den Stil verbessern –
das heißt den Gedanken verbessern
und nichts weiter!

Friedrich Nietzsche

Leider passiert es immer wieder, dass uns ein Strumpf vorwurfsvoll mit einem Loch ansieht. Früher… ja, früher – da wurden solche Löcher einfach gestopft; das gehörte zum normalen Alltag. Aber heute? Sind die Gewebe und die Fasern, aus denen sie gemacht werden, nicht so widerstandsfähig, dass es – zum Beispiel in Strümpfen – gar keine Löcher mehr gibt? Offenbar habe ich mich da getäuscht: In solchen Geweben kann es immer schwache und schadhafte Stellen geben – wie in Geweben, die aus Sprache gemacht sind.

Das lateinische Wort »textum« heißt »Gewebe, Gefüge« und »texere« bedeutet »weben, flechten, bauen, verfertigen«. Wir haben es also vor allem mit »Textilien« zu tun. Aber – in übertragenem Sinn – auch mit sprachlichen Geweben, mit Gebilden, die wir Texte nennen. Es gibt sie in den verschiedensten Arten und Größen, und wir sprechen von Textsorten. Dieses Buch ist zum Beispiel eine Textsorte. Ein Gedicht ist eine andere Textsorte als ein Bewerbungsbrief.

Im ersten und zweiten Teil dieses Buches haben Sie viele Beispiele vor allem aus alltäglichen Gebrauchstexten gefunden, beurteilt, verbessert. In diesem dritten Teil geht es deshalb, zur Vervollständigung, vor allem um private, journalistische, literarische Texte.

Damit haben Sie weniger zu tun? Aber lesen Sie nicht? Schreiben Sie keine Briefe? Haben Sie nicht schon einmal eine Jubiläums- oder Geburtstags- oder Hochzeitsrede aufgesetzt, ein Beileidsschreiben verfasst, eine lustige Speisekarte zusammengestellt, einen Leserbrief geschrieben? Haben Sie vielleicht einmal Tagebuch geführt – und tun es vielleicht nach wie vor? Haben wir in der Schule keine Aufsätze geschrieben, und sehen wir jetzt nicht des Öfteren Aufsätze, Abiturarbeiten, Studiumsausarbeitungen unserer Kinder durch?

Wenn wir darüber nachdenken, fällt den meisten von uns eine Menge »Schriftliches« ein, das uns hier und dort als Schreib- oder Durchsichtaufgabe gestellt worden ist und wahrscheinlich auch in Zukunft gestellt werden wird.

Und vielleicht haben Sie sogar offene oder heimliche Schreibambitionen als Journalistin oder Romanschreiber, als Krimi-Autorin oder Fachbuchautor …

Also sehen Sie sich doch einfach einmal einige »Gewebe« aufmerksam an: um Spaß daran zu haben und – um Nutzen daraus zu ziehen.

Kreativität in Kürze

Was ist »Kreativität in Kürze«? Zum Beispiel Aphorismen. Gedankensplitter. Prägnante Aussagen in *einem* Satz oder in wenigen Sätzen. Pointierte, oft überspitzte Formulierungen mit Überraschungseffekten.

Aphorismen: Wie und wozu?

Manchmal fällt uns etwas in den Schoß – wir haben einen Einfall. Und dieser überraschende Einfall kann ein Aphorismus sein oder eine Formulierung, die sich dann zu einem Aphorismus auswächst oder verschärft.

Aber – Einfälle haben – gut und schön! Doch ein Einfall bedeutet, wenn es nicht beim Einfall bleiben soll, dass wir Arbeit reinstecken müssen. Kurz und zugespitzt gesagt:

> Einfälle haben – gut und schön!
> Aber ein Einfall ist auch:
> ein »Einfall« von Arbeit,
> die zu leisten ist.

Schon haben wir einen Aphorismus, einen Gedankensplitter, in diesem Fall einen Gedanken, der mit der Doppelbedeutung des Wortes »Einfall« spielt. (Die Anführungszeichen in dem Vierzeiler dürfen wir getrost weglassen; die Lesenden merken schon, wie es gemeint ist.)

Noch einmal und darüber hinaus: Wie schön solche Einfälle! Allerdings mag es sein, dass wir uns mit dieser angenehmen Bewertung täuschen. Gute Einfälle kommen keineswegs aus dem Nichts zu uns. Viel wahrscheinlicher: dass wir eine Sache lange oder oft bedacht haben, allein, in Gesprächen. Das Gedachte setzt sich in unserem Gedächtnis fest und scheint dort geradezu auf der Lauer zu liegen. Irgendwann kommt ein Gedanke hinzu, der sich als zündend erweist – als hätte alles zuvor Gedachte nur auf diesen Augenblick gewartet.

Die Entwicklung eines Gedankens

Damit hat uns schon dieser plötzliche, überraschende Einfall auf die Entwicklungsspur geführt. Ein Aphorismus ist in der Regel das zusammenfassende, zuspitzende Ende eines langen Gedankengangs. Der Philosoph Hans Kudszus hat wiederum das in einem sehr schönen Aphorismus so ausgedrückt:

> Jeder Aphorismus ist das Amen einer Erfahrung.

Haben Sie Lust, zunächst einmal als Einführung und Einstimmung, eine solche Erfahrung aufgrund einer Entwicklung in abgekürzter Form nachzudenken?

Lernen

Wer macht im Leben schon alles richtig oder auch nur das meiste? Keine oder keiner – ob sie oder er es merkt oder nicht. Fehler gehören zum Leben. Und je aktiver ein Mensch ist, desto öfter zielt er seinem Können entsprechend richtig und trifft dennoch daneben.

Dies ist natürlich auch mir nicht verborgen geblieben. Wie oft habe ich – hinterher – gemerkt oder zu spüren bekommen, dass eine meiner Entscheidungen falsch gewesen war. Beispiel:

> Ich arbeitete als Redakteur in einem großen Maschinenbau-Unternehmen. Erfolgreich. Ich wurde gelobt, konnte mich darüber freuen. Nur eins geschah nicht: eine Gehaltserhöhung. Ich dachte: »Geduld! Das kommt noch. Die so zufrieden sind und mich loben, werden meine gute Leistung schon zur rechten Zeit honorieren.« Aber nichts passierte. Sah ich das alles falsch? Da meine Familie gewachsen war, also zusätzlicher Geldbedarf sich einstellte, suchte ich nach einer neuen Position in einer anderen Firma. Und ich fand sie recht bald.
>
> Meine Kündigung löste ungläubiges Erstaunen aus, und man sag-

te mir, wie sehr man meinen Schritt bedauere. Warum ich denn gehen wolle, man könne sich das gar nicht erklären. Ich antwortete wahrheitsgemäß: »Ich habe mich hier wohl gefühlt, und meine Arbeit habe ich sehr geschätzt, aber offenbar war sie in der ganzen Zeit nie eine Gehaltserhöhung wert. Das musste ich zwar akzeptieren, aber Sie werden es mir auch nicht verdenken können, dass ich – zumal bei gewachsener Familie – nach etwas mehr strebe.« – »Ja, warum haben Sie das denn nicht gesagt? Darüber hätten wir doch reden können!«

Nun fiel *ich* aus allen Wolken. So einfach wäre das gewesen?

Ich hatte aus Unkenntnis einen gewaltigen Fehler gemacht: den Fehler, zu denken, dass gute Leistungen, die auch bemerkt und bestätigt wurden, ganz von selbst zu Gehaltssteigerungen führen würden.

Eins war klar: »Aus Fehlern lernen!« Dieses alte Wort, das ich natürlich kannte, wurde jetzt in mein Praxisbuch geschrieben.

Nach diesem Fehler trat ich eine längere Berufsreise durch mehrere Stationen an – bis ich mich schließlich selbstständig machen konnte: nicht zuletzt aufgrund der Vielseitigkeit meiner vorausgegangenen Tätigkeiten. Und nun, nach häufigem Bedenken dieses Weges, blitzte ein Gedanke auf, der das alte »Aus Fehlern lernen!« wesentlich erweiterte:

Aus Fehlern lernen heißt auch:
Fehler als notwendig begreifen.

Diese späte Erkenntnis war nicht nur der klar definierte Abschluss einer Erfahrung, sondern zugleich das Vorwort zu einer revidierenden Lebensrückschau. Nicht alle, aber viele Fehler, vor allem wesentliche, konnte ich jetzt anders verstehen: indem ich sie als notwendig für eine weitere Entwicklung begriff.

Das heißt auch: dass aus Lebenserfahrung geborene Aphorismen nicht nur gute Formulierungen sind, sondern sehr viel mit unserem Dasein und Sosein zu tun haben. Und wenn wir sie in aphoristischer

Form mitteilen, vielleicht sogar veröffentlichen, erleichtern wir anderen die Möglichkeit, auszuprobieren, ob und wie der Inhalt vielleicht auch auf sie selbst zutrifft.

Diesem Aphorismus übers Lernen schloss sich bald ein anderer wie von selbst an:

> Das ärgerliche Auslassen von Chancen
> ist oft eine geglückte Nachteilvermeidung.

Und ein weiterer:

> Die besten Wege
> werden durch Umwege bereichert.

Und weitere:

> Gewinne machen Mut,
> Verluste bewahren vor Übermut.

> Lehrgeld ist die beste Kapitalanlage.

Schließlich, auf ein übergeordnetes Feld wechselnd:

> Ob ein Leben gelingt, zeigt sich im Alter:
> grantig und verbittert oder gelassen und heiter?

Und dass zu einer So-oder-so-Entwicklung eines Lebenslaufes der geistige Umgang mit eigenen und auch fremden Fehlern einen wichtigen Beitrag leistet – keine Frage!

Einzeltext – mit Titel – Gruppe

Aphorismen treten meistens einzeln auf; sie stehen isoliert oder erscheinen in Aphorismenbändchen gesammelt.

Einzeltexte

Fachleuten, denen man glauben muss,
ist nicht zu trauen.

Was uns nicht mitnimmt, lässt uns liegen.

Maßvoll lebt, wer in allem Maß hält,
auch im Maßhalten.

Wir können unseren Aphorismen auch Titel geben. Das erleichtert in Büchern das Finden.

Glück

Wer seinem Glück hinterherläuft,
läuft hinterher.

Angabe

Angeber pflegen nicht zu liefern,
was sie angeben.

Erziehung

Kinder großziehen heißt:
nicht groß an ihnen ziehen –
sonst ziehen wir sie klein.

Schließlich lassen sich Aphorismen zu einem Themenkomplex unter eine gemeinsame Überschrift stellen, so dass sie dann eine Gruppe bilden.

Humor

Humor ist eine Chance des Menschen,
der grauenhaften Seite seines Wesens
die Kapitulation zu verweigern.

In einer freisinnig angelegten Familie
ist der Witz ein gern gesehener Gast;
der Humor gehört zu den guten Geistern des Hauses.

Humor ist eine Grundstimmung,
die es ermöglichen kann,
sich im Streit versöhnlich zu zeigen
und dem Unerträglichen mit Gleichmut zu begegnen.

Auch der humorvollste Geist
hat seine humorlosen Ecken.

Zum Schluss zunächst ein paar Texte, die sich warnend und leicht ironisch mit dem Schreiben, also mit uns selbst, befassen.

Umgang

Die besonders gewandten Umgang
mit der Sprache pflegen,
erliegen leicht der Verführung,
sie zu umgehen.

Gedichte

Wer mit Gedichten nichts zu tun hat,
ist fein raus: *eine* Lebenserschwerung weniger.

Tinte

Schriftsteller, die in der Tinte sitzen,
können ersaufen oder das Fass leer schreiben.

Bücher

Millionen Bücher auf dem Markt:
Welch ein Papierwert!

Poesie

Wer Gedichte liest oder schreibt, ist verrückt;
die anderen sitzen an ihrer Stelle felsenfest.

Typische Aphorismenstrukturen

Aphorismen können ganz unterschiedlich sein. Beispiele:

Fragen

Seelische Konflikte müssen gelöst werden. Warum?

Der erste Satz spricht eine Binsenweisheit aus. Man ist geneigt zu nicken. »Natürlich! So ist es.« Und dann werden wir mit dem zweiten Satz, einer Frage, überrascht, verblüfft, irritiert. Die Wirkung wird dadurch erhöht, dass die Frage aus nur einem einzigen Wort besteht.

»Er stellt schon etwas dar!«
Stellt er nur etwas dar?

Auch hier wird die ursprüngliche Behauptung angezweifelt. In diesem Fall mit einem oft verwendbaren sprachlichen Trick. Wir nutzen die Doppelbedeutung eines Wortes oder einer Wendung. Wenn jemand »etwas darstellt«, wird das in der Regel positiv aufgefasst. Bedenken wir aber, dass zum Beispiel ein Schauspieler in seiner Arbeit immer wieder etwas darstellt, was er nicht ist ... Oder erinnern wir uns an Schopenhauers »Aphorismen zur Lebensweisheit« mit den Kapiteln »Von dem, was einer ist«, »Von dem, was einer hat« und »Von dem, was einer vorstellt«. Dann berücksichtigen wir, dass die Darstellung eines Lebens in vielen Fällen etwas anderes als seine Wirklichkeit ist. Und daraus lassen sich leicht zahlreiche Folgerungen ableiten: zum Beispiel, dass nicht jeder, der etwas darstellt, deswegen schon zu beneiden ist.

Gedankenänderung

Eine Möglichkeit, einen Aphorismus zu formulieren, besteht also darin, etwas angeblich Unbezweifelbares in Frage zu stellen.

Es ist klug, den Tag vor dem Abend zu loben.
Wer weiß, was für ein Abend bevorsteht.

Der ursprüngliche Gedanke, dass man den Tag nicht vor dem Abend loben soll, ist eine Art Leitspruch für Vorsichtige. Aber ist das Gegenteil nicht auch ein Leitspruch für Vorsichtige? Eben weil der Abend mies werden kann, ist es doch gut, wenn wir schon vorher an diesem

Tag etwas zu loben hatten. Oder? Den folgenden miesen Abend können wir ja dann immer noch getrost auch mies nennen.

Gedankenergänzung

Gehen wir von dem oft geäußerten Gedanken aus, dass Geld für unsere charakterliche Entwicklung und Beschaffenheit gefährlich ist. Und was passiert, wenn wir weiter denken, an Menschen, die kein Geld haben?

> Geld gefährdet.
> Kein Geld auch.

Viele von denen, die kein Geld haben, sich vielleicht benachteiligt oder betrogen fühlen, die verbittert sind, greifen manchmal zu unlauteren Mitteln, indem sie andere übers Ohr hauen oder eine Bank überfallen.

Steigerung

Und wie steht's mit der Politik und dem Charakter? So ähnlich wie mit dem Geld. Also:

> Politik verdirbt den Charakter.
> Geld verdirbt den Charakter.

Und nun mag uns der erschreckende Gedanke kommen, dass viele Leute, die weder politisch tätig noch reich sind, ebenfalls einen schlechten Charakter entwickelt haben oder entwickeln. Das heißt?

> Politik verdirbt den Charakter.
> Geld verdirbt den Charakter.
> Das Leben verdirbt den Charakter.

Dieser Aphorismus weckt die bestürzende Erkenntnis derer, die gern auf die Unmoral in Politik und Geldwirtschaft hinabsehen, den Gedanken nämlich, dass unser alltägliches Leben – gleichgültig, womit wir zu tun haben – wieder und wieder Gelegenheit gibt, den eigenen Charakter zu verbiegen und zu verderben. Es ist eben kein »Vorrecht« der Politiker und der Reichen.

Sie merken, in Aphorismen dieser Art wird immer etwas scheinbar Selbstverständliches in Frage gestellt: dass seelische Konflikte stets gelöst werden müssen, dass ein Tag nicht vor dem Abend zu loben ist, dass nur Politik oder Geld gefährlich ist oder den Charakter verdirbt. Im letzten Text geschieht dies durch eine umfassende Steigerung in der dritten Zeile. Neben der Frage ist also die Steigerung ein brauchbares Mittel für die Formulierung überraschender Ansichten.

Steigerung des Gegenteils

Unordnung ist teuer.

Das werden alle bestätigen, die schon einmal etwas suchen und suchen und suchen mussten – und wem wäre das noch nicht passiert! Also sagen wir uns: »Sei ordentlich! Verdammt noch mal – halte Ordnung, liebe sie, sie erspart dir Zeit und Müh!« Aber, weiter gedacht:

Unordnung ist teuer.
Totale Ordnung ist tödlich.

Denken wir an den bekannten Buchhalter in Thomas Manns »Buddenbrooks«, der am Ende seiner beruflichen Laufbahn nur noch gespitzte Bleistifte in Reih und Glied zu legen wusste. Ordnung hielt er, wahrlich musterhaft und meisterlich, aber wozu die Ordnung dienen sollte, das war ihm entfallen.

In diesem Aphorismus wird die Bedeutung durch die Klangwahl verstärkt. Zum einen haben wir die Entgegensetzung »Unordnung – Ordnung«; zum anderen bekommt der Text durch neunfache Benutzung des t-Klanges (im Übrigen Vokalreichtum) zusätzliche Wirkung. Wieso »neunfache«? Weil der Buchstabe »d« in »Unordnung«, »Ordnung« und »tödlich« natürlich ebenfalls wie »t« klingt.

Dieses Spiel mit Bedeutungen und Klängen lässt sich oft gut mit witzigem Sinn kombinieren.

Wer seinen Mitarbeitern zu viel Spielraum gibt,
verführt sie zum Spielen. Wer seinen Mitarbeitern zu wenig Spielraum gibt, hat bald keine mehr.

Das ist eigentlich eine bekannte, wenn auch oft vernachlässigte Führungsweisheit. Aber ist die Wirkung in dieser aphoristischen Form nicht viel eindringlicher?

Ein noch etwas längerer Text, der zugleich zeigt, dass ein Aphorismus nicht in jedem Fall *ganz* kurz zu sein braucht:

> Wer als Geschäftsmann grundsätzlich Telefonnummern und Kalkulationszahlen spielend leicht behält, aber Namen und Geburtstage spielend leicht vergisst, hat ein Recht darauf, dass wir seine Telefonnummer behalten, solange mit ihm zu rechnen ist, und seinen Namen vergessen, sobald alle Geschäfte abgewickelt sind.

Eine kleine Bosheit dieser Darstellung besteht darin, unsere »erledigende« Abwertung mit einem »hat ein Recht darauf« zu würzen.

Ein Versuch

Was halten Sie von Stress? Klarer Fall: Stress ist schädlich. Durch Gymnastik, Dauerlaufen, Musiktherapie, Joga und vieles andere wird deshalb versucht, Stress abzubauen.

Nun unterscheiden die Fachleute allerdings Eustress und Disstress und belehren uns darüber, dass nur die eine Sorte, der Disstress, schädlich sei. Auch ein klarer Fall: Wenn wir zum Beispiel in irgendeiner Sportart hart trainieren, entspringt der damit verbundene Stress unserem Willen und Wollen, und die Aussicht auf Siege, finanzielle Sportförderung, Anerkennung oder auf bessere Gesundheit ist ein guter Ausgleich für die Strapazen, die wir vielleicht immer wieder auf uns nehmen. Hier bekommt also der anfangs so einleuchtende Satz »Stress ist schädlich« bereits ein Loch.

Und wie wäre es, wenn selbst der uns aufgezwungene Stress, dazu für eine Sache, die wir gerade nicht wollen, wenn sogar dieser Stress nützlich oder zumindest teilweise nützlich wäre?

Mir ist zum Beispiel aufgefallen, dass Menschen, die lange ganz schlimmem Disstress ausgesetzt gewesen sind, besonders lange und erfolgreich gelebt haben oder noch leben. Die Frau des Kommunistenführers Neumann ist in den 30er Jahren aus dem NS-Deutschland ins gelobte Land, in die Sowjetunion, geflohen. Von ihrem Mann, sicher einem Idealisten, wurde sie sofort getrennt; sie hat ihn nie wieder gesehen. Sie selbst kam in ein Arbeitslager und wurde später, als sich Hitler und Stalin verbündeten, in ein deutsches Konzentrationslager überführt – noch eine erhebliche Verschlimmerung ihrer Situation. Und trotzdem hat sie nach dem Krieg in Deutschland ein erfolgreiches, langes Leben geführt. – Oder: Einer der besten deutschen Fußball-Nationalmittelstürmer, Willimowski, war auch in höherem Fußballalter noch begehrt und wurde zu Recht bewundert. Allerdings konsumierte er ziemlich ausdauernd und heftig eine Menge Alkohol. Das konnte mit seiner Gesundheit nicht gut gehen. Kürzlich zeigte er sich als 100-Jähriger, rank und schlank und mit hellem Geist, in einem Fernsehinterview. – Noch mehr davon?

Daraus ließe sich nun, berechtigt, machen:

Stress ist schädlich. Oder nützlich.

Stress ist schädlich. Oder nützlich. Vielleicht beides?

Dieser schlimme Stress! Wie nützlich ist er doch!

Wer keinen Stress kennt, leistet wenig.

Stress bewältigen – macht Spaß.

Streng dich bloß nicht so an!
Der Stress könnte dich zu Hochleistungen bringen.

Wer in einer Sache unter Stress steht, ist zu der Zeit von anderen Sorgen und Problemen befreit.

Manche Menschen vertragen keinen Stress – andere brauchen ihn.

Stressgeplagte Menschen pflegen andere Menschen unter Stress zu setzen.

Wer ständig versucht, Stress zu vermeiden, bürdet sich den Stress der Vermeidungsarbeit auf.

> Stress spornt an – manchmal in falscher Richtung.
>
> Wer jeglichen Stress unterläuft, muss ganz schön traben.
>
> Wenn dir Stress nicht bekommt: Pfeif doch drauf!
>
> Wer gestresst ist, stresst andere.
>
> Stress gibt's überall gratis, Gelassenheit nur gegen Bemühung bei sich selber.

Wenn wir uns ein bisschen mit einer Sache, einer Entwicklung, einer Situation, einem menschlichen Merkmal befassen, fällt es auf einmal leicht, zahlreiche Gedanken verschiedenster Art darüber zu finden und zu formulieren. Versuchen Sie's doch mal! Hier ein Anfang:

> Im Computerzeitalter schwimmen wir in Informationsmeeren, während der See unserer eigenen Gedanken austrocknet.
>
> Die Gedanken sind frei. Aber woher nehmen?

Haben Sie Lust, an dieser Stelle weiterzumachen? Je mehr Sätze Sie niederschreiben – wenn auch zuerst vielleicht stockend –, umso mehr werden Ihnen einfallen.

Sobald wir in dieser Weise zu einem Thema eine ganz ansehnliche Gedankensplitter-Liste zusammengebracht haben und etwas davon veröffentlichen wollen, brauchen wir nur aus der Fülle auszuwählen, was uns am besten gefällt. Dabei ist klar, dass nicht alles, was uns in den Sinn kommt, erster Güte sein kann. Schlimm, dass wir auch viel weniger Gutes schreiben? Nein. Dieses Schicksal teilen wir mit allen Kreativen, sogar mit genialen.

Übrigens, ganz wichtig: Wenn wir hin und wieder eine kleine oder auch längere Rede zu frohen oder auch traurigen Anlässen zu halten haben (Geburtstag, Beförderung, Trauerfall …), können wir diesen oder jenen Gedanken aus unserer persönlichen Aphorismensammlung als gedanklichen Lichtpunkt in unsere Rede einbauen.

Noch einmal übrigens: Wenn uns der Umgang mit Aphorismen vertraut ist, werden wir auch einmal zu fremden Aphorismen greifen und das, was andere kluge Menschen geschrieben haben, als Schmuck und Bereicherung für unsere eigenen Gedanken nutzen.

Ein letztes Mal übrigens: Eine Geburtstagsrede, eine Rede zur Konfirmation, zu einer Taufe, einer silbernen Hochzeit … oft lassen sich ganz andere Reden an einem eigenen oder fremden Aphorismus entlang entwickeln: Der *eine* Gedanke weckt und fördert eine Fülle von weiteren Gedanken, die sich um den Kerngedanken herum entfalten.

Schwierige Aphorismen

Neben Aphorismen mit Unterhaltungswert, Überraschungseffekt, Blitzlichtcharakter gibt es andere, die noch höhere Ansprüche stellen. Karl Kraus hat das zu Anfang des vorigen Jahrhunderts so ausgedrückt:

> Satiren, die der Zensor versteht,
> werden mit Recht verboten.

Er spricht zwar von Satiren, aber über Aphorismen könnte man dasselbe sagen.

Hintergründig angelegte Aphorismen sind oft umfangreicher als ihre »leichteren« Geschwister. Aber das muss nicht immer so sein. Hier ein extrem kurzer Text:

> Jeder Verzicht ist ein Gewinn.

Schwierig? Ja: weil wir das Verzichten für wenig gewinnend halten, denn – ganz einfach – ich bekomme ja nicht, was ich will. Und damit finde ich mich freiwillig ab, dem stimme ich sogar noch zu.

Und doch können uns nahe liegende Beispiele – falls wir darauf kommen – lehren: Der Aphorismus sagt Richtiges.

Erste Überlegung: Partyabend. Es geht hoch her, und man möchte diesen angenehmen Zustand noch länger genießen. Also: Weitermachen! Wer an dieser Stelle jedoch aufs Weitermachen verzichtet, hat – keine Frage – am nächsten Morgen den Gewinn.

Zweite Überlegung: Verzicht bedarf immer einer Anstrengung. Eine gelingende Anstrengung aber trägt den Lohn bereits in sich: Wir sind mit uns im Einklang.

An was für Menschen würden Sie bei der folgenden Aphorismus-Überschrift denken?

Gläubige

Wahrscheinlich an »fromme Menschen«, Katholiken, Protestanten … Der Textanfang bringt die erste Überraschung.

Gläubige

Atheisten sind die wahren Gläubigen;

»Wieso denn das?«, mögen wir spontan fragen. Antwort:

Gläubige

Atheisten sind die wahren Gläubigen;
sie glauben ihr Nein wirklich.

Spüren Sie den unausgesprochenen Gegensatz, den indirekten, aber deutlichen Hinweis auf die Angehörigen unserer Religionsgemeinschaften, auf jene netten, freundlichen »Gläubigen«, die eine »kommode Religion« (Büchner) lieben und praktizieren, eine Religion, die wenig abverlangt, in der man sich bequem einrichten kann, die das im Grunde schwere Gewicht einer Religion durch Lippenmoral ersetzt?

Hier könnte der Text bereits enden, und er wäre ein ganz normaler Aphorismus. Aber nein, nun wird's, mit einer dritten Zeile, erst richtig schwierig.

Gläubige

Atheisten sind die wahren Gläubigen;
sie glauben ihr Nein wirklich.
Ausnahmen haben nichts zu sagen.

Das Wort »Ausnahmen« lässt sich zunächst auf die »gläubigen Atheisten« beziehen, und es vermittelt uns dabei gleich einen ungewöhnlichen Gedanken. Nämlich: Auch unter den Atheisten gibt es

Ausnahmen, Menschen, die sich ihren Unglauben in Wirklichkeit einreden, deren Glaube jedoch nur zugeschüttet, verdrängt, versteckt ist.

Zugleich ist »Ausnahmen« aber auch auf die Mitglieder unserer Religionsgemeinschaften zu beziehen. Auch unter den vielen … allzu vielen Lippenchristen gibt es Ausnahmen, also überzeugend gläubige Menschen.

Das Verhältnis in den beiden Gruppen ist nun kompliziert: weil umgekehrt. Parallelität wäre:

> Unter den Atheisten sind die Ausnahmen versteckte Gläubige.
> Unter den Gläubigen sind die Ausnahmen versteckte Ungläubige.

Doch so ist es nicht. Sondern – in Form einer anderen Parallelität – so:

> Ausnahmen unter den vielen Überzeugungs-Atheisten: versteckte Gläubige.
> Ausnahmen unter den vielen Schein-Gläubigen: versteckte Gläubige.

Abschließend kommt noch eine aufschlussreiche Aussage in Form einer Doppelbedeutung hinzu:

Erste Bedeutung:	Die versteckten Gläubigen unter den Atheisten spielen wegen ihrer geringen Anzahl keine Rolle.
	Die versteckten Gläubigen unter den Schein-Gläubigen spielen wegen ihrer geringen Anzahl keine Rolle.
Zweite Bedeutung:	Beide Gruppen, obwohl sie die interessantesten sind, haben in ihren Unglaubens- bzw. Glaubensgemeinschaften »nichts zu melden«.

Und um nun mit einem Aphorismus über verschiedene Arten von Aphorismen, wie sie hier dargestellt sind, zu enden, noch dies:

Aphorismen, die nur witzig sind,
gleichen rotbackigen Äpfeln ohne Vitamingehalt.

Der Denkweg zu Aphorismen und die Formulierung von Aphorismen – als Ende einer langen Gedankenkette – ist etwas für Menschen, die sich gern »ihre eigenen Gedanken machen« und Freude daran haben, andere an ihren Überlegungen teilnehmen zu lassen.

Andere teilnehmen lassen: Hat das Lesen von Aphorismen nicht auch ganz besondere Vorzüge? Eine von vielen doppelt belasteten Frauen sagt: »Früher habe ich des Öfteren ein Buch gelesen. Heute komme ich zu gar nichts mehr!«

Schade, nicht wahr? Aber dem lässt sich abhelfen. Zeit, um einen zweizeiligen oder vierzeiligen Aphorismus zu lesen, die haben wir immer. Und diese paar Zeilen haben, wenn sie gut sind und uns etwas angehen, die Eigenschaft, sich in unserem Kopf festzuhaken. »Das ging mir nicht aus dem Kopf!«, pflegen wir zu sagen. Im Wartezimmer, an einer Haltestelle, auf einer Autofahrt … in so zahlreichen kleinen Pausen können wir den Faden des gelesenen Aphorismus fortspinnen, uns Gedanken machen und vielleicht davon profitieren. Das Formulieren, aber auch das Lesen von »Gedankensplittern« lohnt sich.

»Kommt, reden wir zusammen ...«

Wer redet, ist nicht tot.« Diese berühmte Aufforderung, was hat Gottfried Benn damit wohl gemeint? Zum Beispiel unsere allwöchentlichen Talkshows?

Was ist das, eine Talkshow? Laut Duden: (Ferns.): *Unterhaltungssendung, in der ein Gesprächsleiter [bekannte] Personen durch Fragen zu Äußerungen über private, berufliche u. allgemein interessierende Dinge anregt:*« [...] Ein Gesprächsleiter – wir ergänzen: eine Gesprächsleiterin – moderiert ein Gespräch. Zu den bekanntesten zählen zurzeit Wieland Backes' »Nachtcafé«, Sabine Christiansens »Talk-Magazin« und Maybrit Illners »Berlin Mitte«. Während man die »Nachtcafé«-Veranstaltung durchweg ein Gespräch nennen kann, fällt das bei den beiden anderen »Talkrunden« oft schwer.

Vor allem wenn Politikprofis beieinander sitzen, weiß man bei bestimmten Teilnehmenden: Anfangs sind alle freundlich, höflich, diszipliniert, etwa im letzten Drittel verwandelt sich die Gesprächsrunde in eine Schimpf- und Schreirunde, in der nur noch der eigenen Stimme und Stimmgewalt Geltung verschafft werden soll. In dem dann vorherrschenden Redechaos ist für die Zuhörenden kaum noch etwas zu verstehen, und die gegenseitigen Anschreiereien gehen bis zu Beleidigungen wie »Halt die Schnauze!«. Selbst Menschen, die an den politischen Themen interessiert sind, pflegen in diesen Phasen des undurchdringbaren Durcheinanders und der Entgleisungen abzuschalten.

In einer anderen Runde war einmal der Mitbegründer des NWDR, dann aber entlassene und schließlich zum DDR-Chefideologen avancierte Karl Eduard von Schnitzler eingeladen. Die übrigen Teilnehmer, Westjournalisten, fielen in wildem Durcheinander so über ihn her, dass man befürchten musste, er werde jeden Augenblick explodieren. Aber – nichts dergleichen. Schnitzler blieb so lange wortlos, bis er vom Moderator gefragt wurde, und brachte dann in normaler Lautstärke seine Antworten an. Das Traurige dabei: Ein ehemaliger DDR-Prominenter führte die ach so demokratischen Westler regelrecht vor: indem er ihnen zeigte, was ein Gespräch ist. Willy Brandt, der Zuhören für eine besonders in der Demokratie unabdingbare Tugend hielt, hätte vermutlich Freude an ihm gehabt – nicht an seinen Auffassungen, aber an seiner Gesprächshaltung.

Nicht enden wollendes verbales Übereinanderherfallen, so etwas ist kein Gespräch, sondern eine Zumutung.

Auch kein Gespräch ist das, was allzu oft in Freundes- oder in Familienkreisen geschieht, hier allerdings meistens nicht in böser Absicht, sondern… ja, warum? Weil manche Menschen ein so ausgeprägtes Redetalent haben, dass sie andere kaum oder gar nicht zu Wort kommen lassen – und das nicht einmal merken. Dauermonologe, bei denen die anderen nur höflich nicken oder mit sprachlichen Restbrocken zustimmen, auch die sind keine Gespräche.

Was gehört wesentlich zu einem Gespräch? Das Stichwort ist schon gefallen: zuhören. Einen sehr schönen Beitrag zu diesem überaus wichtigen Thema hat der Philosoph Dr. Gerd B. Achenbach in einem Artikel geliefert, der 1992 in der Zeitschrift »texten + schreiben« erschienen ist. Mit freundlicher Genehmigung des Autors gebe ich ihn hier wieder (noch in alter Rechtschreibung), als bedenkenswerte Stellungnahme zum Thema »Gespräch« und zugleich als ein Beispiel für einen Leitartikel.

Eingelassenheit – oder: Zuhören ist die Seele des Gesprächs

Dr. Gerd B. Achenbach

Deutsches Sprichwort: »Schwatzen lernt man früher als zuhören.« Und übrigens zu hören auch eher als zuzuhören. Ersteres ist eine Gabe der Natur, zweites ein Vermögen, über das nur wenige verfügen: niemand, dem es einfach zufiele, denn zuhören können ist eine Kunst. Dabei ist zuzugeben, daß zuzuhören manchmal selbst dem Begabtesten schwerfällt. Was unterstreicht: Ein guter Zuhörer zu sein ist nichts, was sich von selbst versteht.

Wenn nun einer sagte, ihm gehe es damit ganz anders, ihm falle es leicht, anderen beim Reden den Vortritt zu lassen, er dränge sich gar nicht danach, das große Wort zu führen, und höre eigentlich lieber zu – dann: Vorsicht! Vielleicht ist, der da widerspricht, nur ein Phlegmatikus? Womöglich ist, was er mit der Kunst zuzuhören verwechselt, nur Mundfaulheit und Bequemlichkeit, die ihre Ruhe will. Oder kennen Sie diesen Typus etwa nicht, der den Redefluß bloß apathisch erträgt, den Gesprächsduldertyp? Hin und wieder nickt er beflissen mit dem Kopf, zur Abwechslung schüttelt er ihn und sagt »So, so« und »Ist nicht wahr!« und »Ach so?«, und dann wieder schaut er auf, als wollte er fragen: »Wie? Ihr seid immer noch nicht fertig?«

Nein, das sind keine Zuhörenden, das sind Dickhäuter. Und Trägheit werden wir nicht mit der Tugend des Zuhörens verwechseln. Denn zuzuhören ist keine Passivität, sie ist äußerste Aktivität; und zwar eine, für die eigens ein neues Wort erfunden werden sollte. Vielleicht, um einen Vorschlag zu wagen: Eingelassenheit.

Ich weiß, mein Vorschlag wird nicht Karriere machen. Neue Begriffe einzuführen ist ja auch keine Kleinigkeit. Dennoch, und nur für dieses eine Mal, will ich es mir erlauben und erläutern, warum mir dieser Ausdruck gefiele, wenn es ihn gäbe.

Eingelassenheit: das erinnert zunächst an Gelassenheit. Also an jene hohe Tugend der weisen Griechen und klugen Römer, ohne die niemand wirklich Zuhörer ist. Nicht nur, daß sie den Hörenden anhält, den anderen »zu lassen«, ihm Zeit einzuräumen und Ruhe zu gönnen, damit er ausreden kann, was er angesprochen hat; sondern Gelassenheit ist auch als die Fähigkeit nötig, zeitweilig von eigenen Wünschen, Gedanken und Vorstellungen Abstand zu nehmen, zu sich selbst auf Distanz zu gehen – jedenfalls solange wir Zuhörende sind. Zuhören heißt nämlich: »beim anderen« und zugleich »bei der Sache« zu sein, und zwar bei der, die eben jetzt »die Sache« des anderen ist.

Drängt sich hingegen allzu aufdringlich das Eigene dazwischen, wird das Zuhören zur Qual und dem Redenden das Reden ebenso. Peter Sloterdijk: »Wer nicht hören will, läßt fühlen.« Und wer ist es, der nicht hören will? Dem der Kram im eigenen Kopf um jeden Preis wichtiger ist als das, was er von anderen erfahren könnte.

Doch zurück zu meinem Kunstwort, zur »Eingelassenheit«. Klingt darin nicht auch das Tätigkeitswort »einlassen« mit? Sogar in doppelter Form. Einmal nämlich transitiv als »jemanden einlassen« – wir lassen ihn zu uns herein im bildlichen Sinne, wenn wir ihm zuhören –, und dann auch reflexiv als »sich einlassen«: Indem wir zuhören, lassen wir uns auf den anderen ein.

Und noch mehr! Es ist, als seien alle Assoziationen und Sinn-Evokationen willkommen, die das Wort in sich birgt. Wir lassen uns, hören wir zu, nicht nur auf einen anderen ein; im strikten Sinne läßt sich der Zuhörende auch mit jemandem ein. Wir wissen, welche grundlegende Bedeutung diesem Aspekt in der Friedensdiplomatie zukommt: Wer sich an den Verhandlungstisch setzt und den Gegner auch nur anhört, läßt sich bereits »mit ihm ein«; selbst dann, wenn es beim Anhören bleibt und zum Zuhören noch nicht reicht.

Am treffendsten aber, scheint mir, wird das, was den Namen Zuhören wirklich verdient, mit dem geläufigen Bild erläutert, das vom Zuhörenden sagt, er »leihe« dem, dem er zuhört, »sein Ohr«.

Wer sich diese Metapher ansieht, als begegne sie ihm zum ersten Mal, wird finden: Ein merkwürdiges Bild! Einem anderen, der für sich selbst nicht zu sprechen weiß, »seine Stimme leihen« – das ist leicht zu verstehen. So spricht einer mit seinem Mund für den anderen, wird Fürsprecher.

Aber »sein Ohr leihen«? Ist es denn so, daß der, dem ich zuhöre, selbst keine Ohren hätte und nun meine als Ersatz brauchte? Doch wohl nicht. Und dennoch ist das Bild genau zu nehmen:

Wenn ich mein Ohr dem anderen leihe, »gehört« es ihm, ist es – leihweise – sein Ohr. Aber: Es ist ein geliehenes Ohr und nicht das eigene. Aus der Sicht dessen, der das Glück hat, einen Zuhörer gefunden zu haben, heißt das also: Da hört ein Ohr, als ob es mir gehörte, und es ist doch nicht mein eigenes. Es ist mir, indem es mir zuhört, zugehörig und doch nicht eins mit mir – denn andernfalls wäre es, als führte ich Selbstgespräche. Oder: Der mir zuhört, ist mir nah und »bei mir« und ist doch zugleich ein anderer, hat mir nur sein Hören geliehen.

Besser als mit diesem Bild des ausgeliehenen Ohres ist kaum auszudrücken, daß nur der zuhört, der nicht hört, was er hören will, sondern: was der andere von sich hören läßt.

»Laß wieder von dir hören!« Ist es mit dieser schönen Grußformel ernst gemeint, heißt sie: »Melde dich, damit ich weiß, daß du noch lebst!« Nur die Lebenden sprechen und – hören zu. »Kommt, reden wir zusammen ... wer redet, ist nicht tot.«

Wie ist dieser Leitartikel angesetzt und aufgebaut? Alles kommt von dem einen Wort her: zuhören. Und dieses Wort hat der Autor durch sein Kunstwort »Eingelassenheit« ergänzt, das eigentlich sehr nahe liegt: Wer jemandem zuhört, lässt sich auf ihn und mit ihm ein. Um diese beiden Begriffe herum entwickelt der Autor seine Gedanken zum Thema »Gespräch«.

Daraus ist zu lernen, dass uns die Sprache außerordentlich behilflich sein kann, wenn wir nicht recht wissen, wie wir eine Sache angehen sollen. Gerade der Anfang eines Leitartikels – und ebenso einer Rede – bereitet oft Kopfzerbrechen.

Nehmen wir uns ein paar beliebige Themen vor, und versuchen wir, den Beistand der Sprache zu bemühen, so dass sie uns einen plausiblen, sinnvollen, wenn möglich reizvollen Start liefert.

1. Der Duden – ein unentbehrlicher Helfer
2. Kreativität – was hat es damit auf sich?
3. Textverarbeitung – eine merkwürdige Entwicklung!

Zu 1: Der Duden – ein unentbehrlicher Helfer

Was bedeutet das Wort »Duden«? Natürlich, es ist die Bezeichnung eines Rechtschreibwörterbuchs. Stimmt zwar, aber das ist keine Antwort auf die Frage: Was bedeutet dieses Wort? Ach ja, natürlich! Duden, das ist der Name, den ein Lehrer in Bad Hersfeld trug: Konrad Duden. Und was hat der mit diesem Wörterbuch zu schaffen?

Konrad Duden (1829–1911), Philologe, Gymnasiallehrer, zuletzt in Bad Hersfeld, hatte Mitleid mit den Schülerinnen und Schülern. Die deutsche Rechtschreibung drohte chaotisch zu werden. Immer wieder neue Wörter für immer wieder neue Sachen (Wissenschaft, Technik, Wirtschaft) mussten gebildet werden. Aber wie? Nach welchen Regeln? Nach welcher gültigen Rechtschreiblehre?

Konrad Duden trat für eine Vereinheitlichung der Rechtschreibung ein, und mit seinem »Vollständigen orthographischen Wörterbuch der deutschen Sprache« wurde er wirklich zum Wegbereiter der Einheitsrechtschreibung, die durch staatliche Beschlüsse auf der Orthographiekonferenz im Jahre 1901 geschaffen wurde. Dabei, so heißt es, sei er keineswegs mit allem einverstanden gewesen, was schließlich zu »beschlossener Sache« wurde, aber – die Einheitlichkeit sei ihm wichtiger gewesen, als an dieser oder jener Stelle seinen Willen zu bekommen.

Zu 2: Kreativität – was hat es damit auf sich?

Das Wort »Kreativität« wird meistens mit »Schöpferkraft« übersetzt. Konkreter wird das Gemeinte, wenn wir den Ausdruck zunächst einmal einschränkend auf Sprachliches beziehen. Fremdwortduden: »Teil der Kompetenz eines Sprachteilhabers, neue, nie zuvor gehörte Sätze zu bilden u. zu verstehen.«

Auf Wissenschaft, Kunst, Wirtschaft, kurz: auf alles, bezogen, bedeutet das: etwas schaffen, was es vorher nicht oder zumindest so noch nicht gegeben hat.

Das heißt aber auch: Wenn ich zum Beispiel einen Begriff aus der Technik auf die Medizin übertrage und dadurch Abläufe im menschlichen Körper anschaulich mache – auch dann war ich kreativ tätig.

Zu 3: Textverarbeitung – eine merkwürdige Entwicklung

Der Ausdruck bedeutete anfangs einmal genau das, was er sagt: die Verarbeitung von Texten. Nein, doch nicht so ganz. Einen Text verarbeiten heißt ja: einen Text haben, aus dem wir dann etwas Bestimmtes machen. Gemeint war hier aber in erster Linie: einen Text nicht *ver*arbeiten, sondern *er*arbeiten. Noch genauer bedacht, können wir die Textverarbeitung dennoch gelten lassen. Denn wann immer wir einen Text *er*arbeiten, *ver*arbeiten wir Textstücke, die in unserem Kopf schon vorhanden sind, die gespeichert sind, jederzeit abgerufen und zu völlig unterschiedlichen sprachlichen Gebilden zusammengefügt werden können.

Da natürlich das »Verarbeiten« im engeren Sinne ebenfalls eingeschlossen war, wurde »Textverarbeitung« zu einem Gesamtbegriff, der alles umfasste, was mit der Textherstellung verbunden war.

Da gab es die Textprogrammierung zu Textbausteinen, die in Textprogrammen und die wiederum in Texthandbüchern zusammengefasst wurden. Und da gab es, immer perfekter werdend, die automatische Textbausteinverarbeitung. Daneben wuchs der ebenso wichtige und später sogar beherrschende Zweig der »Textbearbeitung«. Damit war und ist gemeint: Ein Text wird bearbeitet, indem er – die einfachste Form – von Fehlern oder auch stilistischen Schwächen befreit wird. Im weiteren Sinne gehört jede Textüberarbeitung dazu. Das Bahnbrechende: Keine Neuschriften mehr! Alle Änderungen sind einfach und schnell maschinell zu bewerkstelligen.

Wenn heute von »Textverarbeitung« die Rede ist, dann bezieht sich die Aussage so gut wie nie mehr auf die Seite »Text«, sondern durchweg nur noch auf die Seite »Verarbeitung«. Der Text – die Qualität des Textes – ist leider weitgehend auf der Strecke geblieben. So sehen viele Texte dann auch aus.

Zusammengefasst:

Wer sich fragt: »Wie fange ich meine Rede bloß an? – Wie beginne ich meine schriftliche Ausarbeitung?«, mache einfach zuerst einmal einen Versuch mit diesem oder jenem Wörterbuch. Ob Duden, »Das große Wörterbuch der deutschen Sprache« von Duden, Dudens »Deutsches Universalwörterbuch von A – Z«, ob Fremdsprachen-, Herkunfts- oder Bedeutungswörterbuch – hier oder da oder dort nachzuschlagen, das lohnt sich allemal, und meistens ist damit die Aufgabe »Sinnvoll beginnen!« schon gelöst.

Briefe, Briefe, Briefe …

Anfang der 90er Jahre hieß es, nun nahe das papierlose Büro. Die neuen Medien machen es möglich, so glaubte man. Was ist geschehen? Noch nie sind so viele Briefe geschrieben, verschickt, empfangen worden wie heute, zu Anfang des 21. Jahrhunderts. Und sogar die neuen Medien haben kräftig dazu beigetragen.

Und dabei ist zu bedenken: Ob wir nun ein Fax oder eine E-Mail wählen – statt des guten alten Briefs im engeren Sinne –, die Texte müssen formuliert werden. Anfangs dachte man, diese Formulierarbeit sei nicht gar so aufwendig und schwierig wie das Briefeschreiben, man dürfe sich da eben sehr viel lockerer geben (das heißt: sich schludriger ausdrücken). Irrtum. Inzwischen gibt es Vorstandsvorsitzende, die für ihr Unternehmen festgelegt haben, dass E-Mails genauso sorgfältig zu formulieren seien wie »normale« Briefe. Richtig. Brief ist Brief. Die neuen Medien liefern uns lediglich eine neue Übertragungsart. Eine beinahe schnoddrige oder schludrig formulierte Information, als E-Mail gesendet, verursacht ebenso viel Verärgerung und Schaden, wie sie hervorriefe, wenn sie auf traditionellem Briefweg übermittelt worden wäre.

Aber wenden wir uns von der Geschäfts- der Privatkorrespondenz zu. Und in diesem Fall meine ich nicht den Briefwechsel zwischen Verwandten und Bekannten, sondern den Briefwechsel zwischen Privatpersonen und »öffentlichen« Personen.

Nehmen wir an, Sie sehen einen TV-Gesundheitsratgeber. Dort wird viel über das gute und das böse Cholesterin gesagt. Sie haben ein Buch gelesen, von angesehenen Ärzten und Medizin-Forschern geschrieben, die das Ganze für schlimmen Unfug halten. Also rufen Sie an, um zu fragen, was es damit auf sich hat. Da viele, aus verschiedensten Gründen, anrufen, kommen Sie nicht durch. Wenn Ihnen dergleichen dreimal passiert ist, geben Sie's auf und bleiben lieber in Ihrem Sessel sitzen, statt ans Telefon zu wandern. Was bleibt? Schreiben Sie doch einfach einen Brief!

Ein Brief hat viele Vorteile: a) Sie müssen genau sagen, was Sie meinen. Das heißt, Sie bedenken die Sache noch einmal, vielleicht mehrfach. b) Sie haben die Aufgabe – und den Spaß – zu formulieren, was Sie meinen. c) Sie erreichen die zu fragende Person und sind in Ihrer Fragezeit nicht begrenzt (den Brief können Sie über den Sender leiten). Sie bekommen in der Regel eine schriftliche Antwort.

Wer an vielem interessiert ist und außerdem gern schreibt, dem kann ein solcher Briefwechsel eine Menge Spaß machen. Und er lernt dabei auch noch dazu. Es geht ja nicht nur um Medizinsendungen. Das war hier nur ein Beispiel. Briefe an Firmen, an die Verantwortlichen von Sendungen wie Monitor, WISO oder Frontal und vor allem Briefe an Politiker – ein weites Feld. Beispiele?

Briefe an Fernseh-»Stars«

Ich habe einmal an Frau Dr. med. Antje-Kathrin Kühnemann geschrieben und ihr, im Zusammenhang mit einer von ihr moderierten Sendung, mehrere Fragen gestellt. Aus ihrer ausführlichen Antwort:

> »vielen Dank für Ihren Brief. Ich freue mich sehr über Ihre Anerkennung. Das tut gut!«

Wenn Sie etwas anerkennen können, auch falls Sie im Übrigen widersprechen oder gerade dann, tun Sie es. Anerkennung lässt die Adressaten lieber antworten (wem ginge das nicht so!).

> »Die roten Trauben enthalten in der Tat einen besonders hohen Gehalt hochwirksamer Antioxydantien. Um diese Substanzen geht es ja auch bei der gesamten Weindiskussion. Ich selbst bin kein Befürworter des ›steten Tropfens‹. Es ist nicht sinnvoll, Wein als Nahrungsergänzungsmittel zu betrachten, sondern als Genussmittel, das zu besonderen Gelegenheiten geschätzt und auch erlaubt ist.«

Die Frage, ob auch roter Traubensaft die erwünschten »hochwirksamen Antioxydantien« liefere oder nur der Rotwein, wurde beantwortet und zusätzlich durch eine Stellungnahme zum Thema Weintrinken überhaupt ergänzt.

»Was die Eier angeht…«

Hier ging es dann um regelmäßiges Essen von Eiern (das perfekte Nahrungsmittel) und die Gefahr einer Erhöhung des Cholesterinspiegels. Auch diese Frage beantwortete unsere Fernsehärztin recht ausführlich.

Mit unseren Politikprofis sieht das allerdings meistens anders aus. Während des Kampfes um die von den Länderfürsten durchgesetzte Rechtschreibreform habe ich mehreren Ministerpräsidenten ein paar wichtige Fragen gestellt. Geantwortet wurde immer. Die Qualität der Antworten war teilweise… na, Schwamm drüber.

Am 6. Dezember 2002 schrieb ich an den Herrn Bundestagspräsidenten. Einer der Punkte, zu denen ich gern eine Stellungnahme gehabt hätte, war dieser:

> Grundgesetz der Bundesrepublik Deutschland, Artikel 21 (1): »Die Parteien wirken bei der politischen Willensbildung des Volkes mit.« Ergänzend aufgrund der uns belehrenden Praxis: In wichtigen Fragen wirken die Parteien an der Willensbildung des Volkes nicht mit: Sie setzen den Willen einer breiten Mehrheit des Volkes außer Kraft. Zum Beispiel: Euro-Einführung, Rechtschreibreform.

Dazu und zu vier weiteren fragwürdigen Punkten war in einem Antwortbrief der Referentin des Referats Kommunikation des Bundestagspräsidenten kein Wort zu lesen. Es gab lediglich eine Antwort zu dem Komplex »Wahlversprechen« (im Sinne der Regierung). Außerdem bekam ich immerhin noch zwei mehrseitige »Politische Jahresrückblicke des Bundestagspräsidenten«, die aber zu meinen Fragen auch nichts lieferten.

Nicht nur die Inhalte von Antworten auf Briefe können interessant sein, interessant ist auch, immer wieder, worauf die Befragten *nicht* eingehen, wo sie sich die Sache leicht machen. Weil sie keine Zeit haben? Oder weil sie keine sinnvollen Antworten wissen?

Kürzlich habe ich bei Tchibo zwei Wohlfühl-Leuchten gekauft. Ein Kommentar zu diesem Thema in einem Buch ließ mich bei Tchibo nachfragen. Ein freundlicher Mann rief an und beantwortete in einem gar nicht so kurzen Gespräch meine Fragen. Kompliment!

Als Langzeit-BMW-Fahrer habe ich nicht viel zu klagen. Bis auf einen Fall, als mich ein Neufahrzeug mit störenden Windgeräuschen an der Fahrertür ärgerte. Mehrere Werkstattbesuche brachten nichts. Ich schrieb an den damaligen Vorstandsvorsitzenden, Herrn Eberhard von Kuenheim. Seine Antwort:

> Sehr geehrter Herr Manekeller,
>
> ich danke Ihnen, daß Sie mich persönlich angeschrieben haben; denn die Erfahrungen, die Sie bisher mit Ihrem BMW-Coupé machten, interessieren mich natürlich.
>
> Es tut mir leid, daß Sie als guter Freund des Hauses BMW ausgerechnet mit Ihrem zweiten … die uns geschilderten Schwierigkeiten haben. Ihre Verstimmung ist verständlich.
>
> Selbstverständlich soll Ihnen schnellstens zu einem einwandfreien Fahrzeug verholfen werden. Über den Kundendienst werde ich veranlassen, daß Ihr Automobil von der Niederlassung in Bonn nochmals intensiv geprüft wird. Für die Dauer der erforderlichen Arbeiten erhalten Sie von unserer Niederlassung kostenlos einen Leihwagen.
>
> Ich möchte Sie deshalb recht herzlich bitten, mit unserer Niederlassung Bonn Verbindung aufzunehmen. Der dortige Betriebsleiter, Herr …, erwartet Ihren Anruf.
>
> Mit freundlichen Grüßen

Mehr zum Thema: siehe Kapitel »Beanstandungen, sich beschweren, mahnen …« Vielleicht werden Sie zu diesem ebenso freundlichen wie informativen, hilfreichen Brief sagen: »Der Herr Vorstandsvorsitzende hatte ja auch ein Interesse an dem Briefschreiber; er wollte den Kunden behalten.« Stimmt. Aber haben Politiker nicht ein ähnliches Interesse an ihren »Wählerinnen und Wählern«, wie das immer so schön korrekt heißt?

Zusammengefasst: Briefe dieser Art zu schreiben, das kann Spaß machen und kann nützlich sein. Probieren Sie es aus!

Briefe als Fachbuch

Gehen wir einen Schritt weiter, denn die Möglichkeiten des Mediums »Brief« sind mit der Fülle und Vielseitigkeit des privaten Einsatzes noch keineswegs erschöpft.

Anfang der 50er Jahre schrieb der in Schlesien geborene Schriftsteller und zugleich Leiter eines großen Textilunternehmens Dr. Ludwig Reiners »Briefe eines Unternehmers an seinen Sohn«, auf Anregung des »Industriekuriers«, der sie auch in regelmäßiger Folge veröffentlichte. Diese Wirtschaftsbriefe wurden für den betrieblichen Unterricht und für den Schulunterricht benutzt und fanden ihre zusammenfassende Einheit schließlich in einem Buch, das der Paul List Verlag München unter dem Titel »Die Sache mit der Wirtschaft« auf den Markt brachte.

Unter »Mein lieber Sohn« und »Lieber Sohn« gab Ludwig Reiners in diesem Buch Auskunft zu Fragen wie:

Können wir den Reichtum aufteilen?
Können wir die Armut abschaffen?
Braucht Deutschland mehr Kinder?
Vetorecht im Betrieb?
Eisenbahn und Auto
Soll man Aktien kaufen?
Die Börse – Sumpf oder Segen?
Wie macht man Krankenkassen kaputt?

Staatshilfe – aber aus welcher Tasche?
Vollbeschäftigung – aber wie lange?

Lauter Fragen, die uns heute noch oder wieder oder vermehrt beschäftigen! Der Brief ist also, neben vielem anderem, auch eine Form, in der sich Fachwissen, zum Beispiel wirtschaftswissenschaftliche und wirtschaftspraktische Fragen und Probleme, sehr gut verpacken und darstellen lässt.

Sie sind Versicherungskauffrau, sie sind Personalfachmann, Informatiker, Meteorologe? Warum nicht Ähnliches wie Reiners auf Ihrem Fachgebiet schreiben?

Dichter-Briefe

1967 erschien bei dtv ein vorher im Limes Verlag veröffentlichtes Buch mit dem Titel »Gottfried Benn: Das gezeichnete Ich – Briefe aus den Jahren 1900–1956«. In der Einleitung:

> »Das gezeichnete Ich!: mit dieser letzten Zeile aus seinem berühmten Gedicht ›Zwei Dinge‹ hat Gottfried Benn eine Formel für die eigene Existenz gefunden [...] wie die hier in Auswahl vorgelegten Briefe faszinierend ausweisen.«

Faszinierend! Und weiter:

> »So sind diese Briefe mehr als nur eine private Korrespondenz. Sie sind innere Selbstbekenntnisse eines Dichters, der zu den größten der Jahrhundertmitte gezählt wird.«

Dass Briefe, in privater wie in veröffentlichter Form, keine Modeerscheinung, sondern eine traditionsreiche Textsorte sind, zeigen uns Überlieferungen aus dem Altertum. In dem Taschenbuch »Briefe der Weltliteratur« (Kindler Verlag, 1964) sind Briefe von Platon, Isokrates, Demoskenes, Epikur, Paulus, Basileios und Julian zusammengefasst. Ein ganz kurzer Brief, von Platon an Aristodoros geschrieben, mag als Beispiel genügen.

> Platon dem Aristodoros gut zu leben. Ich höre, daß Du jetzt zu den engsten Vertrauten des Dion zählst und das schon von jeher gewesen bist, darin die weiseste philosophische Gesinnung übend. Denn Beständigkeit, Treue, Geradheit, das ist, wie ich behaupte, die echte Philosophie; andere und anderes bezweckende Denkarten und Fähigkeiten nenne ich Feinspinnereien – wie ich glaube mit Recht.
>
> Lebe wohl und bleibe Deiner jetzigen Gesinnung treu.

Interessant die Art, wie man sich damals brieflich begrüßte. Mit den »anderes bezweckenden Denkarten« meinte Platon das Schauspiel, die Lyrik und dergleichen, Darstellungsformen, denen er offenbar nichts abgewinnen konnte.

Friedrich Nietzsche schrieb in seinem Werk »Die fröhliche Wissenschaft«:

> Denn das Leben auf der Jagd nach Gewinn zwingt dazu, fortwährend seinen Geist bis zur Erschöpfung auszugeben, in beständigem Sich-Verstellen oder Überlisten oder Zuvorkommen; die eigentliche Tugend ist jetzt, etwas in weniger Zeit zu tun als ein anderer. Und so gibt es nur selten Stunden der *erlaubten* Redlichkeit: in diesen aber ist man müde und möchte sich nicht nur »gehen lassen«, sondern lang und breit und plump *sich hinstrecken.* Gemäß diesem Hange schreibt man jetzt seine *Briefe*; deren Stil und Geist immer das eigentliche »Zeichen der Zeit« sein werden.

Stil und Geist unserer Briefe: »immer das eigentliche ›Zeichen der Zeit‹«!

Mein Tagebuch

Wer hat nicht schon einmal, irgendwann im Leben, Tagebuch geführt, als Schulkind, als Erwachsener, als gereifter Fünfziger oder – nicht das Schlechteste – im Alter!?

Das Tagebuch spielt des Öfteren in Filmen eine wichtige Rolle, zum Beispiel, weil Mütter allzu gerne wüssten, was im Leben ihrer Tochter so vorgeht. Meistens führt das zu den heftigsten Auseinandersetzungen: Verletzung der Intimsphäre!

In meinem Tagebuch, das niemanden außer mir etwas angeht, darf ich so schreiben, wie ich will. Da gibt es keine Regeln für korrektes Deutsch, keine DIN 5008, keine Stilfragen… Ich darf schöne und ganz lange Schachtelsätze bilden (die vielleicht außer mir kaum einer versteht), ich darf aber auch in Stichworten schreiben, ausgefeilt formulieren oder notizhaft hinwerfen – alles ist erlaubt.

Und der Nutzen liegt auf der Hand. Der Nutzen für uns selbst. Ich kann etwas später, auch 30 Jahre später, mir ins Gedächtnis rufen, was ich seinerzeit gedacht, erlebt, angestrebt habe. Es kann aber auch Nutzen für Kinder und Enkelkinder haben. Wer, wenn wir Älteren tot sind, könnte ihnen noch vom großen Krieg, vom Zweiten Weltkrieg, erzählen und berichten – allein Menschen, die es selbst nur aus zweiter Hand haben.

Heute erwarte ich gerade eine Fernsehdokumentation über die Zerbombung der deutschen Städte und die Frage – so ist es angekündigt –, warum die Amerikaner zwar (kriegsrelevant unsinnig) Atombomben über Japan, aber nicht über Deutschland abgeworfen haben. Ich bin gespannt, denn ich habe Bombennächte erlebt. Ich habe immer noch die Flugzeuggeräusche im Ohr, sehe die Lightnings auf mich zukommen, wate anschließend durch die Trümmer und befürchte, dass die brennenden Häuser den Angreifern nachts als Wegweiser dienen könnten, flüchte in den Wald … und so weiter.

Leider habe ich damals kein Tagebuch geführt. Und wenn meine Enkelkinder nach jener Zeit fragen, muss ich sie aus meinem Gedächtnis hervorkramen, was vielleicht gar nicht mehr so genau sein kann, als wenn ich die Ereignisse damals schriftlich festgehalten hätte.

Dass es nicht nur berühmte Brief-Bücher, sondern auch viele und mancherlei berühmte Tagebuch-Bücher gegeben hat und gibt – wen wundert's! Eins dieser hervorragenden Tagebücher liegt neben mir. Titel: »Aus dem Tagebuch des Witold Gombrowicz« (dtv, 1966).

Einerseits lesen wir die Überzeugung:

> In mir spukt die Überzeugung, daß ein Schriftsteller, der nicht über sich selbst zu schreiben vermag, unvollkommen ist.

Andererseits erfahren wir von des Autors Zweifeln:

> Ich schreibe dieses Tagebuch mit Unlust. Seine unaufrichtige Aufrichtigkeit quält mich. Für wen schreibe ich? Wenn für mich, warum geht es dann zum Druck? Und wenn für den Leser, warum tue ich dann so, als spräche ich mit mir selber? Sprichst du mit dir so, daß dich andere hören sollen?

Zurück zu unseren prosaischen Alltags-Tagebüchern! Ich schreibe, wie mir der Schnabel gewachsen ist, wie er mir gerade an diesem und dann wieder an einem anderen Tag gewachsen ist. Und wenn ich Lust habe, jongliere ich mit Abkürzungen, die für Fremde unverständlich sind. Zum Beispiel:

> Sptt 1 – 5, 129:82/68

Das heißt (ich verrate es ausnahmsweise): Morgens zwischen 5 und 6 Uhr mit dem Hund spazieren gegangen, dann einige gymnastische Übungen gemacht, und zwar meine Gewohnheitssequenzen 1 bis 5. Blutdruck 129 zu 82, Puls 68.

Andere schreiben ihr Tagebuch, wie ich weiß, in Kurzschrift. Da Kurzschrift heute kaum noch gelehrt und beruflich kaum noch angewandt wird, ist es fast wie eine Geheimschrift, zusätzlich das Lesen erschwerend durch die jeweilige spezielle Handschrift.

Also: Das Tagebuch ist eine Möglichkeit, sich schreibend Rechenschaft zu geben, Ereignisse festzuhalten, möglicherweise – ausnahmsweise – auch auf diesem Weg ein Buch zu schreiben.

Unsinn im Sinn

Würde es nicht Spaß machen, gelegentlich auch einmal Unsinn zu schreiben? Ist Unsinn nur Unsinn oder, vielleicht versteckt, manchmal auch Sinn? In dem Buch (Verlag Ehrenwirth, 1968; wahrscheinlich nicht mehr im Handel) mit dem Titel »Unsinn in Poesie und Prosa« finde ich unter vielen anderen diese Namen:

- Matthias Claudius
- Johann Wolfgang von Goethe
- Wolfgang Amadeus Mozart
- Georg Christoph Lichtenberg
- Emanuel Geibel
- Bertolt Brecht
- Kurt Tucholsky
- Georg Büchner
- Franz Kafka
- Günter Eich
- Christian Morgenstern
- Yvan Goll
- Federico Garcia Lorca
- Joachim Ringelnatz
- Günter Grass
- Georg Kreisler

Respektabel, nicht wahr? Der Philosoph Odo Marquardt: »Der Sinn – und dieser Satz steht fest – ist stets der Unsinn, den man lässt.« Aber um das tun zu können, müssen wir den Unsinn erst einmal erkennen – und bis zu einem gewissen Grade sogar als allgemein menschliches Merkmal anerkennen.

Gelegenheiten für »Unsinn«-Texte gibt es jeden Tag; sie liegen auf der Straße oder im Garten, im Wohnzimmer, auf dem Fußballplatz …

Bei mir funkte es kürzlich, als ich mich nach 20-jähriger Enthaltung mal wieder als Schlittschuhläufer aufs Eis traute, wie viele andere ältere Knaben auch. Vom sportlichen Spiel und Spaß abgesehen, gab es dort auch mancherlei Komisches zu sehen. Daraus wurde:

Winterfreuden

Wenn der Frost verschließt den See
und auf Bäumen liegt der Schnee,
geht so mancher gern aufs Eis
und – knallt hin – ach, so ein …

Schlittschuhlaufen, das ist fein,
doch es muss gekonnt auch sein;
sonst gibt es an allen Ecken
nur das eine: blaue Flecken.

Merke drum, du kühner Gleiter,
manchmal ist es viel gescheiter,
du bleibst froh bei heißem Tee
fern vom Eise auf dem See.

Ich schickte diesen Text einem Lehrer i. R., den ich dort auf dem Eise des Sees kennen gelernt hatte und der zwar durchaus, auch in seinem Alter, noch als Schlittschuhläufer eine gute Figur machte, aber bei allzu gewagten Schritten einen wundervollen Abgang in die Tieflage vorgeführt hatte. Unser Lehrer war so begeistert, dass er mich gleich anrief, um mir eben das mitzuteilen. Wir blieben im Gespräch, eine neue, interessante Bekanntschaft war geboren.

Vielleicht fragen Sie: »Wie komme ich auf passende Reime?« Kein Problem. Tragen Sie nach einer Anfangszeile, die Ihnen gefällt, vielleicht mit Familienmitgliedern, irgendwelche Reimwörter zusammen, wild durcheinander. Das ist gut so, wie Kreuzworträtsel lösen. Irgendwann werden Sie etwas Geeignetes finden, was Ihnen weiterhilft, das heißt: das humoristische Gedichtlein vorantreibt.

Sicher ist Ihnen schon aufgefallen, dass viele Menschen außerordentlich beredsam und viele andere besonders schweigsam sind. Die einen kann man so gut wie niemals stoppen, aus den anderen kriegt man kaum etwas heraus. Eignet sich diese geradezu aufdringliche Alltagserfahrung nicht dazu, sie in zwei Gegensatzgedichten scherzhaft und nachsichtig festzuhalten?

Beredsamkeit

Der Mensch erlernt das Reden schwer,
doch dann vergisst er es nicht mehr:
So trifft's auf viele, viele zu,
die niemals, niemals geben Ruh.

Sie reden und reden den langen Tag,
und wer ihnen etwa nicht zuhören mag,
wird fest an des Redseligen Brust gedrückt,
bildlich gesprochen, und ist – entzückt.

Von was, von was um Himmels willen,
soll'n Redners Reden Lüste stillen?
Wovon soll'n all die Reden leben,
was soll die Mitwelt denn erheben?

Da schweigt der Stillen Höflichkeit,
zumal sie in der Minderheit
und jeder Widerspruch behände
in Wörtermeeren schnell verschwände.

Doch eines Tags, man hör gut zu,
hat selbst die redseligste Seele Ruh.
Und man erinnert sich ganz still:
»Der Worte war'n es doch recht viel.«

Die neue Rechtschreibung kam mit »behände« statt früher »behende« zu Hilfe.

Wortkargheit

Bevor der Mensch zu reden wusste,
er in der Stille da sein musste.
Doch dann: Der erste Schrei erklang –
er reichte manchem ein Leben lang.

Was immer nun noch kommen konnte,
das war doch nichts, was Schreien lohnte.
So zog er sich zurück ins Eck,
fürs Kommunikative war er weg.

Die andern waren voller Staunen
ob dieses Menschen seltsamer Launen,
der pflegte so das einzelne Wort
wie eines Schicksals heil'gen Ort.

Der kannte viel, des war man sicher,
bis hin wohl zu Dämongekicher,
bis hin zu Finsternis und Graus,
da ging einem glatt der Frohsinn aus.

Als er dann schließlich fuhr zu Grabe
mit seiner wörtlich kargen Habe,
sprach mancher laut es offen aus:
»Der war ein sonderbares Haus.«

Oder hätten Sie mehr Freude daran, Limericks zu schreiben? Vielleicht haben Sie sich gerade über der Korruption verdächtige Politiker in Köln geärgert. Naja, Kölner Klüngel! Aber – gibt's den nur in Köln?

Ein Politiker zog vom Rhein nach Berlin,
er wollte dem Kölner Klüngel entfliehn.
  Dort trank er ein Pils
  versackte im Filz.
Seine Weste ist nun doppelt so clean.

Oder Ihnen fallen Münchhausens Lügengeschichten ein.

Ein Mann aus Bodenwerder bei Hameln,
der konnte's nicht lassen zu fabeln.
  Er log wie verrückt,
  war selbst ganz entzückt.
Da musste die Welt seine Gaben beadeln.

Vielleicht haben Sie einmal ein Interesse oder sogar eine Vorliebe für Haikus bei sich entdeckt, jene japanischen Kurzgedichte nach strengen Regeln: fünf Silben in der ersten, sieben Silben in der zweiten, fünf Silben in der dritten Zeile. Zum Beispiel:

Ein Vogel am Weg.
Der Hund geht vorbei, ganz dicht.
Wir sehen uns an.

Das Haiku war ursprünglich ein Spottgedicht. Also spotten wir doch!

»Ehe brauch ich nicht«,
tönte das Singelchen keck
und schnappte nach Luft.

Schreiben Sie, wann immer Sie Lust dazu haben, und schreiben Sie das, wozu immer Sie Lust haben. Es gibt so viele Möglichkeiten, die Vielfalt hat jeder, und jedem hat die Sprache individuell Passendes zu bieten.

Am Leben teilnehmen: Leserbriefe

Haben Sie Lust, Leserbriefe zu schreiben? Ein guter Einfall! Vielleicht sind Sie durch Krankheit oder Behinderung oder Alter mehr oder weniger oder sogar ganz ans Haus gebunden, zugleich aber wollen Sie trotzdem am öffentlichen Leben teilnehmen. Da gibt es sicher zahlreiche Möglichkeiten. Eine dieser Möglichkeiten besteht aus zwei Teilen: Lesen und Leserbriefe schreiben.

Durchs Lesen, unter anderem, erfahren wir, was in der Welt, in unserem Land, in unserer Stadt, unserem Dorf, in unserer Nachbarschaft passiert und was diese oder jener darüber denkt. Durch unsere schriftliche Reaktion, zum Beispiel in Form von Leserbriefen, nehmen wir aktiv daran teil.

Leserbriefe, meistens an Zeitungen und Zeitschriften gerichtet, sind ein weites Feld. Wie kann ein Leserbrief aussehen? Sie sind böse, um nicht zu sagen fuchsteufelswild. Sie finden etwas hanebüchen? Sie fühlen sich verpflichtet oder ermuntert oder angetrieben, etwas richtig zu stellen? In Ordnung, schreiben Sie einen Leserbrief. Er kann ernsthaft ausführend, lustig, ironisch oder eine Mischung aus allem sein.

Auf diese Weise mischen Sie sich ein, halten Verbindung zum öffentlichen Leben. Und wahrscheinlich werden Sie auf einen Leserbrief hin, etwa in Ihrer Heimatzeitung, darauf angesprochen, von Verwandten und Bekannten, die Ihnen zustimmen oder widersprechen oder zu bedenken geben möchten. So haben Sie beim Kaffeekränzchen, beim Bierabend, bei Geburtstags- und sonstigen Feiern, bei der Begegnung auf der Straße sofort ein Thema für ein anregendes Gespräch – eins, das über Krankheit, Essen und Wetter hinausgeht.

Themen für Leserbriefe?

Sie liegen überall nur so herum.

Heute zum Beispiel lautet eine fette Überschrift im Kölner Stadt-Anzeiger »Ich bin kein alter Knochen«. Das sagt, wörtlich, ein 50-Jähriger, der – trotz Können und Erfahrung – keinen neuen Arbeitsplatz mehr findet. Traurig. Aber indem ich dieser Allgemeinerscheinung auf unserem Arbeitsmarkt nachsinne, denke ich auf einmal: »Wenn er sich mit 50 nicht als ›alten Knochen‹ betrachten will, dann muss es wohl, von ihm abgesehen, Menschen geben, die ›alte Knochen‹ sind und auch für ›alte Knochen‹, die zu nichts mehr nutze sind, gehalten werden dürfen.« Wer ist denn ein alter Knochen, von dem sich der Zitierte distanziert? Ein 60-Jähriger, eine 70-Jährige, bestimmt ein 75-Jähriger und eine 78-Jährige? Werden solche Menschen durch den lockeren Spruch »Ich bin kein alter Knochen« nicht direkt diffamiert?

Das ist doch einen Leserbrief wert. Oder? Und am Schluss dieses Briefes könnte zum Beispiel stehen: »Der bewusste 50-Jährige, der sagt, dass er kein alter Knochen sei, mag in seinem Körper gesund und leistungsfähig, aber zugleich im Kopf ein alter Knochen sein. Wieso? Weil er offenbar nicht fähig ist, zu bedenken, was er mit solch einem Satz eigentlich *auch* sagt.« Und wenn Ihnen dieser Gedanke in Form einer Behauptung zu stark ist – wählen Sie stattdessen doch die Frage. »Der bewusste 50-Jährige ist sicherlich, was seinen Körper betrifft, alles andere als ein alter Knochen. Aber ist er vielleicht ein alter Knochen im Kopf?«

Ein anderes Thema bietet der Rubriktitel selbst: Leserbriefe. Zeitweise waren die Blätter voll von Artikeln, die sich mit der sprachlichen Gleichberechtigung der Frauen befassten. Greifbarer Höhepunkt dieser Entwicklung: Stellenangebote müssen sich immer an Männlein *und* Weiblein richten. Oft ein Eiertanz! Und was ist mit Leserbriefen? Gibt es keine Frauen, die Leserbriefe schreiben? Möchte man von denen keine bekommen?

Quatsch! Nur wie ausdrücken? »Leser/-innen-Briefe«, »Leser- und Leserinnen-Briefe«, »Leser(innen)-Briefe«? Alles nicht brauchbar. Weder den Zeitungen, Zeitschriften noch den »Lesenden« (hier geht's mit Partizip!) zuzumuten.

Einen Ausweg weiß die Frauenillustrierte »Brigitte«. Sie nennt diese Rubrik »Briefe an BRIGITTE« und schließt damit umgekehrt die Männer nicht aus. Elegant, nicht wahr?

Wie ist es übrigens in diesem Buch gemacht? Abwechslungsreich. Mal so, mal so. Denn wenn man immer beide Formen schön brav aufführt – die Leserin, der Leser, der Bewerber, die Bewerberin, die Schreiberin, der Schreiber –, das würde reichlich langweilig. Ein Mittelweg bietet sich auch insofern an, als diese heiße Rundumdebatte inzwischen abgeklungen ist. Die »Politikerinnen und Politiker« (die Politikprofis also) müssen nach wie vor endlos »unsere Wählerinnen und Wähler«, »die Bürgerinnen und Bürger« … sagen, aber wir Normalverbraucher dürfen schon etwas großzügiger damit umgehen – ohne die Berechtigung der Zweigleisigkeit aus den Augen zu verlieren (schon gar nicht in Stellenanzeigen!).

Haben Sie noch andere Ideen? Kann man sich über diese Klemme, die der Titel »Leserbriefe« verursacht, nicht köstlich lustig machen?

Form und Sprache von Leserbriefen

Je länger ein Leserbrief ist, desto geringer ist die Chance, dass er gedruckt wird. Kürze ist gefragt.

Das heißt zugleich: In der Kürze sollte die Würze liegen. Je kürzer und gewürzter, umso wahrscheinlicher die Wiedergabe.

Und natürlich sollte der Brief in richtigem, verständlichem Deutsch geschrieben sein. Allerdings würde die Redaktion bei einem inhaltlich guten Leserbrief, der aber ein paar Fehler enthält, wahrscheinlich ein Auge zudrücken. Und das heißt zugleich: die Deutschfehler (Rechtschreibung, Zeichensetzung, Grammatik) verbessern. Allerdings … Dazu gleich noch mehr.

Erfahrungen mahnen zur Vorsicht

Im Schulfach Deutsch stand ich immer gut da – bis mein Klassenlehrer, den wir schon in vier Fächern genossen, auch noch mein Deutschlehrer wurde. Weil ich zu der Zeit in Latein Mängel zeigte, muss er messerscharf geschlossen haben, dass ich auch in Deutsch zumindest nicht gut sein konnte. Meine Aufsatznoten rutschten in die Bewertungsklasse »befriedigend«.

Unser Klassenlehrer war nebenberuflich als Kommentator für die Eisenbahn tätig. Alle Jahre wieder stellte er in unserer Heimatzeitung den neuen Fahrplan vor. Diese Tätigkeit bot mir nach meiner Schulzeit unversehens die Gelegenheit zur Revanche. Ich schrieb meinen ersten Leserbrief, in dem ich meinem ehemaligen Deutschlehrer stilistische Schwächen und einige peinliche Denkfehler bescheinigte. Zu meiner Überraschung, der Leserbrief wurde angenommen und ohne die kleinste Änderung veröffentlicht. Glück gehabt.

Als ich einige Jahre später in Düsseldorf als technischer Übersetzer beschäftigt war, schrieb ich meinen zweiten Leserbrief. Auch er wurde angenommen. Aber am nächsten Tag wurde ich in unserer Übersetzungsabteilung heftig verulkt und ironisch auf den Arm genommen. Man habe immer gedacht, ich könne Deutsch und könne klar denken … Mein Leserbrief war fehlerhaft und sinnentstellend verkürzt worden.

2002 schrieb ich einen Leserbrief zum Thema »Rechtschreibreform«, dazu einen kleinen Begleitbrief mit einem PS, das an einen alten Artikel dieser Zeitung über gefährliche Schäferhunde erinnerte und daran eine Frage knüpfte. Was geschah? Mein Leserbrief blieb unveröffentlicht, aber mein PS wurde zu einem Leserbrief umfunktioniert.

Meinen bis jetzt letzten Leserbrief hier im Wortlaut, um zu dieser Textsorte auch ein Beispiel zu geben. Ein Artikel meiner Heimatzeitung hatte die Erfahrung behandelt, dass Politiker leider viel mehr übereinander statt miteinander zu reden pflegen; damit war die Anregung an die Lesenden verbunden, Stellung zu nehmen. Das tat ich.

Miteinander reden! Nicht nur übereinander und gegeneinander!

Aus Regierungskreisen kam gerade der Vorschlag, alle Landtagswahlen auf einen Tag in die Mitte der Bundestagslegislaturperiode

> zu legen. Dem dürfte eine breite Mehrheit der Bevölkerung zustimmen. Wer will schon fast pausenlos diese großmäulige Versprecherei und Schimpferei der politischen Konkurrenten hören und lesen! Ein Spitzenpolitiker der Opposition nannte diesen Vorschlag – schwachsinnig. Wenn er ihn für ungünstig gehalten hätte, wenn er gesagt hätte »Das scheint mir mehr Nachteile als Vorteile zu bringen!«. Aber nein – »schwachsinnig«. Wie lässt sich diese Urteilsformulierung über einen Vorschlag der Regierung und eine Mehrheitsmeinung der Bevölkerung am besten bezeichnen? –
> Wieder und wieder beschimpfen Politiker, vor allem Spitzenpolitiker, ihre Kollegen aus den anderen Parteien als Heuchler, Lügner und fachlich Ahnungslose! Da sie einander viel besser kennen, als wir sie über die Medien je kennen lernen können: Müssen wir ihnen da nicht Glauben schenken?
> Leute, denen das miteinander Reden infolge ihrer Parteilichkeit und Parteiblindheit abhanden kommt, schaden unserer Demokratie.

Alles wurde wörtlich gebracht, so stand es dann in der Zeitung. Nur an einer Stelle hatte man einen Rechtschreibfehler, den ich gemacht hatte, freundlicherweise korrigiert. Aus meiner Formulierung »das Miteinander-Reden« war »das miteinander Reden« geworden. Einen Rechtschreibfehler, den ich gemacht hatte, korrigiert? Ach nein, man hatte meine richtige Schreibweise in einen Rechtschreibfehler verwandelt. (Ich teilte der Leserbriefredaktion diesen Sachverhalt freundlich mit, erhielt einen Anruf des Leiters, der mir Recht gab und sich mehrfach entschuldigte. Er ist einer von den Journalisten der alten Schule.)

Was ich mit meinen Erfahrungen verschiedenster Art sagen will, ist dies: Wer Leserbriefe schreibt, muss wissen, dass die Empfänger dazu neigen, zu kürzen und zu verändern – ohne die Leserbriefschreibenden zu fragen, zu informieren, einzuweihen. Das muss man wissen und in Kauf nehmen. Und noch etwas muss man wissen: Leserbriefe werden nicht honoriert!

Was aus Leserbriefen werden kann

Wenn Sie sich eine gewisse Routine im Leserbriefschreiben erarbeitet haben, wenn Ihnen diese Schreibtätigkeit leicht von der Hand geht und Ihnen überdies – obwohl Arbeit – Freude macht, können Sie natürlich an verschiedene Zeitungen, Zeitschriften und so weiter solche Briefe schreiben. Denn in Ihrer Heimatzeitung – die erste Adresse – werden Sie nicht alle paar Tage zu Wort kommen.

Doch auch, wenn Sie Ihre Zielgruppe über die engen heimatlichen Grenzen ausdehnen: Falls Sie viele Briefe schreiben, ist damit zu rechnen, dass zumindest ein Teil davon nicht veröffentlicht wird. »Schade!«, werden Sie sagen, »ist aber sicher nicht zu ändern.« In gewisser Weise lässt sich das schon ändern. So:

Schreiben Sie Ihre Leserbriefe nicht in erster Linie für die Medien, sondern für sich. Falls Sie zum Beispiel jede Woche zwei Leserbriefe schreiben, haben Sie in einem Jahr ein Büchlein zusammen, in dem Sie – auf Ihre ganz persönliche Weise – das kleine und das große Geschehen Ihrer Welt beleuchten, besprechen, bestätigen, ironisieren ... Dass vielleicht nur ein Teil Ihrer Briefe in den Zeitungen, für die sie gedacht waren, erscheint, kann Sie dann nicht treffen.

Ihr Büchlein aber wird Bestand haben. Möglich, dass Sie einen Verlag dafür finden. Doch selbst wenn nicht: Ihre Kinder, Enkelkinder ... bekommen auf diesem Weg eine zusätzliche geistige Hinterlassenschaft und zugleich mittelbar eine Schilderung wichtiger Ereignisse eines Jahres. Oder mehrere Jahre, Jahrzehnte?

Beanstanden, sich beschweren, mahnen …

Wir haben etwas gekauft, vielleicht im Versandhandel, und die Ware erweist sich als fehlerhaft. – In der Nachbarschaft gibt es zu oft zu laute Feiern oder heftige Auseinandersetzungen. – Wir finden eine Rechnung nicht in Ordnung. – Der kleine Hund, der über uns wohnt, wird zu lange allein gelassen und winselt und heult und bellt. – Wir werden zu Unrecht verklagt.

In diesen und vielen anderen Fällen sind wir nicht bereit, uns stillschweigend zu fügen, zu ergeben. Oft kann man miteinander reden, zum Beispiel, wenn es um Streit mit Nachbarn geht. Manches andere, etwa wenn eine Firma nicht pünktlich liefert, lässt sich telefonisch regeln. Aber sehr oft hilft nur die schriftliche Form. In vielen Fällen, in denen sowohl ein Telefongespräch als auch ein Brief möglich ist, bietet der Brief wichtige Vorteile: Was schriftlich festgehalten ist, können wir, falls die Meinungsverschiedenheit ausufert, als Beweismittel verwenden. Alles Mündliche hängt in der Luft.

Wenn wir nun schon die Mühe des Briefschreibens in unangenehmer Sache auf uns nehmen, dann wollen wir natürlich auch erfolgreich sein. Wie können wir dieses Ergebnis fördern? Wer sich ungerecht behandelt fühlt, neigt dazu, »lautstark« zu reagieren. Schimpfen, ironisieren, drohen – ein aggressiver Ton ist an der Tagesordnung. Verständlich. Aber wirkungsvoll? Wirkungsvoll zu unseren Gunsten? Wer schimpft, fordert Geschimpfe heraus; wer ironisiert, beleidigt; wer droht, züchtet Trotz. Es lohnt sich, Selbstbeherrschung zu üben, im Ton gelassen, versöhnlich, vielleicht sogar freundlich zu reagieren, Humor zu zeigen; das ist meistens zweckmäßiger, hält die Türen offen, führt leichter zum gewünschten Erfolg. Wie macht man das, zum Beispiel wenn Sie einen neuen Wagen gekauft haben, der offenbar zu den berüchtigten Montagsautos zählt?

Reklamation: Neuwagen

Sehr geehrter Herr Felix,

ein neuer Wagen sollte seinen Preis wert sein! Das denken Sie doch sicher auch – oder?

Mein Wagen – Typ ..., Kennzeichen ... – hat sich bisher nur als Ärgernis bemerkbar gemacht. Wie können Sie so ein Gefährt überhaupt ausliefern?

Der Wagen war wegen verschiedener Mängel bereits zweimal in Ihrer Werkstatt. Innerhalb von zwei Monaten! Ein paar Mängel wurden abgestellt, die folgenden jedoch nicht:

1. starke Windgeräusche auf der Fahrerseite
2. Klemmen der Beifahrertür
3. Nebengeräusche bei Beschleunigung ab 40 km/h

Wie lange wollen Sie dieses »Rein-in-die-Werkstatt-raus-aus-der-Werkstatt« noch treiben?

Also: Wann – und zwar schnellstens – kann ich Ihnen meinen Wagen ein weiteres Mal bringen? Ich erwarte, dass Sie mir für die Zeit des erneuten Werkstattaufenthaltes kostenlos einen gleichwertigen Ersatzwagen stellen.

Falls Sie die aufgeführten Mängel wiederum nicht beheben können, werde ich auf Lieferung eines anderen Wagens bestehen.

Dass mein nächster Autokauf nicht bei Ihnen stattfinden wird, dafür werden Sie sicherlich Verständnis aufbringen.

Hochachtungsvoll

Reklamation: Neuwagen

Sehr geehrter Herr Felix,

mein am 3. Februar bei Ihnen gekaufter Neuwagen – Typ ..., Kennzeichen ... – war nun schon zweimal in Ihrer Werkstatt. Mehrere Mängel wurden behoben – das erkenne ich gerne an –, nicht aber die folgenden:

1. starke Windgeräusche auf der Fahrerseite
2. Klemmen der Beifahrertür
3. Nebengeräusche bei Beschleunigung ab 40 km/h

Versetzen Sie sich bitte in meine Lage: Wären Sie nicht auch enttäuscht und verärgert?

Wenn Ihnen jetzt gelingt, was gelingen muss (sonst ist bekanntlich ein Ersatz-Neuwagen fällig), werde ich meinen zusätzlichen Aufwand vergessen, und wir können weiterhin miteinander im Geschäft bleiben.

Freundlich grüßt Sie

Nicht wahr, das ist ein anderer Ton. In der Sache sagt dieser zweite Brief nichts anderes als der erste. Aber er setzt auf Erfolg – für beide Seiten – und spornt den Geschäftspartner dadurch an, sein Bestes zu geben.

Prüfen wir ein paar Mahnbriefe aus dem Bereich der Privatkorrespondenz.

Erinnerung

Sehr geehrter Herr Kuntze,

vor einem Monat, am 4. September, haben Sie mir für einen Wäscheschrank und einen Schreibtisch eine Anzahlung von 210 Euro gegeben; den Rest, weitere 210 Euro, wollten Sie Ende September überweisen. Das war fest vereinbart.

Und nun? Nichts dergleichen ist geschehen. Sie haben es nicht einmal für nötig gehalten, mich anzurufen und mir das Ausbleiben der zweiten Rate zu erklären und um Aufschub zu bitten.

Einen solchen Umgang bin ich nicht gewöhnt, und ich bin auch nicht bereit, das sozusagen klaglos hinzunehmen.

Also: Melden Sie sich umgehend bei mir, und sagen Sie mir, wann ich die restliche Summe erhalte. Falls Sie sich weiterhin in Schweigen hüllen, sehe ich mich leider gezwungen, gerichtliche Schritte gegen Sie einzuleiten. Der günstige Wäscheschrank-Schreibtisch-Kauf kann dann letzten Endes ziemlich teuer für Sie werden.

Hochachtungsvoll

Der Schreiber ist offenbar verärgert, vielleicht braucht er das Geld dringend selbst, und deshalb fährt er gleich schweres Geschütz auf. Wenn der erste Mahnbrief so aussieht wie der zitierte, wie mag der zweite oder dritte beschaffen sein?

Zur Drohung mit dem Gericht ist anzumerken: Wer sofort gerichtliche Schritte ankündigt, sollte sie, falls die Ankündigung wirkungslos bleibt, auch ergreifen. Ist der Schreiber dagegen bereit – wie zwar nicht vorgeschrieben, aber üblich –, eine zweite und vielleicht sogar eine dritte Mahnung zu schicken, so tut er gut daran, seinen schärfsten Pfeil vorerst im Köcher zu lassen.

Wie eine dreiteilige Mahnserie in einem solchen Fall eines Privatgeschäfts aussehen kann, zeigen die folgenden Beispiele:

Erinnerung

Sehr geehrter Herr Kuntze,

vor einem Monat, am 4. September, habe ich Ihnen einen Wäscheschrank und einen Schreibtisch für insgesamt 420 Euro verkauft. Sie zahlten die Hälfte und versprachen, den Rest von ebenfalls 210 Euro am Monatsende zu überweisen.

Dieses Datum ist nun um 14 Tage überschritten. Vergessen? Ist Ihnen der Termin »durchgerutscht«?

Damit er nicht noch weiter rutschen kann, holen Sie bitte das Versäumte gleich nach. Im Voraus vielen Dank.

Mit freundlichen Grüßen

Auf die Erinnerung folgt, falls sie nicht zu dem gewünschten Ergebnis führt, eine Mahnung.

Mahnung

Sehr geehrter Herr Kuntze,

nein, es macht keinen Spaß, Mahnbriefe zu schreiben, schon gar nicht, wenn sie erfolglos bleiben. Bitte sorgen Sie dafür, dass die Termin-Rutschpartie wegen der ausstehenden 210 Euro aus Ihrem Möbelkauf bei mir sofort gestoppt wird.

Ich erwarte Ihre Zahlung noch innerhalb dieser Woche. Bitte rufen Sie mich an (ich konnte Sie telefonisch nicht erreichen), und bestätigen Sie mir, dass Sie in den nächsten Tagen überweisen werden. Danke.

Freundliche Grüße

Hilft auch die Mahnung nicht weiter und der Schuldner reagiert überhaupt nicht, folgt die letzte Mahnung vor dem Antrag auf Erlass eines Mahnbescheids an das Amtsgericht.

Noch einmal: Mahnung!

Sehr geehrter Herr Kuntze,

Sie haben eine Erinnerung und eine Mahnung weder brieflich noch telefonisch noch durch Überweisung der ausstehenden 210 Euro beantwortet. Nichts. Halten Sie das für fair?

Wenn das Geld am 15. Oktober nicht auf meinem Konto eingegangen ist – was bleibt dann? Der Rechtsweg. Aber würden Sie es wirklich für klug halten, sich auf einen »Boxkampf« mit dem Gericht einzulassen? Er wäre ruck-zuck zu Ihren Ungunsten entschieden, und Sie müssten nicht nur die überfälligen 210 Euro zahlen, sondern trügen noch ein paar finanzielle Extraschrammen davon. Denn wie wir wissen, macht weder das Gericht noch mein Rechtsanwalt, den ich einschalten würde, irgendetwas umsonst.

Also, sehr geehrter Herr Kuntze, bringen Sie's ordentlich zu Ende, ehe ein ordentliches Ende von Amtspersonen erzwungen wird.

Mit freundlichem Gruß

Halten wir fest: Ein Brief mit wilden Drohgebärden, die noch dazu fast immer in reichlich abgegriffenen Formulierungen auftreten, wird in der Regel weniger erfolgreich sein als ein »zivil« getexteter Brief, der eine individuelle, persönlich ansprechende Ausdrucksweise bevorzugt.

Auch wenn wir freundlich oder zumindest höflich bleiben – »Hochachtungsvoll« gehört nicht dazu –, können wir inhaltlich deutlich oder sogar hart sein, sodass der Empfänger keinen Zweifel hat, wie die Sache fortgesetzt wird, wenn er falsch oder gar nicht reagiert.

Zum Schluss vier Grundsätze, die bei der Formulierung von Beanstandungen, Beschwerden, Mahnungen und so weiter behilflich sein können.

1. Schriftliche Gegenwehr ist fast immer der mündlichen Auseinandersetzung vorzuziehen: weil alles, was geschieht, jederzeit nachweisbar ist.
2. Genau die Rechtslage prüfen, um zu vermeiden, dass die andere Seite von uns ungewollte Reaktionsmittel geliefert bekommt.
3. Angemessen – also bei Zuspitzung auch hart – in der Sache sein, aber in den Formulierungen immer zumindest höflich bleiben.
4. Bevorzugt, wenigstens stellenweise, individuelle Ausdrucksweisen einsetzen. Wer feine (nicht beleidigende) Ironie einzubauen oder

durch humorvolle Wendungen die Klarheit oder Schärfe in der Sache erträglicher zu gestalten weiß – Kreativität ist nicht verboten.

Und nicht zu vergessen: Wenn wir mit klugen Briefen gute Ergebnisse erzielen, dann kann selbst diese meistens unerfreuliche Schreibarbeit ein klein wenig von ihrer Unerfreulichkeit verlieren.

Intelligente Bewerbungen

Der Bewerbungsbrief ist gegenwärtig und wahrscheinlich noch lange ein Star unter den beruflich veranlassten Texten. Die Konkurrenz unter denen, die sich um einen Arbeitsplatz bewerben, ist groß, und der Empfang von Absagen ist ein Normalfall.

Muss es in dieser Situation nicht darum gehen, mit der schriftlichen Bewerbung so viele Pluspunkte zu sammeln, dass die Tür zu einem Vorstellungsgespräch geöffnet wird? Wie können wir das anstellen?

»Aber«, werden Sie vielleicht erwidern, »die Anforderungen sind so hoch und so vielseitig, manchmal geradezu lächerlich, dass ich meistens schon insofern keine Chance habe! Dass alles genau ›passt‹, ist ja doch selten!?« Natürlich hat man es leichter, wenn alles »passt«, aber wenn nicht, muss das noch keine Garantie für einen Misserfolg sein. Woher ich das weiß? Aus persönlicher Erfahrung.

In der Zeit meiner Angestelltentätigkeit, rund 15 Jahre, habe ich mich sechsmal um eine neue Stelle beworben, und jedes Mal habe ich nicht nur den Arbeitsplatz, sondern auch die Aufgabe gewechselt. Das heißt, genau genommen war ich bei Antritt einer neuen Stelle immer Anfänger. Die Bewerbungen fanden also stets unter besonders schwierigen Bedingungen statt. Was ich dabei wieder und wieder erlebt habe, lässt sich durch den ersten Fall eindringlich schildern.

Meine alte Tante, die uns nach dem Tod meiner Mutter in Hameln den Haushalt führte, sagte zu mir: »Bewirb dich doch mal beim Bayer!« Sie kam aus Wuppertal, wo Bayer seine Pharmaforschung betrieb. Ich: »Die warten gerade auf mich!« Und mit dieser negativ-ironisch gemeinten Bemerkung hatte ich Recht. Wer damals bei Bayer als kaufmännischer Mitarbeiter angestellt werden wollte, brauchte eine abgeschlossene kaufmännische Ausbildung, mit »sehr gut« abgeschlossen und am besten noch bei Bayer selbst absolviert. Ich hatte nichts dergleichen, ich hatte überhaupt keine abgeschlossene Ausbildung. Nur weil meine alte Tante so gar nicht locker ließ, bewarb ich mich und – wurde zu einem Vorstellungsgespräch eingeladen.

Dieses Gespräch mit einem Prokuristen verlief ganz ordentlich. Aber ob erfolgreich? Als ich gerade sein Zimmer verlassen wollte und den Türgriff schon in der Hand hatte, schickte er mir überraschend eine Frage hinterher: »Sagen Sie mir noch eins, Herr Manekeller, wo haben Sie Ihre Bewerbung abgeschrieben?« Ich: »Die habe ich nicht abgeschrieben.« Er: »Aber natürlich haben Sie – ein so junger Mensch wie Sie schreibt nicht eine solche Bewerbung.« Das ging noch ein bisschen hin und her, er war hartnäckig. Dann hatte ich einen Einfall: »An dem Tag, an dem Sie die Stelle finden, wo ich meine Bewerbung abgeschrieben habe, dürfen Sie mich fristlos entlassen.« Das verblüffte und beeindruckte ihn offenbar. Ich bekam die Stelle. Als ich ihn später einmal fragte, warum, antwortete er – sinngemäß: »Exportkalkulationen und so weiter, das lernt ein intelligenter Mensch in ein paar Wochen. Aber Ihr Bewerbungsbrief hat mir gezeigt, dass Sie ein Händchen für wirkungsvolles Schreiben haben. Das lernt man in der Regel erst durch jahrelange Erfahrung oder auch gar nicht. Deshalb habe ich Sie eingestellt.«

Bei der Gelegenheit etwas übers Abschreiben. In einem Seminar bei der Sparkasse Ludwigsburg sagte mir der Personalchef einmal, er habe eine sehr gut geschriebene Bewerbung bekommen, aber gleich gemerkt, dass sie bei mir abgeschrieben worden sei. Ich sagte: »Na und!? Die Dame hat sich die Mühe gemacht, ein Buch zu kaufen, hat es durchgearbeitet und hat dann das Beste daraus für ihre Bewerbung gemacht. Ist das nicht genau die richtige Mitarbeiterin für Sie?« Er: »Wenn Sie es so sehen – haben Sie Recht.«

Da wir nicht alle Tage Bewerbungen zu schreiben haben, zum Glück, sind wir darin nicht routiniert. Was liegt näher, als sich Hilfe zu besorgen, um eine Aufgabe gut zu lösen?

Ein paar Grundempfehlungen

1. Sorgen Sie dafür, dass Ihr Bewerbungsbrief fehlerfrei ist! (Rechtschreibung, Zeichensetzung, Grammatik, DIN 5008 – Schreib- und Gestaltungsregeln für die Textbearbeitung). Das hinzukriegen – gar nicht leicht. Beschaffen Sie sich zur Sicherheit auch für diese formale Aufgabe professionelle Hilfe (Bücher, gut informierte Freunde, Bekannte ...).
2. Gehen Sie auf jeden Punkt, der in einer Personalanzeige genannt wird, genau ein: Anforderungen, Wünsche und dieses oder jenes, was vielleicht eher zwischen als in den Zeilen steht. Wer es nicht tut, setzt sich gleich dem Verdacht aus: »Hat's wohl nicht nötig!« Oder: »Oberflächlich!« Oder: »Hat wohl was zu verbergen.«
3. Sorgen Sie unbedingt für eine individuelle Einleitung, welche die Lesenden nicht langweilt, sondern auf die Fortsetzung gespannt macht (siehe Kapitel »Kreativ formulieren!«)
4. Liefern Sie im Mittelteil keine Beteuerungen, Versprechungen, sondern Fakten. Loben Sie sich nicht selbst, beziehen Sie sich auf das Lob anderer (Zeugnisse, Referenzen).
5. Entlassen Sie die Bewerbungsempfänger aus Ihrem Brief nicht mit einer lahmen Floskel. Schreiben Sie etwas, das die andere Seite auf weitere Informationen – im Vorstellungsgespräch – neugierig macht. Nicht alles anders formulieren, als es üblich ist und sich bewährt hat, aber an ein paar Stellen im Brief – bevorzugt Einleitung und Schluss – einen individuellen Stil (und das heißt auch: einen eigenen Kopf) deutlich machen!

Wie ein solcher Brief aussehen kann, zeigen Ihnen die beiden folgenden Beispiele: die Bewerbung einer Chefsekretärin und die eines kaufmännischen Sachbearbeiters.

Den beiden Briefen vorgeschaltet finden Sie ein Briefblindmuster, einen Brief-Ablaufplan, der Ihnen zeigt, wie korrekt geschrieben wird (DIN 5008, Fassung vom November 2001).

Im Anschluss an die beiden Briefe folgen ein tabellarischer Lebenslauf (Lebenslauf in Stichworten), ein handgeschriebener Lebenslauf (hier in Maschinenschrift dargestellt) und zwei Arbeitsproben.

Brief-Ablaufplan

1–		
2–		
3–		
4–		
5–	Absender: Vorname, Nachname	
6–	Straße	
7–	Postleitzahl, Ort	
8–	Telefon	
9–		
10–		Datum
11–		
12–		
13–		
14–		
15–	Anschrift: Firmenname, Behördenname…	
16–	Person und /oder Abteilung	
17–	Straßen- oder Postfachangabe	
18–		
19–	Postleitzahl, Bestimmungsort	
20–		
21–		
22–		
23–		
24–		
25–	Betreff, Bezug	
26–		
27–		
28–	Anrede	
29–		
30–	Einleitung	
–		
	Fachliche Qualifikation	
–		
	Teamfähigkeit, Führung,	
–		
	Besonderheiten wie Arbeitslosigkeit, Lücken im Berufsweg, Unregelmäßigkeiten…	
–		
	Sonstiges	
–		
	Referenzen	
–		
	Gehaltswünsche	
–		
	Einstellungstermin	
–		
	Schluss	
	Gruß	Anlagen (Möglichkeit A)
–		
–	Unterschrift	
–		
	Anlagen (Möglichkeit B)	

Bewerbungsbrief: Muster

Grete Burghausen
Marienstraße 128
51427 Bergisch Gladbach
Telefon: 02202 123456

14. Januar 2003

Amphora GmbH
Herrn Dr. Fritz Bach
Postfach 12 34 56

51427 Bergisch Gladbach

Ihre Anzeige in … vom …: Chefsekretärin

Sehr geehrter Herr Dr. Bach,

Ihre Anzeige verspricht viel Arbeit – qualifizierte Arbeit. Die möchte ich bei Ihnen leisten. Dass ich es kann, sagen Ihnen meine Zeugnisse.

Nach dem Abitur habe ich eine Lehrausbildung zur Rechtsanwaltsgehilfin absolviert; Spezialgebiet der Kanzlei: Wirtschaftsrecht.
Es folgte eine Sekretärinnen-Ausbildung und sofort anschließend die Praxis als Nachwuchs-Chefsekretärin. Ich bin mit allen Sekretariatsarbeiten vertraut und im Umgang mit modernen Bürogeräten versiert – PC an erster Stelle. In meiner jetzigen Position habe ich zum Teil auch nach Stichworten und selbstständig zu korrespondieren. Das setzt sichere Deutschkenntnisse und stilistische Gewandtheit voraus.

Die Einzelheiten meiner Ausbildung und meiner bisherigen Tätigkeiten entnehmen Sie bitte den beigefügten Zeugnissen. Sie erfahren daraus auch, dass ich, bei einwandfreier Führung, sehr gut im Team arbeiten kann, dass ich nicht so leicht die Nerven verliere, wenn es eng wird, dass ich zwar gesprächsfreudig, aber zugleich verschwiegen bin.

Starten könnte ich meine Tätigkeit bei Ihnen am 1. Juli, wenn ich bis Ende März kündigte. Mein Gehaltswunsch? Das besprechen wir besser mündlich; ich bin aber sicher, wir werden uns einig.

Wann darf ich mich bei Ihnen vorstellen – damit Sie sehen und im Gespräch genauer erfahren, was für ein Mensch hinter diesen Zeilen steckt?

Freundliche Grüße

Anlagen
Lichtbild
Stichwort-Lebenslauf
Zeugniskopien

Fred Emmerich
Karlstraße 212
31785 Hameln
Telefon: 05151 12345

2. Oktober 2003

Abc-Chemie GmbH
Frau Dr. Linde Gahner
Postfach 12345

31785 Hameln

Ihre Anzeige vom … in der …: Exportkorrespondent

Sehr geehrte Frau Dr. Gahner,

Ihre Anzeige stellt ein aufsteigendes Unternehmen vor – wer möchte da nicht mitarbeiten! Meine Zeugnisse sagen Ihnen, wie gut ich leisten könnte, was Sie erwarten. Was habe ich bisher gemacht?

Nach dem Abitur habe ich die Höhere Handelsschule besucht. Abschluss: gut. Eine Privatschulausbildung für englische und französische Handelskorrespondenz habe ich mit einer IHK-Prüfung abgeschlossen. Noten: »sehr gut« und »gut«. Danach habe ich in Hannover bei der Firma CO & BE als Auslandssachbearbeiter vor allem Verkaufskorrespondenz bearbeitet. Dazu gehörten auch Exportkalkulationen und schriftliche Fachberatung im Bereich Gummimischungen für Fahrzeuge. Betriebsbedingte Kündigungen brachten auch mich in die Arbeitslosigkeit.

Doch der Ausdruck ist nur bedingt richtig. Denn in dieser Zeit – bis jetzt sieben Monate – habe ich meine Anfängerkenntnisse in Spanisch erheblich verbessert und einen PC-Kurs mit Erfolg abgeschlossen.

Der beigefügte Lebenslauf in Stichworten informiert Sie über alle Einzelheiten, die anliegenden Zeugnisse sagen Ihnen, was ich kann und wie ich als Mitarbeiter einzuordnen bin. Ich glaube, die Beurteilungen werden Sie zufrieden stellen.

Ich würde Ihnen gern in einem persönlichen Gespräch weitere Informationen geben. Interessiert?

Mit freundlichen Grüßen

Anlagen
Zeugnisse
Tab. Lebenslauf
Lichtbild

Lebenslauf in Stichworten

Diese Art der Lebenslaufdarstellung wird auch tabellarischer Lebenslauf genannt, weil er wie eine Tabelle gestaltet wird. Mehrere Gestaltungsformen sind möglich.

Möglichkeit A: Links stehen Stichworte, rechts Daten und Fakten.

Lehrausbildung	3-jährige Lehrzeit als Einzelhandelskauffrau bei der Firma Buch und Söhne. Abschluss-Gesamtnote: gut.

Möglichkeit B: Links stehen Zeitangaben, rechts die Fakten.

1999–2001	Lehre als Einzelhandelskaufmann bei der Dehrenberg GmbH in Springe

Möglichkeit C: Links stehen Stichworte beziehungsweise Stichworte plus Kurzangaben, rechts die ausführlicheren Hinweise.

Name:	Schwalbe, Friedrich
Geburtstag,Geburtsort	Bad Münder, 22. September 1978
Familienstand	verheiratet seit 1995, 2 Kinder
Schulbildung	4 Jahre Grundschule, 8 Jahre Gymnasium – Abitur
Lehrausbildung	
1999–2001	3-jährige Lehrausbildung als Anwaltsgehilfe in der Kanzlei Dr. Brandt + Dr. Kramer; Schwerpunkte: Wirtschafts- und Verkehrsfragen

Diese Form ermöglicht sicherlich am schnellsten einen Überblick, weil sie sofort Fakten (zum Beispiel: Lehrausbildung) und Daten (zum Beispiel: 1999–2001) erkennen lässt.

Da diese Darstellung bei Familienverhältnissen oder zum Beispiel Führerscheinangaben nicht besonders sinnvoll ist, stehen dort die Stichworte ohne Daten (siehe oben).

Handschriftlicher Lebenslauf

Der Handschrift-Lebenslauf wird kaum noch verlangt, aber immerhin, es kommt vor. Als Informationsgeber ist er dem tabellarischen Lebenslauf weit unterlegen. Also wozu? In der Regel dient er als Handschriftprobe, die von einem wirtschaftserfahrenen Graphologen (hoffentlich nicht von Auch-Graphologen) ausgewertet wird. Da die vollständigen Lebenslaufs- und Berufswegsdaten im Stichwort-Lebenslauf zu finden sind, darf sich der Handschrift-Lebenslauf inhaltlich auf das Wichtigste beschränken. Beispiel:

Köln, 3. August 2003

Lebenslauf

Am 14. Januar 1977 bin ich in Hameln geboren. Nach Schulzeit mit Abiturabschluss und Wehrdienst volontierte ich zwei Jahre lang, von 1998 bis 2000, bei der Hamelner Heimatzeitung und wurde dort vor allem in den Sparten »Sport« und »Lokales« beschäftigt. Gleichzeitig erarbeitete ich mir in Volkshochschulkursen gute PC-Kenntnisse.

Seit dem 1. Juli 2001 arbeite ich als Übersetzer (Englisch) in der Soundso-Firma in Bad Pyrmont und helfe gelegentlich bei Werbetextaufgaben. Hin und wieder habe ich auch schon freiberuflich Werbetexte geschrieben. Da ich im Bereich »Werbetexte, werbende Informationstexte« meine berufliche Zukunft sehe, für diesen Weg aber an meinem jetzigen Arbeitsplatz keine Aussichten habe, strebe ich einen Wechsel an.

Seit dem 12. März 1999 bin ich verheiratet, wir haben zwei Kinder.
Friedhelm Sommer

Arbeitsproben

Der Übersetzer, der gern Werbetexte schreibt und auch in diese Richtung seinen Berufsweg fortsetzen möchte, kann noch nicht auf eine entsprechende Erfahrung zurückgreifen, abgesehen von gelegentlichen Einsätzen. Deshalb ist es gerade für ihn, aber nicht nur für ihn wichtig, seine Bewerbung mit ein paar Arbeitsproben anzureichern. Hier zwei Beispiele:

Prospektblatt, das für ein Werbetextbuch wirbt

Papier –
mit einem Werbetext bedruckt,
bedeutet Gewinn oder Verlust.
Gute Textprofis
wissen und bedenken das.
Deshalb versuchen sie,
nach dem Guten
das noch Bessere zu finden.
Deshalb lernen sie dazu.
Deshalb holen sie sich Anregung.
Zum Beispiel aus dem Buch
»Werbebriefe gut gestalten –
inhaltlich, sprachlich, äußerlich«.

Ein Werbebrief für den Bund der Steuerzahler

Sehr geehrte Steuerzahlende,

Ein Bauplan ist noch kein Bau –

Das weiß jede Architektin, jeder Techniker oder Ingenieur. Aber bedenkt auch jeder, dass verdientes Geld noch kein verdientes Geld ist?

Es gibt ein Wesen mit ungesundem Appetit, genannt Fiskus. Und Sie wissen ja: Wer ständig viel isst, will ständig noch mehr.

Davor kann sich der Einzelne kaum schützen. Aber gemeinsam – mit unseren Fachleuten – ist erfolgreiche Gegenwehr möglich. Schon mancher Bissen, den der Fiskus bereits auf der Zunge zu schmecken glaubte, ist nie dorthin gelangt.

Über die Chancen, Ihr oft so mühsam erarbeitetes Geld auch weiterhin vor allzu hartem Zugriff zu bewahren, möchte einer unserer Mitarbeiter in Kürze einmal ein paar Worte mit Ihnen wechseln. Bitte sagen Sie ihm, über welche Abgaben und welche Steuermanipulationen Sie sich am meisten ärgern.

Mit freundlichen Grüßen

Ein Abonnement unserer Zeitschrift … jetzt zum Subskriptionspreis: nur … Euro. Und das erste Heft: für Sie kostenlos!

Werbebrief für eine Sprachzeitschrift

Sehr geehrte Damen und Herren,

landauf, landab wird beklagt, die Mathematik- und die Deutschkenntnisse würden immer schlechter. Glauben Sie, dass heutige Lernende dümmer, dass heutige Lehrkräfte weniger befähigt sind als jene vor fünfzig Jahren? Ob es nicht eher so ist, dass es zu wenig hilfreiche Anregung, Ermunterung, Ermutigung und Anleitung gibt?

Weil wir das für zutreffender halten, stellen wir Ihnen heute die Zeitschrift »Schreiben, Lesen, Reden« vor, die sich mit allen Textsorten unseres Sprachlebens befasst. (Bei der Gelegenheit: Wer als Werbetexter, Wissenschaftlerin, Personalchef, Journalistin … immer nur Texte aus dem eigenen Fachbereich liest, wird in seinem oder ihrem Spezialgebiet kaum je so gut werden wie andere, die immer wieder über den Tellerrand ihrer Profession hinauszublicken pflegen.)

Der beigefügte »Vorgeschmack« wird Ihnen zeigen, was wir vorhaben. Wir freuen uns, wenn Sie eine Fortsetzung verlangen.

Freundliche Grüße

Wir bieten Ihnen ein Abonnement zum Subskriptionspreis von… Euro und das erste Heft kostenlos an. Damit Sie beurteilen können, wie gut unser Angebot wirklich ist.

Das Vorstellungsgespräch

Der Bewerbungsbrief dient als Informant und als Türöffner. Wer mit seiner schriftlichen Bewerbung nicht »ankommt«, wird auch nie als Person »ankommen« – die Tür bleibt geschlossen. Es geht also bei der schriftlichen Bewerbung entscheidend darum, mit Buchstaben auf Papier so zu überzeugen, dass man zu einem persönlichen Gespräch eingeladen wird.

Wenn die Hürde »schriftliche Bewerbung« genommen ist, dann allerdings kommt alles auf den persönlichen Eindruck an, den die Bewerberin oder der Bewerber im Gespräch vermittelt.

Dabei ist auf Äußeres zu achten (Kleidung, Haarschnitt, Gesten, Mimik, Sitzhaltung, Gang …) – keine Frage! Aber das Wichtigste ist meistens, was jemand sagt und wie er es sagt.

Patentrezepte gibt es nicht. Aber… Der Reichskanzler Otto von Bismarck wurde einmal auf seine Schlagfertigkeit angesprochen. Er bekannte, dass er gar nicht schlagfertig sei. Weil er sich aber vor einem Gespräch oder einer Debatte genau überlege, welche Fragen sich wohl ergeben würden, und weil er sinnvolle Antworten darauf vorbereite – deshalb erscheine er wohl vielen als schlagfertig. Diese Praxis können wir für das Bewerbungsgespräch nutzen.

Was wird wohl im Bewerbungsgespräch gefragt? Zum Beispiel:

> »Warum wollen Sie eigentlich Ihre jetzige Stelle aufgeben? Es scheint Ihnen doch dort ganz gut zu gehen!?«
>
> »Sie waren jetzt acht Monate arbeitslos. Was haben Sie in dieser Zeit gemacht?«
>
> »Sie haben ein Jahr mehr auf dem Gymnasium verbracht als hier üblich. Woran lag's?«
>
> »Im letzten Jahr hatten Sie eine sechsmonatige Haftstrafe zu

verbüßen, wurden allerdings schon nach vier Monaten entlassen. Was haben Sie angestellt? Wieso vorzeitige Entlassung?«

Es ist nicht die schlechteste Methode, alle Fragen, die Ihrer Meinung nach auf Sie zukommen können, zu notieren, abgewogene Antworten zu formulieren und diese Antworten nahezu auswendig zu lernen.

Da können wir uns an unseren Politikprofis ein Beispiel nehmen. Sie wissen natürlich, welche Fragen zum Beispiel im Wahlkampf immer wieder gestellt werden und welche Einwände ihre Antworten vermutlich herausfordern. Also stattet man sich mit gut formulierten, richtig einstudierten Antworten aus, sodass man nicht gerade leicht in Verlegenheit zu bringen ist. Das geschieht außerdem in Absprache mit allen anderen Beteiligten. Nur so ist einigermaßen sicherzustellen, dass gleiche Fragen stets in gleicher Weise beantwortet werden, ob nun jemand in Hannover oder jemand anders in Frankfurt gefragt wird.

Bildlich gesprochen: Die Politiker tragen eine Art Bauchladen vor sich her, in dem schön gegliedert eine Menge Textbausteine versammelt sind. Wenn man befragt wird – ein Griff in das zuständige Fach, und schon hat man die Antwort. Und es wird so gut wie durchweg dieselbe sein, ob sie nun an der Nordsee oder im Bayerischen Wald zu geben ist. Zusammengefasst: Gründliche Vorbereitung auf das, was vermutlich kommen kann, ist zwar nicht alles, aber schon eine ganze Menge, ermöglicht es doch zügiges Reagieren, vermeidet oder dämpft es doch schädliches Lampenfieber.

Wer Spaß an Rollenspielen hat, kann gerade dies auch mit Verwandten, Freunden, Kollegen… durchaus trainieren. Und im Übrigen: Wir pflegen uns zwar zu ärgern, wenn es auch bei der 30. Bewerbung noch nicht geklappt hat, aber trösten wir uns doch damit, dass wir mit jeder Bewerbung – vor allem auch mit jedem Vorstellungsgespräch – an Erfahrung, an Sicherheit, an Reaktionsfähigkeit gewinnen.

Diese Vorteile erntet natürlich nur, wer sich bemüht, wer sich »ohne Ansehen der Person« kühl beurteilt, wer sich »in Wort und Schrift« immer wieder verbessert.

Wie gestalte ich ein privates Festprogramm?

Ein hoher Geburtstag steht an. Er wird zu Hause, oft aber auch in einem Restaurant festlich begangen. Der Tisch oder die Tische sind geschmückt, vielleicht gibt es Tischkarten, sicher eine Speisekarte und vielleicht zusätzlich eine Art Programm. Schließlich ist es sinnvoll, wenn die Gäste wissen, worauf sie sich einstellen müssen: Wann geht's los? Was gibt es zu essen und zu trinken? Ist noch etwas zu erwarten? Wann ist Schluss?

Wenn wir diese Fragen auf einer Programmseite klar und einfach beantworten – alles in bester Ordnung. Aber möglicherweise erscheint Ihnen solch ein schlichtes Stichwortprogramm doch ein wenig zu nüchtern. Der Ablauf steht fest, daran ist gar nichts mehr zu tun; es kommt nur darauf an, die geplanten Ereignisse ein wenig flotter, frischer darzustellen. »Der Ton macht die Musik.« Das gilt auch bei solcher Gelegenheit. Sie merken es: Immer wieder – im privaten wie im beruflichen Leben – geht es unter anderem darum, etwas angemessen und überzeugend darzustellen. Das Wie ist in der Wirkung ein Teil des Was.

Zu unserem hohen Geburtstag könnte die schriftliche Darstellung des Ablaufs zum Beispiel so aussehen:

Was wir vorhaben

gegen 12:30 Uhr	*»Ein Glas Sekt oder Saft, bitte?«*
	Zur Tischordnung: *Die Familie, selten vollzählig, anfangs ein bisschen am selben Tisch; alle anderen – bitte Tischkärtchen beachten – auf guten Plätzen in der ersten Reihe. Nach dem Luftschnappen (gegen 15 Uhr) »parke« jede und jeder; wo's gefällt.*
gegen 12:50 Uhr	*»Herzlichen Dank fürs Kommen!«*
gegen 13:00 Uhr	***Essen und Trinken*** *hält Leib und Seele zusammen, und bei anregendem Gespräch wird sich der Genuss erhöhen.*
gegen 14:30 Uhr	*Die meisten unter uns haben schon einige Lebensjahrzehnte geschafft; die Jüngeren und der Nachwuchs werden folgen. Da sind vielleicht ein paar Worte angebracht zum Thema*
	Übers Altern *(Franziska Weilberg)*
gegen 15:00 Uhr	*Unsere Hunde möchten ein bisschen frische Luft schnuppern. – »Wer kommt mit?«*
gegen 15:30 Uhr	*Kaum hat man sich ein wenig die Beine vertreten und gedankenvoll den Kopf bewegt – schon wieder Appetit, zum Beispiel auf:*
	Bergische Waffeln
gegen 17:00 Uhr	*»Kommt gut nach Haus!«*

Wie wichtig es ist, geschickt zu formulieren, zeigt unter anderem besonders gut der letzte »Tagesordnungspunkt«. Normalerweise stände dort »Schluss gegen 17 Uhr«…

Die Texterin dieses Festprogramms hat sich an dieser nicht gerade einladenden, weil eher ausladenden, wenn auch ganz korrekten Formulierungsweise gewandt vorbeigeschlichen. Sie verkündet den Schlusspunkt, das Ende einfach überspringend, mit einem »Kommt-gut-nach-Haus-Wunsch!« – was ja die Beendigung der Veranstaltung voraussetzt.

Glückwunsch- und Beileidsbriefe

In diese Situation, die viele in Verlegenheit bringt, kommen wir immer wieder einmal. Warum fällt sogar vielen Menschen, die täglich Geschäftsbriefe schreiben, die Formulierung von Glückwunsch- und Beileidsbriefen schwer? Weil sie keine Übung darin haben.

Als ich bei einer großen Konstruktionsfirma in der Übersetzungsabteilung tätig war, musste der oberste Boss eines Tages einen Beileidsbrief diktieren; der Chef eines wichtigen Kunden war gestorben. Er wusste schnell, was zu tun war: An die Sekretärin delegieren! Allerdings – auch die tat sich mit dieser ungewohnten Aufgabe schwer, und so hatte auch sie schnell eine entlastende Idee: An die Übersetzungsabteilung delegieren! Weil die dort doch alltäglich mit Sprachfragen umzugehen haben. Auch mein Chef war über diese Delegation »von ganz oben« nicht erfreut, und so fand auch er einen Ausweg. Zu mir: »Würden Sie das bitte mal erledigen?!« Von wegen »erledigen«. Auch ich musste nachdenken, zumal der Auftrag, wie schon gesagt, »von ganz oben« kam.

Ich hatte Pech, denn – mein Beileidsbrief gefiel. Warum Pech? Weil ich in diesem Unternehmen nun alle Briefe zu verfassen hatte, die aus privatem Anlass geschrieben werden mussten! Aber es war schließlich auch ein Glück. Denn dabei habe ich eine Menge gelernt.

Natürlich ist es ein Unterschied, ob Enkelsohn Fritz seiner Großmutter zum 60. Geburtstag oder ob Herr Steuerberater Friedrich einer Kundin zur Beförderung gratuliert.

Glückwunschbrief

Wer einen guten Glückwunschbrief formulieren will, lerne verzichten:

a) auf Standardformulierungen
b) auf Ausdrücke, die rein geschäftlich wirken

Beispiel zu a:

Ich wünsche dir zu deinem 60. Geburtstag von Herzen alles Gute, vor allem natürlich Gesundheit, was ja das Wichtigste im Leben ist.

Beispiel zu b:

Zu Ihrer Beförderung zur Leiterin der Werbeabteilung sende ich Ihnen meine besten Glückwünsche. Ihren Einladungstermin zu einer Beförderungsfeier, den 23.09. ds. J., habe ich mir gleich vorgemerkt.

Kritik zu a: Der erste Satz ist der übliche: nicht schlecht, aber auch in gar keiner Weise etwas Besonderes, etwas Eigenes, etwas selbst Gedachtes.

Kritik zu b: Das Wort »Termin« wirkt geschäftlich, die Datumsschreibweise ebenfalls, nicht minder das »vorgemerkt« (und was soll es bedeuten?).

Verbesserungsvorschlag zu a:

Was ich dir, liebe Oma, zu deinem 60. Geburtstag vor allem wünsche, ist dies: dass du nicht dem Gedanken »Schon wieder ein Jahr weg!« nachhängst, sondern dich freust: »Ich bin wieder um ein Jahr reicher geworden.« Wer 60 Jahre alt geworden ist, hat Lebensreichtümer in Hülle und Fülle gesammelt, von denen die Jüngeren nicht wissen, ob ihnen Ähnliches je vergönnt sein wird. Und dass du diese »Marke« auch gesund und munter erreicht hast – welch ein Glück!

Verbesserungsvorschlag zu b:

Sie haben's geschafft: mit viel harter Arbeit, mit Einfallsreichtum und Engagement. Und ich bin sicher, Sie werden auch die neue, die größere Aufgabe meistern. Herzlichen Glückwunsch! Natürlich freue ich mich darüber, dass ich am 23. September an Ihrer Beförderungsfeier teilnehmen darf. Ich komme sehr gern.

Privater Glückwunschbrief

Die goldene Hochzeit ist ein ganz besonderes Ereignis. Wenn wir dazu schriftlich gratulieren, wäre es wirklich zu ärmlich, sich in Standardformulierungen zu ergehen. Da muss schon etwas Eigenes her; die Beglückwünschten müssen spüren, dass sich jemand Gedanken zu ihrem Ehren- und Freudentag gemacht hat. Ein Beispiel:

Liebes Goldhochzeitspaar,

der goldene Ring, den sich Brautleute anzustecken pflegen, ist das Symbol eines Versprechens. Ob das Versprechen eingehalten wird – ob jemand einer ist, der *sich* versprechen darf –, das zeigt sich erst über die ganze Lebeszeit, und es zeigt sich – gültiger Vorschuss – am Tag der goldenen Hochzeit.

»Die meiste Zeit der Ehe gehört dem Gespräch an.« Wie gut, wenn man sich Tag für Tag immer wieder etwas zu sagen weiß, wenn man sich gemeinsam erfreut an der Natur, wenn man gemeinsam leidet an der Welt, wenn man einander hilft, füreinander da ist.

Grün ist die Farbe des Werdens,
Silber die Farbe der Entfaltung;
die Farbe des Reifens ist Gold.

In 50 Jahren Ehe- und Familienleben gibt es bekanntlich nicht nur Sonnenschein. Manchmal sieht die Welt trübe aus, manchmal blitzt und kracht es. Dann und wann ist man ratlos und verzagt. Doch das ist der normale Gang menschlicher Dinge.

Es ist zwar nicht alles Gold, was glänzt,
aber auch vieles, was nicht gerade glänzt,
kann trotzdem Gold sein.

Wichtig über dem Auf und Ab unseres Alltags ist, dass der Hochzeitstag nie aufhört, Anfang eines jeden folgenden Tages zu sein.

Der goldene Hochzeitsring – ein Versprechen.
Die goldene Hochzeit – das eingelöste Versprechen.

»Was bleibt?«, mögen sich die Eheleute fragen, und vielleicht antworten sie, Rückblick und Ausblick bedenkend, ungefähr so:

Rückblick

Vieles haben sie
gemeinsam gesehen,
die zwei und zwei Augen,
deine und meine.

Und das so Gesehene
hat Spuren gelegt
in die Kammern
hinter Haut und Knochen,

Spuren, die von dir zu mir
und von mir zu dir
in geheimnisvoller Weise
sich verbinden zu *einem* Weg.

Ausblick

Jeder Tag
ein neues Zuhause,
Jedes Herbstlaub
eine neue Farbe,
jeder Schneefall
ein neues Märchen.

Das tägliche Brot,
ein Bild und ein Buch,
der Blick durchs Fenster
über Sträucher und Bäume,
Gespräche mit Nachbarn,
die Stimmen vertraut.

Dies alles
von sich zu wissen,
wie lange auch immer,
vorm Schlafen
und früh beim Erwachen
ist Glückes genug.

Wir wünschen euch Freude an allem, was jeder kommende Tag an Schönem für euch bereithält, Gelassenheit gegenüber dem Grau und dem Grauen in dieser Welt, Besonnenheit und Behutsamkeit und ein feines Händchen im Umgang mit den vielen Aufgaben, die noch auf euch warten.

Eure Kristina

Ein paar Hinweise zu diesem Text.

Der Anfang ist ganz zwanglos: goldene Hochzeit – goldener Ring. Wozu der Ring? Symbol des Versprechens. »Sich versprechen können«, eine Formulierung von Friedrich Nietzsche, besagt, dass man fähig sein muss, zu einem Versprechen auch dauerhaft zu stehen; man muss sich seiner selbst sicher sein. »Gültiger Vorschuss«, weil das gemeinsame Leben ja noch nicht zu Ende ist (manche Leute trennen sich mit 70 Jahren oder mehr).

»Die meiste Zeit der Ehe gehört dem Gespräch an.« Auch ein Nietzsche-Zitat. Wir dürfen bei solchen Gelegenheiten Anleihen bei großen Geistern machen. Kein Problem: Zitatenlexikon. Im Zitaten-Handbuch von Eberhard Puntsch (Weltbild Verlag) finde ich zum Thema »Ehe«, »Ehemann«, »Ehefrau« … zehn Seiten Aphorismen, Maximen, Sprichwörter.

Die Anmerkung, dass »nicht alles Gold ist, was glänzt«, das gilt auch für die Ehe, darf nicht fehlen. Wenn Sie Neigung und Lust haben, können Sie diesen Gedanken auch mit eigenen Aphorismen begleiten (siehe Kapitel »Kreativität in Kürze«).

Wer darüber hinaus selbst Gedichte schreibt – und das sind viel mehr Menschen, als man zu denken pflegt –, hat hier Gelegenheit, seinen Text damit anzureichern. Wer Gedichte mag, aber selbst keine Verse schreibt, darf auch hier auf andere zurückgreifen. (Manchmal trägt unser Deutschunterricht bei solchen Gelegenheiten und an solchen Textstellen doch noch späte Früchte.)

Der Schlussabsatz greift den Gedanken des Auf und Ab, des Hin und Her noch einmal auf, mit dem Wunsch, auf jede Situation eine gelingende Antwort zu finden.

Beileidsbrief

Sicher schwieriger ist die Aufgabe, einen Beileidsbrief zu schreiben, will man auch in diesem Fall nicht bequem auf die üblichen Worte zurückgreifen. Hier ein Brief an die Witwe eines Mannes, der lange Zeit des Schreibers Vorgesetzter gewesen ist, zu dem aber die Verbindung nach gemeinsamer Arbeit bestehen blieb.

> Sehr geehrte, liebe Frau Wildberg,
>
> es ist rund 20 Jahre her, da holte mich Ihr Mann aus meiner Abteilung »Marketing« in seine Abteilung »Werkzeitschrift-Redaktion« unseres Unternehmens, mit meinem Willen, gegen den Willen meines damaligen Abteilungschefs, der mich behalten wollte.
>
> Was folgte, waren fast zehn Jahre vertrauensvoller und erfolgreicher Zusammenarbeit. Enger Zusammenarbeit Tag für Tag. Dass wir auch noch Jahre und Jahrzehnte danach immer wieder miteinander in Verbindung standen, mag andeuten, wie gut diese Zusammenarbeit gewesen ist, was die Qualitäten der Führung und des menschlichen Umgangs Ihres Mannes erkennen lässt.
>
> Solche Chefs, zu denen der Gesprächsfaden auch nach getaner Arbeit nicht abreißt, sind selten geworden. Ich hatte das Glück, noch einen der wenigen dieser Art kennen zu lernen, und ich denke nicht nur mit Wehmut und heute voller Trauer, sondern auch mit angenehmen und heiteren Erinnerungen an Karl Wildberg zurück.

Und wenn ich, manchmal ein wenig niedergedrückt, viele aus unserer Altersgruppe um mich herum abtreten sehe – das ist nun einmal des Alters Los –, dann versuche ich mir sozusagen ins Wort zu fallen, indem ich mir einrede: »Erinnerung ist nie vorbei.« Auch Ihre Erinnerung bestimmt nicht. Sie haben eine wunderbare Zeit miteinander gehabt und so mit jedem neuen Tag neuen gemeinsamen Reichtum angesammelt; er wird Ihnen helfen, das Schwere zu tragen.

In stiller Anteilnahme

Die berufliche Verbindung steht in diesem Beileidsbrief im Vordergrund. Eine nachträgliche Würdigung der beruflichen und dabei auch menschlichen Arbeit des Verstorbenen, die der Witwe sicherlich gut tut. Aber dann kommt das Mehr: die persönliche Seite. Und das in dieser Weise zu lesen, das tut noch einmal gut.

Am Schluss eine Aufwertung der Erinnerung durch ein Benjamin-Wort und einen Gedanken des Philosophen Gerd B. Achenbach. Nicht wie üblich die Frage: »Was kommt noch?« Sondern die Einsicht: Jedes gelebte Jahr hat unseren Reichtum gemehrt. Zum Ende hin wird's nicht immer weniger, sondern immer mehr.

Auch solche Gedanken müssen wir Beileidschreibenden nicht unbedingt selbst hervorbringen, wie die Beispiele zeigen. Wir können sie von anderen beziehen. Wie? Lesen hilft. Umgang mit Büchern ist hilfreich.

Wie halte ich eine Festrede?

Eine Methode: Wir machen es wie bei entsprechenden Briefen und lesen diese Briefe dann einfach ab. Eine andere: Wir konzipieren eine Fest- oder Trauerrede und halten die Rede dann frei – oder zumindest weitgehend frei.

Mit dem »frei reden« ist das natürlich so eine Sache, wenn man es nicht gewöhnt ist. Es geht mit Auswendiglernen. Warum nicht, wenn es einem leicht fällt! Es geht mit einem Stichwortzettel. Und es geht in einer speziellen Weise, die ich des Öfteren bevorzugt habe.

Morgens zwischen fünf und sechs mache ich mit unserem Hund den ersten Spaziergang, von denen er vier pro Tag als ihm zustehend betrachtet. Um die Zeit stören keine anderen Hunde, auch keine Menschen (der Zeitungsträger, der uns begegnet, gehört irgendwie dazu). In der Stille dieses Spaziergangs vor Sonnenaufgang, bei erstem Vogelgezwitscher, kommen mir oft die besten Gedanken, auch wenn es um die Entwicklung einer Rede geht. Das Verfahren ist uralt. Aristoteles lehrte im Gehen. Ein angeregter Kreislauf lässt die Gedanken besser fließen.

Ich denke also an das bevorstehende Ereignis, zu dem ich »ein paar Worte sagen soll« (so wird das meistens dahingeplaudert), und warte, dass mir etwas einfällt. Geduldig und gelassen, weil ich weiß, dass es passieren wird. Und ist dann der erste Satz, die Einleitung, aufgetaucht, entwickelt sich das Ganze nach und nach wie von selbst.

Nun wäre es gewiss schade, wenn das gerade Erdachte zumindest teilweise wieder verloren ginge. Eine Möglichkeit wäre, rasch die Formulierungen, die einem einfallen, zu notieren oder in ein kleines Aufnahmegerät zu sprechen. Ich mache es anders. Sobald ich einen Satz formuliere, wiederhole ich das bis dahin schon Erdachte und lerne es auf die Weise zwanglos auswendig.

Ich kenne diese Methode aus meiner Jugend vom Klavierunterricht. Bei den Schülerkonzerten sollte natürlich fehlerfrei und musste auswendig gespielt werden. Da die Fehlerfreiheit verlangt, dass man jeden Abschnitt immer wieder übt, eigentlich so sehr, dass man ihn anschließend auswendig kann, ohne dies eigentlich angestrebt zu haben, war das Auswendigspielen gar nicht schwer.

So auch hier: Mit jedem Satz, der hinzukommt, wiederhole ich alles bis dahin Erdachte im Zusammenhang. Selbst wenn ich trotzdem den einen Ausdruck oder die andere Wendung im genauen Wortlaut vergesse: Das Ganze kann nicht mehr verloren gehen. Zu Hause schreibe ich dann sofort alles nieder. Und so entsteht meine Rede meistens in zwei, drei Tagen, und – sie »sitzt« auch gleich, ohne dass ich sie »gepaukt« hätte.

Sie wollen ein Beispiel einer kleinen Festrede lesen? Hier eine solche Rede zur Taufe eines Babys:

Liebe Festgäste,

ein Fest… ein Freudenfest ist es wirklich, das wir heute feiern. Wir wissen, wie sehnlich dieses Kind – als Geschwister für unseren Ludwig – erwartet wurde, und wir wissen auch, wie groß die Freude war, als es sich ankündigte, und wie groß erst, als es dann leibhaftig in Erscheinung trat – nun kein »es« mehr, sondern ein Mädchen namens Lina – unter Eingeweihten, jedenfalls fürs Erste: Linchen.

Heute wurde Lina getauft. Das Wort »taufen« hängt mit dem Adjektiv »tief« zusammen. Also eigentlich: »taufen« gleich »tief machen«, in diesem Fall so viel wie »untertauchen«. Und so wurde ja anfangs auch getauft: Der zu taufende Mensch wurde untergetaucht. – Diese leicht rigorose Prozedur des Taufens haben wir allerdings inzwischen ersetzt – und bei unserer Art der Taufe kommt uns das Verbindungswort »tupfen« zu Hilfe. Wir betupfen das Kind mit ein wenig Wasser, und indem wir es mit Wasser benetzen, vollziehen wir das Sakrament der Aufnahme in die christliche Kirche.

Und um das alles bedeutungsvoll zusammenzuhalten, können wir eine Wortreihe bilden: taufen – tupfen – tief – Tiefe – Tiefsinn. Und das ist es ja wohl, was wir meinen: In der symbolischen Geste des Benetzens mit Wasser – des Taufens – verbirgt und entbirgt sich ein tiefer Sinn.

Linchen kann damit noch nichts anfangen, ihr geschieht es. Wir sind es, die darüber entschieden haben, ob dieses Kind getauft werden sollte. Und die Antwort auf diese Frage war ein zweifelsfreies Ja.

»Vielleicht ein bisschen voreilig«, mag manch einer sagen, »denn wer von uns weiß schon, ob Linchen, hätte sie's begreifen können, es gewollt hätte! Wenn aus Linchen eine 18-jährige Lina geworden ist, kann es passieren, dass sie »das Getauftwerden, ohne gefragt zu sein« ablehnen wird. Dieses Risiko gehen wir ein. Wozu? Warum nicht warten, bis der herangewachsene Mensch selbst entscheiden kann?

Weil es dann ein bisschen zu spät wäre. »Ein bisschen« nur, denn alles lässt sich immer noch so oder anders machen. Allerdings ist dieses »ein bisschen« eben doch nicht nur »ein bisschen«. Wer nicht getauft und dann in diesem Sinne auf dem Weg zum Erwachsensein begleitet worden ist, dem fällt es oft schwer, den Zugang zu dem hinter der Taufe stehenden Glauben zu finden. In einen Glauben hineinwachsen … wie selbstverständlich hineinwachsen, das ist etwas anderes als im späteren Alter ein Datum für den Eintritt in eine Kirche festsetzen.

Dieses selbstverständliche Hineinwachsen hat etwas mit Tradition zu tun. Und wo wären wir … wie sehr hingen wir in der Luft – ohne Tradition? Ein solches In-der-Luft-Hängen, in früheren Jahrhunderten schwer vorstellbar, ist in der Neuzeit allerdings fast zum Normalfall geworden.

Linas Eltern haben die Verantwortung dafür übernommen, dass diese Art von Normalfall für ihr Kind fürs Erste ausgeschlossen ist. Dass er trotzdem – später irgendwann – noch eintreten kann, das wissen wir, und wahrscheinlich können wir eine solche Entwicklung, falls sie denn eintreten sollte, kaum verhindern. Doch das ist dann die Verantwortung des Erwachsenen selbst.

Das getaufte Kind hat die beste Chance, in der Wiege eines festen Glaubens groß zu werden. Dafür hat die heutige Taufe gesorgt, und die Eltern wie die Paten werden dafür sorgen, dass diese Chance erhalten bleibt.

Wir können die Taufe, die Konfirmation, die Hochzeit vielleicht und so weiter als herausragende Stücke eines Zusammenhangs sehen; aber wir können sie auch als die Glieder einer Kette sehen, die in ihrer Verbindung ein Lebenswerk des Glaubens bildet. Hoffen wir, dass unserer kleinen Lina *ihr* Lebenswerk gelingt.

Diese Taufrede ist nur auf zwei Grundgedanken aufgebaut.

Im ersten Teil wird versucht, ein wenig zu klären, woher das Wort »taufen« kommt, wie es mit anderen Wörtern zusammenhängt, was es bedeutet. Um eine solche Einleitung leisten zu können – sie ist in vielen Fällen möglich –, brauchen wir nur ein Herkunftswörterbuch.

Im zweiten Teil geht die Rednerin – in diesem Praxisfall war's also eine Dame – auf die des Öfteren gestellte Frage ein: »Warum nicht erst dann taufen, wenn das Kind selbst darüber entscheiden kann?« Und diese Taufrede bietet dazu eine einleuchtende Antwort an, die am Schluss überleitet zu dem, was das Taufkind später einmal zu entscheiden und zu leisten haben wird.

Schreiben Sie doch eine Glosse!

Sie möchten etwas schreiben, nicht gleich eine Erzählung, einen Roman gar, nein, etwas Kleines, Reizvolles, Witziges ... vielleicht eine Glosse? Was ist das, eine Glosse? Es ist ein knapper, meist leicht spöttischer Kommentar zu aktuellen Ereignissen, angesiedelt gewöhnlich in Zeitungen und Zeitschriften.

Zum Leserbrief (siehe »Am Leben teilnehmen: Leserbriefe«) lässt sich insofern eine enge Beziehung herstellen, als man einen Leserbrief eben auch als Glosse schreiben kann. »Leserbrief« ist die Rubrik, »Glosse« eine mögliche Form. Ein Beispiel?

In der folgenden Glosse ist es gelungen, ganz unterschiedliche Sachverhalte durch einen überraschenden Gedanken zu verbinden. Diese »Kombinationsglosse« erschien am 23. Februar 1999 im Kölner Stadt-Anzeiger; zu der Zeit wurde darüber geächzt und gestöhnt, dass dem deutschen Fußball der Nachwuchs fehle.

DOPPELPASS-KOMPROMISS

Geniale Idee

Alle wollen bessere Integration in Deutschland geborener Ausländerkinder. Aber wie? Der FDP-Vorschlag – Doppelpass bis zum 23. Lebensjahr, dann Entscheidung – ist geradezu genial, denn er bringt einen wunderbaren Nebenvorteil: Er beschert uns eine neue und zugleich fähige Fußball-Nationalmannschaft. Elf junge Auch-Deutsche und ihre Ergänzungsspieler werden wieder Siege erkämpfen und erspielen. Ein Teil dieser begabten jungen Wilden wird sich dann für den deutschen Pass entscheiden, also der Mannschaft – als das ältere »Gerüst« – erhalten bleiben, während die Ausscheidenden durch inzwischen nachgerückte Neunzehn- und Zwanzigjährige ersetzt werden. Zweiter Nebenvorteil also:

Zwang zu alljährlicher Verjüngung. Ein richtig schöner Doppelpass.

Die alltäglichen Sonderlichkeiten und Stolpersteine sind uns allen geläufig. Um sie richtig einschätzen zu können, auch um ihnen gegenüber vielleicht mehr Gelassenheit entwickeln zu können, müssen wir manchmal mit der Nase draufgestoßen werden.

Kinder halten die Älteren jung, sind ein Quell der Aufmerksamkeit, der Aktivität, der Freude. Aber nicht nur und nicht immer. Hier die leicht surrealistische Kurzgeschichte eines Vaters.

Kuriose Geschichte

»Ich will was zu trinken«, sagte das Mädchen. »Immer will sie was zu trinken«, sagte die Mutter, »immer wenn wir zu Hause sind, will sie was zu trinken.« – »Dann gib ihr Kaba«, sagte die Tante. – »Ich hab doch gar keine Milch im Kühlschrank, wir haben den ganzen Kühlschrank leer gemacht.« – »Nimm einfach Kondensmilch. Du musst Kondensmilch nehmen, das geht auch, mit Kondensmilch geht's auch.« – »Ich will was zu trinken«, sagte das Mädchen.

Während der Pulverdampf der Worte das Zimmer zum Schlachtfeld einer weiblichen Idylle machte, saß der Vater sprachlos in seinem Sessel, blickte ziellos, alle Gegenstände verfehlend, umher, erwog, sich ein Zigarillo anzuzünden, was den Hexenspuk im Hui durch den Rauch gejagt hätte, gab den Gedanken auf, ließ ihn aus müder Rücksichtnahme im Hinterkopf zurück: wobei sein schweigendes Selbstgespräch weiterpendelte zwischen dem gestern verlebten Geburtstag und dem heutigen »Ich-will-was-zu-trinken«-Disput der drei Damen.

Das zog sich hin und zog sich hin. Während das Mädchen seinen Unmut über die Welt in *einem* fordernden Satz zusammenfasste und gegen die Wände des Erwachsenseins trommelte und die Frauen den Ernstfall spielten, als wenn der Fall der Ernstfall wäre, sog der Vater an seinem nicht angezündeten Zigarillo, um die Ruhe zu bewahren, unfähig, die Genfer Konventionen häuslicher Käfigkultur zu durchbrechen; fest geleimt saß er auf seinem Herrensitz, ein Bild des Jammers im ordentlichen Gewand mitteleuropäischer Anständigkeit.

Endlich – der Einfall, ein Ruck im Gehirn, die Rettung nur fünf Schritte entfernt. Der Vater ging zum Klavier, hob den Deckel, ein Griff nach dem blauen, schmalen Notenband, aufgeschlagen und ... heiter, beschwingt, eine Melodie der Erlösung und Belebung ...

Was tun ... was tun mit einem derart unverschämt klassischen Überfall am Piano?

Wie aus der Pistole geschossen, krähten sie, in fröhlicher Unschuld, krähten sie mit, was sie hörten, Mutter und Tochter immer ein bisschen daneben, wie sie es von der Tante als Ausdruck neckischer Lebensfreude gelernt hatten, des Vaters Klavierspiel fast übertönend. Während die Tante ... ahnend nichts Gutes ...

Denn nun geschah, was geschehen musste: Der Vater springt auf, hält den Revolver in der Hand und schießt auf alle falsch gesungenen Töne, die aus der Luft auf ihn niederprasseln – bis es still ist im Zimmer und Schumanns Kuriose Geschichte ungestört ausklingen kann.

»Lasst uns jetzt einkaufen gehen«, sagte die Mutter, »Krabben und Brot und auch was zu trinken.« – »Ich will die neue ›Wendy‹«, sagte das Mädchen.

Mutter und Tante verließen das Haus, um Krabben und Brot und auch was zu trinken zu kaufen, wer weiß, womöglich die Pferdezeitschrift dazu, die noch dazu.

Unterdessen löste das Mädchen Mathematikaufgaben für den übernächsten Tag, weil die Lehrerinnen und Lehrer am nächsten Tag Studientag haben sollten, der ein Ausflugtag werden würde.

Der Vater spielte ungestört seine Kuriose Geschichte, während alle anderen, wie es sich gehört, mit Nützlichem beschäftigt waren – vielleicht aber auch noch und dennoch eine kleine Melodie im Ohr behielten.

Mehr Alltäglichkeiten, die sich für eine Glosse eignen? Schularbeiten der Kinder, Urlaubsziele, Warten auf Post (nach dem Verschicken von Bewerbungen), Schlankheitsdiäten … Es wird Ihnen leicht fallen, diese kleine Aufzählung ziemlich endlos zu ergänzen.

Einen Krimi schreiben?

Wie sehr Form und Inhalt zusammenhängen, wie wenig sie voneinander zu trennen sind, sollen die folgenden Überlegungen zum Krimi-Schreiben veranschaulichen.

Vielleicht haben Sie schon einmal daran gedacht, einen Kriminalroman zu schreiben. Mag sein, dass Sie dann doch gestockt, gezweifelt, Ihre Überlegung in die Schublade verbannt haben. Einen Kriminalroman zu schreiben, das ist schließlich keine Kleinigkeit. Aber könnte es nicht ganz reizvoll sein, statt eines Kriminalromans erst einmal oder überhaupt eine Krimi-Kurzgeschichte zu erfinden? Vielleicht kann man auch einen Krimi auf drei Seiten unterbringen? Wie dem auch sei, ein kleiner Beitrag zu diesem Thema kann nicht schaden, auch nicht für jene, die zwar keine Krimis schreiben wollen, aber gern welche lesen.

Der Beitrag in diesem Buch soll Sie dazu verleiten, über diese oder jene Darstellungsart nachzudenken und vielleicht für sich zu entscheiden, wozu Sie eher neigen.

Anfang der 90er Jahre, also noch im 20. Jahrhundert, warb ein Textstudio für anschauliches Schreiben. Beispiel war ein wichtiger Satz aus einem fiktiven Kriminalroman. Der vorgestellte Satz lautete:

> Ein Mann und eine Frau betraten das Lokal, aßen und tranken etwas, stiegen dann wieder in ihr Auto und fuhren in den Urlaub.

Dem stellte man zwei andere Fassungen gegenüber, zwei, um so den notwendigen Formulierungsunterschied deutlich zu machen, je nachdem, ob es sich bei den beobachteten Leuten um ein junges oder ein älteres Paar handelte.

a) Geschichte eines jungen Paares:

Carsten und Silke stiefelten zu McDonald's, aßen zwei Hamburger, tranken zwei Cola light, quetschten sich dann wieder in ihren alten 2 CV und bretterten ab in die Provence.

b) Geschichte eines älteren Paares:

Richard führte Klara in den Goldenen Hirschen. Sie aßen Wildragout mit Knödeln und Rotkraut, tranken dazu einen schweren Bordeaux, danach bestiegen sie ihren Mercedes-Diesel und fuhren ins Allgäu.

Als ich den ersten Satz und dann die Sätze a und b gelesen hatte, dachte ich »jaja« – aber nicht einfach »ja«. Irgendetwas in mir sträubte sich, und ich wusste, es lohnte sich, genauer zu lesen. (Natürlich ist ein schwerer Bordeaux nicht gerade eine günstige Voraussetzung fürs Autofahren. Aber das war es nicht, was mich nachdenklich machte.)

Die Geschichte des jungen Paares

Was ist gut an dieser Verbesserung nach dem Textstudio-Motto »Wer zu allgemein schreibt, unterschlägt Informationen«? Der Text vermittelt eine bestimmte Atmosphäre: ein gewisser Typ junger Leute in einer Umgebung, wie sie sich viele so vorstellen. Wie kommt die Atmosphäre zustande? Einmal durch die («jungen«) Namen Carsten und Silke. Zum anderen – vor allem – durch die Verben: stiefelten, quetschten sich, bretterten ab. Die Substantive »McDonald's«, »Hamburger«, »Cola«, »2 CV« und »Provence« sind passende Staffage.

Die Geschichte des älteren Paares

Was ist gut? Wiederum die Vermittlung der Atmosphäre, des Rahmens. Wie kommt die »Übersetzung« in diesem Fall zustande? Vor allem durch die Substantive: Richard, Klara, Goldenen Hirschen, Wildragout mit Knödeln und Rotkraut, schweren Bordeaux, Mercedes-Diesel, Allgäu. Die Verben sind dagegen – dem Streben nach einem

»plastischen Text« zuwiderlaufend – blass: führte, aßen, tranken, bestiegen, fuhren.

Genauer

Und was ist nun wirklich gut an diesen beiden Beispielen? Nach meiner Meinung: gar nichts. Sie könnten beide so oder so ähnlich in einem Kitschroman stehen. Oder glauben Sie, dass gute Schriftsteller so etwas schreiben würden?

In Hemingways Erzählung »Schnee auf dem Kilimandscharo« lesen wir am Anfang: »Das Lager, auf dem der Mann ruhte, stand in dem breiten Schatten eines Mimosenbaums.« […] »Die Frau hörte es und bewegte sich unruhig hin und her. Im Traum war sie im Haus in Long Island, und es war der Abend vor dem ersten Ball ihrer Tochter.« Verben wie »stiefeln« oder »abbrettern« sucht man in diesem Text vergeblich.

Bei einem Klassiker der Kriminalliteratur, Dashiell Hammett, finden wir Sätze wie: »Als ich meine Prüfung beendet hatte, war die Verlegenheit des Mädchens vorüber. Sie sah mich ruhig an, ebenso der Mann neben ihr.« Oder: »Ein Mann kam von der Wartehalle her durch den Regen.«

Selbstverständlich gibt es bei beiden Autoren auch massenhaft Stellen, an denen etwas ganz genau beschrieben wird. Ich wollte mit diesen kurzen Zitaten nur klären, dass eine allgemeine Ausdrucksweise ebenso gut sein kann wie eine genaue, dass beide aber auch schlecht oder falsch sein können – je nachdem, wo welche Ausdrucksweise wie angewandt wird.

Zurück zum Ausgangssatz, den man mit den Fassungen a und b zu verbessern glaubte. Stellen wir uns vor, jemand sitzt in einem Lokal und wartet auf einen Freund. Er bemerkt, was um ihn herum vorgeht, allerdings ohne sich dafür besonders zu interessieren. In diese Situation passt der Originalsatz »Ein Mann und eine Frau …« sehr gut, und beide Verbesserungen passen überhaupt nicht.

Dennoch, eins stört auch an dem ersten Satz. *Ein* falsches Wort verrät, dass hier ein Beispielsatz erfunden – schlecht erfunden wurde.

Bei den beiden »Verbesserungen« beschreibt jemand, der ganz genau im Bilde ist – der allwissende Autor. Im Ausgangssatz beschreibt jemand, der gar nicht im Bilde ist, sondern sagt, was er gerade sieht, und davon auch nur die Hauptsachen: weil ihn Einzelheiten nicht interessieren. Richtig?

Und was ist nun falsch? Natürlich die Aussage »fuhren in den Urlaub«. Das kann er bei dieser Situationseinstellung nicht wissen (oder er hätte vorher zum Beispiel anmerken müssen, dass das Auto mit Urlaubssachen vollgepackt gewesen sei und ein Boot auf dem Dach getragen habe).

Was nun die Wirkung betrifft: Der Carsten-Silke- und der Richard-Klara-Satz vermögen zwar vielleicht den Mund wässrig zu machen, aber nicht die Phantasie anzuregen Worüber sollten wir denn noch nachdenken? Es ist ja alles schon gesagt.

Anders bei dem »schlechten« Ausgangstext.

Die beiden Verbesserungstexte verbreiten jeweils eine bestimmte Atmosphäre. Wir erfahren, dass es sich im einen Fall um junge Leute, im anderen Fall um ältere Herrschaften handelt. Und was wissen wir nach dem Ende des Ausgangssatzes, und welche Atmosphäre wird durch ihn vermittelt?

Wenn nur von einem Mann und einer Frau die Rede ist, so verbinden wir damit weder »junge Leute« noch »eine ältere Dame« und einen »älteren Herrn«. Wir verbinden damit »unauffällige Leute im mittleren Alter«, also durchaus etwas Bestimmtes.

Und was die Atmosphäre anlangt? Lesen wir den Satz noch einmal, mit leicht verändertem Schluss!

> Ein Mann und eine Frau betraten das Lokal, aßen und tranken etwas, stiegen dann wieder in ihr Auto und fuhren davon.

Es wird beiläufig erzählt, und es wird ungenau erzählt. Aber dass es überhaupt erwähnt wird… Der Mann und die Frau müssen irgendeine Rolle spielen. Und so würde sich, wenn der Satz in einem Roman stände, auf mich ein Anflug von Undurchsichtigem, Geheimnisvollem übertragen. Ich dächte vermutlich: »Was ist los mit den beiden? Mit denen stimmt etwas nicht, irgendetwas liegt in der Luft.«

Zusammengefasst: Es kann sein – vom ganzen Text abhängig –, dass eine ungenaue Aussage mehr »Stimmung« erzeugt und stärker die Phantasie anregt als eine genaue. Gerade in einem Kriminalroman kommt es darauf an, dies an jeder Stelle zu bedenken und dann das jeweils Richtige zu tun. Zu Gunsten des Romans, zu Gunsten der Lesenden.

Vielleicht werfen Sie jetzt noch einen Blick zurück auf den Titel: »Einen Krimi schreiben?« Und Sie sagen sich: »Reizen würde mich das schon. Aber so auf Anhieb etwa 150 Seiten Krimi hinlegen, das erscheint mir für den Anfang doch ein bisschen viel.« Damit mögen Sie Recht haben. Aber – wer sagt denn, dass es gleich so viel sein muss? Es gibt auch die Spezialgattung »Kurzkrimi«.

Ein solches »Werklein« liegt gerade neben mir, veröffentlicht in dem »Wellness-Magazin aus Ihrer Apotheke«, einem »Ratgeber für Ihre Gesundheit«. Titel: »Leugnen ist zwecklos«. Umfang: 192 Zeilen, von denen 76 Zeilen rund 35 Zeichen und 118 Zeilen rund 23 Zeichen umfassen. Bei normaler Zeilenbreite von 60 Zeichen ergibt das im Typoskript rund 90 Zeilen. Kein großes Werk, nicht wahr? Aber könnte man nicht so klein anfangen, bescheiden beginnen?

Auch vom Umfang abgesehen, ist dies kein großes Werk. Der Kurzkrimi enthält viele kleine Dialoge zwischen dem Kommissar und seinem Mitarbeiter. Das ist gut, macht den Text lebendig. Weniger gut an manchen Stellen eine nicht ganz passende Ausdrucksweise. Ein Beispiel: »Verdammt«, begann er sogleich loszupoltern, »ihr Bullen habt ja keine Ahnung…« Passt das Wort »sogleich« zu dem polternden Befragten? Das schlichte »gleich« wäre besser gewesen. Aber ein paar kleine Ausdrucksschwächen – was soll's!

Und wie steht es mit der Geschichte? Sie ist einfach gestrickt, und das muss sie bei einem Kurzkrimi auch sein. Eine einzige treffende Überlegung des Kommissars klärt den Fall. Eingeleitet wird dieser Geistesblitz so: »Verdammt, ich hab's!« Der Kommissar schlug sich an die Stirn.

Leider sagt er dann auch sofort, *was* er hat. Und das, was er unter »es könnte sein« einleuchtend seinem Mitarbeiter erklärt, das ist es schließlich auch. Von der Kommissar-Erklärung bis zum Schluss-Satz ist damit die Spannung zum größten Teil futsch. »Ich hab's!« war ebenso typisch wie in Ordnung. Nur hätte der Herr Kommissar den Grund dafür bis zur Festnahme für sich behalten sollen – im Interesse der Lesenden. Nach dem Anlegen der Handschellen hätte der Mitarbeiter dann gefragt: »Wie bist du darauf gekommen?« Und der Chef hätte ihn in zwei Sätzen eingeweiht.

Alles in allem: eine unterhaltsame Krimi-Kurzgeschichte mit einigen Schwächen. Würden Sie sich dergleichen nicht mindestens ebenfalls zutrauen? Auch nicht gerade Perfektes hat durchaus eine Chance, gedruckt zu werden. Und die Publikationen, die solche Füller brauchen, gibt es in großer Zahl und in vielseitiger Richtung.

Stilempfehlungen

In Rechtschreibung, Zeichensetzung und Grammatik gibt es meistens Richtiges und Falsches. In der Stilistik gibt es dagegen nur »gut« oder »schlecht« und ein breites Feld dazwischen. Deshalb keine Regeln, die fesseln, sondern Empfehlungen, die Ihnen richtungweisend das Schreibleben erleichtern können.

Empfehlung 1:	Wählen Sie das treffende Wort.
Empfehlung 2:	Vergessen Sie die einfachen Wörter nicht.
Empfehlung 3:	Streichen Sie überflüssige Beiwörter.
Empfehlung 4:	Bevorzugen Sie Tätigkeitswörter.
Empfehlung 5:	Schränken Sie den Gebrauch von Streckformen ein.
Empfehlung 6:	Entscheiden Sie sich öfter für die Tatform.
Empfehlung 7:	Trennen Sie sich von »Papierwörtern«.
Empfehlung 8:	Verzichten Sie auf unnötige Fremdwörter.
Empfehlung 9:	Vermeiden Sie hässliche Wiederholungen.
Empfehlung 10:	Nutzen Sie die Vielseitigkeit der Satzformen.

Wählen Sie das treffende Wort

»Sie haben uns scheinbar ein gutes Wohnungsangebot gemacht.« Der Verfasser meinte es positiv, aber der Empfänger war ungehalten. Warum? Er hatte ein wirklich gutes Angebot gemacht, glaubte aber, der andere zweifle daran, denn für ihn bedeutete »scheinbar« so viel wie »nicht wirklich«. Wenn die eine Seite zwischen »scheinbar« und »anscheinend« nicht unterscheidet, während die andere Seite es tut, können leicht Missverständnisse entstehen.

Missverständlich sind oft auch Wörter, die bei gleichen Sachverhalten in mehreren Bedeutungen auftreten können. Zum Beispiel: aufgeben, bedingen, vormerken. Bitte achten Sie darauf! Wer das treffende Wort wählt, sagt klar, was er meint. Bei dieser Regel geht es also in erster Linie um die Inhaltsfrage. Nur das treffende Wort stellt den gemeinten Gedanken genau dar.

Vergessen Sie die einfachen Wörter nicht

»Der Überprüfungszeitpunkt muss noch abgeändert und eingespeichert werden.« Ob es nicht genügt, den Prüfbeginn zu ändern und zu speichern? Einfache Wörter anstelle zusammengesetzter Wörter ermöglichen schnelleres Aufnehmen der Information und vermindern den Textaufwand. Zusammengesetzte Wörter sind zwar oft nicht falsch, werden jedoch gedankenlos verwendet, auch dann, wenn ein einfaches Wort das Gemeinte klar darstellt.

Streichen Sie überflüssige Beiwörter

»Es besteht die zwingende Notwendigkeit, diesbezüglich entsprechende Vorsichtsmaßnahmen zu treffen.« Da der Bezug dieses Satzes in einem Text nicht zweifelhaft ist, reicht stattdessen eine Formulierung wie: »Es ist notwendig, Vorsichtsmaßnahmen zu treffen.«

Bevorzugen Sie Tätigkeitswörter

»Zur Vornahme der Überprüfung der Rechtslage unsererseits möchten wir Sie um Einreichung der entsprechenden Unterlagen bitten.« Es geht auch so: »Bitte senden Sie uns diese Unterlagen, damit wir die Rechtslage prüfen können.« Dass wir Tätigkeiten auch in der Form von Hauptwörtern darstellen können, ist ein Reichtum unserer Sprache (Hauptwörter mit den Endungen »ung« und »en«). Wenn wir diese Möglichkeit aber zu oft nutzen, erschweren wir die Verständigung und nehmen unseren Texten jeglichen Schwung. Zu viele Hauptwörter wirken wie Bremsklötze; statt eines flüssigen Redestils ergibt sich ein schwerfälliger »Stotterstil«, und das »Stottern« setzt sich bei den Lesenden und Zuhörenden fort.

Entscheiden Sie sich öfter für die Tatform

»Es wird darum gebeten, den Fragebogen sorgfältig auszufüllen.« Wer bittet? Der Handelnde fällt bei der Leideform, dem Passiv, meistens unter den Tisch. Aber erstens ist es oft interessant, zu erfahren, wer der Schreibende ist, und zweitens möchten die Lesenden spüren, dass sie einen Gesprächspartner (Briefpartner) haben. Also besser die Tatform, das Aktiv, wählen: »Wir bitten darum, …« Oder: »Ich bitte darum, …«

»In diesem Schreiben wurde von mir darauf aufmerksam gemacht, dass ein solches Vorgehen in diesem Fall nicht möglich ist.« Auch hier das Passiv, aber – der Handelnde ist dennoch genannt. Nun wirkt die Leideform noch unnötiger und unverständlicher. Warum nicht »In diesem Brief habe ich darauf aufmerksam gemacht, dass …«. Weil man nicht »ich« sagen will, wenn man »ich« meint?

Sicherlich ist es nicht gut, in einem fort »ich« oder »wir« zu schreiben oder zu sagen, denn die andere Seite erhält dadurch den Eindruck, man denke nur an sich selbst, sei ausschließlich an sich selbst interessiert. Doch das Gegenteil ist genauso schädlich, denn die Lesenden bekommen das Gefühl, die Schreibenden hätten nicht den Mut, sich zu ihren Aussagen zu bekennen, sie zu verantworten. Besonders dann, wenn es um heikle Dinge geht, wirkt dieses Ausklammern der eigenen Person, diese Flucht in die Anonymität, sehr negativ.

»Es wird daher bedauert, den gestellten Antrag nicht befürworten zu können.« Der Satz zeigt zwei Stilschwächen. 1. Passiv; 2. überflüssiges Beiwort. Besser: »Wir bedauern, den Antrag nicht befürworten zu können.« Die Änderung macht deutlich, dass der Originalsatz auch noch einen formalen Fehler enthält: Die Infinitivgruppe drückt ein Tun (nicht befürworten) aus, aber das zugehörige Subjekt fehlt. Dieser Formfehler ist hier insofern bedeutungsvoll, als es den Eindruck vermittelt, jemand wolle sich zu seiner Entscheidung nicht bekennen.

Und wann ist das Passiv angebracht? Wenn es ausschließlich um die Sache geht. Zum Beispiel: »Die Besprechung wurde vertagt.« Solange nur der Vorgang des Vertagens wichtig, der Verantwortliche dagegen nebensächlich ist, wird das Passiv dem Sachverhalt gerecht.

Manchmal kann die Leideform auch dazu dienen, hässliche Wiederholungen von »ich« oder »wir« und damit einen egoistisch erscheinenden Ich- oder Wir-Stil zu vermeiden.

Von dem einen wird die Leideform bevorzugt, von dem anderen wird sie verdammt; eine sinnvolle Verwendung wird empfohlen. Besser: Die einen bevorzugen, die anderen verdammen die Leideform; ich empfehle, sie sinnvoll zu benutzen.

Trennen Sie sich von »Papierwörtern«

Dies ist eine der wichtigsten Stilempfehlungen überhaupt. »Wir werden Ihnen diesbezüglich alsdann im Einzelnen dartun, aus welchem Grunde wir in diesem Falle eine entsprechende Stellungnahme nicht erstellt haben.«

Mit »Papierwörtern« sind Wörter gemeint, die wir im Gespräch kaum benutzen, aber oft einsetzen, sogar bevorzugen, wenn wir etwas zu Papier bringen. Fragen Sie sich bitte immer wieder: Würde ich so sprechen? Und wenn Sie daran zweifeln, fragen Sie bitte weiter: *Wie* würde ich mich mündlich ausdrücken?

Diese beiden selbstkritischen Fragen bringen Sie bestimmt auf den richtigen Weg; sie helfen Ihnen, statt einer bürokratischen, umständlichen, formelhaften eine lebendige, direkte, persönliche Sprache nicht nur zu sprechen, sondern auch zu schreiben.

Vorschlag zur Verbesserung unseres Beispielsatzes: »Wir werden Ihnen dann im Einzelnen mitteilen, warum wir in diesem Fall nicht Stellung genommen haben.«

Verzichten Sie auf unnötige Fremdwörter

Gegen allgemein bekannte Fremdwörter ist nichts einzuwenden. Interesse, Komma, Foto, Stenografie: Diese und Hunderte weiterer Fremdwörter sind längst eingebürgert; wir erkennen es an der Übernahme deutscher Schreibweisen. Andere Besucher dagegen stellen sich als – meistens schnell wieder verschwindende – Moden ein.

Die entscheidenden Fragen: Was verlangt der darzustellende Sachverhalt? Für wen schreibe ich?

Fremdwörter, die zugleich genau definierte Fachwörter sind, lassen sich nicht immer umgehen, und in Fachtexten gehören sie selbstverständlich dazu. Sind sie nicht allgemein bekannt (Verwissenschaftlichung aller Lebensbereiche!), müssen wir sie übersetzen oder erläutern. Unaufdringlich, sodass die Lesenden unseren Hinweis als Hilfe und nicht als Belehrung verstehen.

Fremdwörter, deren Inhalte auch mit deutschen Wörtern darstellbar sind, bitte – wenigstens des Öfteren – vermeiden. Das galt schon immer, gilt aber heute mehr denn je: weil wir sonst bei dieser oder jener Textsorte in einen übermäßigen Fremdwortstil abgleiten und damit gerade jene ärgern, für die wir schreiben.

Nicht »Einige relevante Aspekte müssen noch detailliert eruiert werden«, sondern »Einige wesentliche Punkte müssen noch genau untersucht werden«.

Vermeiden Sie hässliche Wiederholungen

»In Ihrem Schreiben vom 07.08. verweisen Sie auf Ihr Schreiben vom 13.07. Da uns jedoch ein Schreiben Ihrerseits vom 13.07. nicht vorliegt, bitten wir Sie, uns eine Fotokopie dieses Schreibens zuzusenden, sodass wir dasselbe in unsere abschließende Bearbeitung einschließen können.« Wie leicht geht es anders: »Ihr Brief vom 13.07. liegt uns nicht vor. Bitte schicken Sie uns eine Kopie.« Der Hinweis auf den Brief vom 07.08. steht in der Bezugszeile.

Nutzen Sie die Vielseitigkeit der Satzformen

In Briefen, vor allem geschäftlicher oder amtlicher Art, finden wir oft nur eine einzige Satzart: Aussagesätze. Aussage an Aussage gereiht, Punkt für Punkt. Das ermüdet. Bitte denken Sie daran, dass wir zum Beispiel auch Frage- und Aufforderungssätze haben. Warum setzen wir sie so selten ein?

Also nicht: »Wir wären Ihnen sehr verbunden, wenn Sie uns freundlicherweise mitteilen würden, ob Sie mit unserem Vorschlag konform gehen.« (Indirekte Frage!) Sondern: »Sind Sie mit unserem Vorschlag einverstanden?« (Direkte Frage!) Nicht: »Ich würde es sehr begrüßen, wenn Sie mir die Unterlagen umgehend zugehen lassen wollten.« Sondern: »Bitte senden Sie mir die Unterlagen recht bald. Danke.«

Und auch bei den Aussagesätzen selbst lässt sich manches abwechslungsreicher gestalten. Schreiben Sie bitte nicht einen langen Satz nach dem anderen! Schreiben Sie aber auch nicht nur ganz kurze Sätze! Beides wirkt langweilig. Eine gute Mischung aus kurzen und mittellangen Sätzen ist am günstigsten. Und Sie dürfen sogar einmal einen ausgesprochen langen Satz formulieren: wenn Sie dabei nicht schachteln, sondern den Satz so gut bauen, dass er beim ersten schnellen Lesen verstanden wird.

Geschriebene Gespräche

In allen Romanen, ob Kriminal- oder Liebesroman, gibt es eine Menge Dialoge. Wissen Sie, wie ältere Damen in der Bücherei ihre Lektüre auszuwählen pflegen (oft jedenfalls)? Sie blättern, und wenn der Text typografisch sehr zerklüftet ist, greifen sie zu. Dann wissen sie nämlich: Dort erwarten sie Gespräche, Gespräche … Rede und Gegenrede … Liebesgeflüster und Streit … Kurz: Da ist was los.

Nun ist Gespräch und Gespräch nicht dasselbe. Klar. Wir kennen viele Arten von Gesprächen. Manche kommen uns, wenn wir sie von außen betrachten, ziemlich sinnlos vor, andere wiederum erscheinen uns sehr sinnhaltig. Aber ehe wir Beispiele aus unserem reichen Erfahrungsschatz hervorkramen und sie beurteilen, mag es ganz nützlich sein, sich einmal ein paar – genauer: drei – recht unterschiedliche Gespräche anzusehen. Gespräche ansehen? Ja, weil sie in diesem Fall als bedruckte Seiten zu Ihnen kommen. Und das hat, bei mancherlei Nachteilen, auch Vorteile; sie liegen auf der Hand. (Da es hier ausschließlich um Rede und Gegenrede geht, sind die sonst notwendigen Anführungszeichen für die direkte Rede weggelassen. Dafür wird vor der Äußerung die Person genannt.)

Der Erlkönig

Onkel Heinz: Jörg, was macht die Schule? – *Mutter:* Jörg kommt sehr gut mit. – *Tante Ruth:* Unsere machen sich auch prächtig. Helmut will Betriebswirtschaft studieren. – *Mutter:* Soll ich noch neuen aufsetzen? – *Onkel Heinz:* Die lernen heute überhaupt keine Gedichte mehr. – *Vater:* In Betriebswirtschaft? – *Onkel Heinz:* Nein, in Deutsch mein' ich. – *Onkel Gert:* Wusstet ihr schon, dass Jägerschnitzel aus Jägern gemacht werden? Hohohoho. – *Tante Ruth:* Also, für mich nicht. Heinz? Du noch Kaffee? – *Jörg:* Sprechakttheorie. – *Vater:* Du sollst in ganzen Sätzen sprechen. – *Tante Heidi:* Wir haben früher immer alles auswendig gelernt, das vergisst man sein Leben nicht. – *Vater:* Heute machen die nur noch so Sachen. Ihr hört es ja. – *Mutter:* Wir auch. Schillers Glocke auch. – *Tante Ruth:* Und die Räuber, nein, die Bürgschaft.

Vater (steht auf): Wer reitet so spät durch Nacht und Wind? – *Onkel Heinz:* Der Erlenkönig, mit Kron und Schweif. – *Onkel Gert:* Wie kommt der Bock in die Bockwurst? Hohoho. – *Tante Ruth:* Heinz, der Junge! – *Vater:* Wie ging das noch weiter … er hält ihn sicher, er hält ihn warm … Ruth? – *Tante Ruth:* Ja, er hält ihn sicher, er hält ihn warm im Arm. – *Tante Heidi:* Das lernen die heute alles nicht mehr. Da hat man doch sein Leben was davon. – *Onkel Gert:* Was ist der Unterschied … – *Tante Ruth:* Gert! – *Mutter:* Gert war immer so, schon in der Schule. – *Tante Heidi:* Ich hab's: Meine Töchter wiegen und tanzen dich ein. – *Onkel Gert:* Ich hab nichts gesagt. – *Mutter:* In seinen Armen, das Kind, war tot. – *Tante Heidi:* Jörg, Jörg, was ist? Du, ich glaube, Jörg hat Fieber.

Der Text

Onkel Heinz: Jörg, du hattest da vorhin so einen Text. Fand ich interessant. Kannst du den mal holen? – *Mutter:* Was für einen Text? – *Onkel Heinz:* Aus der Schule. Er hat ihn schon. Lies ihn doch bitte mal vor, Jörg. – *Jörg:*

wenn es dämmert
und der morgen
seine mütze aufsetzt
loszuziehen in den tag
gehen auf seinen schultern
viele stimmen spazieren
um kurz zu besprechen
die wunder der welt
in mützengeschichten

Tante Ruth: Das ist aber ein komischer Text. Dass der Tag eine Mütze aufsetzt, finde ich lustig. – *Vater:* Ja, das klingt ganz witzig. Nur, viel anfangen kann ich damit nicht. Was soll das denn heißen? – *Onkel Gert:* Den Verfasser können wir nicht fragen. Der ist nicht hier. Wir können nur uns fragen: Was lesen wir heraus aus dem Text? – *Tante Heidi:* Ich setze einfach mal einen Menschen, vielleicht mich selbst, mit dem gerade beginnenden Tag gleich. Der heraufdämmernde Tag und ich, wir machen uns fertig für die Ereignisse, die da kommen sollen. – *Vater:* Das kann man doch auch so sagen, wie du es jetzt gesagt hast, Heidi, dazu brauchen wir doch keine Mütze!

Onkel Heinz: Das stimmt zwar, aber ist nicht die kleine Tagesbeginn-Handlung im Bild der Mütze, die sich nicht irgendeiner, sondern der Tag aufsetzt, viel anschaulicher und eindringlicher? – *Onkel Gert:* Und was empfindet ihr, wenn auf seinen Schultern, auf den Schultern des losziehenden Tages, viele Stimmen spazieren gehen? – *Tante Ruth:* Und das sind ja nicht irgendwelche Stimmen, sondern ganz wichtige. Die besprechen nämlich die Wunder dieser Welt – kurz. – *Mutter:* Also, wenn ich höre, dass etwas auf meinen Schultern ist, dann ist mir sofort klar, dass ich es tragen muss. Es lastet auf meinen Schultern. – *Onkel Heinz:* Ganz richtig. Das geht uns ja allen so: Man steht früh auf und bedenkt, was sich an diesem Tag alles ereignen kann, welche Arbeiten, Probleme, womöglich Unannehmlichkeiten vor einem liegen, und vielleicht schießen mir auch kurz ein paar Gedanken über Umweltschutz, Ozonloch und die gefährliche Müllkippe am Stadtrand durch den Kopf. – *Vater:* Und ich kann mir vorstellen, wenn ich ganz früh in der Dämmerung durch leere Straßen zur Arbeit gehe und unter den Bäumen am Bach entlang, dann melden sich solche Stimmen noch mehr, intensiver – so zwischen Tag und Traum. – *Tante Ruth:* Hier eher umgekehrt, zwischen Traum und Tag. Die Gedanken der Nacht, die Gefühle, die Träume, sie sind noch nicht ganz aus uns raus, und die Gedanken des Tages, die Kalkulationen, Abschätzungen sind noch nicht ganz gegenwärtig. – *Tante Heidi:* Jetzt verstehe ich den Text viel besser als am Anfang. Aber – was meinst du, Jörg, was hat es da am Schluss mit den Mützengeschichten auf sich? – *Jörg:* Ich weiß nicht genau. Klar ist, dass der Schreiber hier den Anfangsgedanken »seine Mütze aufsetzt« wieder aufgreift. Die Mütze, die sich der Tag aufsetzt, steht nicht als isolierter Einfall da. Er wird fortgesetzt, sogar zu einem Ende gebracht. – *Onkel Gert:* Ich sehe das so: Wenn ich da morgens ganz früh – so zwischen Traum und Tag, wie ihr sagt – vor mich hin gehe und vor mich hin denke, dann findet die ganze Welt eben nicht in der ganzen Welt, sondern in meinem kleinen Kopf unter meiner kleinen Mütze statt. Was sich da in meinem Kopf abspielt, das ist keine Weltgeschichte, das sind Mützengeschichten.

Tante Heidi: Die abstrakte, für uns abstrakte Weltgeschichte, die wir ja nur aus der Zeitung und aus dem Fernsehen erfahren, wird in Geschichten aufgelöst. – *Tante Ruth:* Übersetzt! – *Tante Heidi:* Ja, übersetzt. Und damit finden die Wunder der großen weiten Welt eigentlich – für uns – nicht sonstwo, sondern in unserem Kopf statt.

Onkel Heinz: Also, Jörgs kleiner Schultext hat uns eine ganze Menge Stoff zum Nachdenken geliefert. Oder? – *Jörg:* Was mein Lehrer wohl sagt, wenn ich ihm mit unseren Ideen komme?

Das Problem

Heinz: Was ist los, Gert? Du läufst den ganzen Tag so bedrückt herum, irgendwie deprimiert ... – *Gert:* Ach, da ist nichts weiter. – *Heinz:* Mach mir nichts vor, ich merke doch, wenn bei dir was nicht stimmt. – *Gert:* Ich habe ein Problem. – *Heinz:* Was für eins? Raus damit! – *Gert:* Das ist es ja gerade, mein Problem ist: Ich fühle mich bedrückt, lustlos, niedergeschlagen, und es gibt überhaupt keinen Grund dafür. Und gerade dieses Problem – es ist nichts und ist doch etwas –, das nervt mich, das sägt an mir. Es geht mir gut; ich habe eine Arbeit, die mir Spaß macht; ich verdiene genug; unser Familienleben ist intakt ... Es ist alles im Lot, und trotzdem fühle ich mich irgendwie leer. Das ist das Problem, mit dem ich kaum fertig werde.

Heinz: Was hast du gegen ein Problem? – *Gert:* Dass es mich bedrückt. Vor allem so ein Problem, das ich nicht richtig fassen kann. – *Heinz:* Sieh es doch einmal anders: Der Schopenhauer war der Überzeugung, dass einer der Todfeinde des Menschen die Langeweile sei. – *Gert:* Da hat er Recht. Es soll ja Leute geben, die an Langeweile sterben. Man sagt ja auch: tödliche Langeweile. – *Heinz:* Nun stell dir vor, da hat jemand ein Problem – ein persönliches, ein berufliches, ein wissenschaftliches Problem … jedenfalls eins, das ihn nicht loslässt. Tag und Nacht, wie man so sagt, schlägt er sich mit seinem Problem herum. Er bastelt daran, bemüht sich um Lösungen, ringt, kämpft mit seinem Problem. Glaubst du, dass er sich langweilt? – *Gert:* Bestimmt nicht. Dazu hat er ja gar keine Zeit und kein Motiv. – *Heinz:* Also ist doch ein Problem zumindest nicht von vornherein etwas Negatives. Was täte die Menschheit, wenn sie keine Probleme hätte?!

Gert: Du meinst also, ich müsste meinem Problem, das mir in den Knochen sitzt, geradezu noch dankbar sein? – *Heinz:* Wir wollen's nicht übertreiben. Wenn man ein Problem gelöst hat, das ist auch nicht zu verachten. Aber es ist schon etwas dran: Probleme halten uns wach, beschäftigen uns, bringen uns weiter, entreißen uns der Langeweile – warum sollten wir also Probleme immer gleich mit einem negativen Vorzeichen versehen? – *Gert:* Wenn ich meine Situation richtig beurteile, ist sie offenbar so: Mein Befinden – sagen wir mal: meine Lahmheit – und meine objektive Lage stehen im Widerspruch zueinander. Ich weiß nicht, warum. Und dass ich es nicht weiß und anscheinend auch nicht so leicht rauskriege, das ist mein Problem. Eigentlich bedrückt mich die Tatsache, dass ich ein nicht zu fassendes Problem habe, viel mehr als das Problem selbst, als der Inhalt des Problems. Kann man das so sagen? – *Heinz:* Ich denke schon. Die Folgen eines Symptoms können zur eigentlichen Krankheit werden. Ich habe mal einen Satz gelesen, den ich nicht vergessen konnte – nur den Autor weiß ich nicht mehr: »Das Problem ist eine Gelegenheit in Arbeitskleidung.« – *Gert:* Dann muss man die Gelegenheit wohl wahrnehmen.

Das waren drei kleine fiktive Gespräche in schriftlicher Form.

Das Gerede rund um Goethes Erlkönig, eine typische Quatschrunde, wie sie oft vorkommt. Über manches darin kann man lachen. Aber man kann auch sagen: »Der Inhalt ist so albern. Wozu soll das gut sein?« Richtig. Aber vielleicht doch nicht *ganz* richtig. Wenn wir uns dieses Miteinander-Reden nun einmal probeweise als eine Art »verbales Anfassen« denken? Nähe herstellen, Nähe spüren, einfach nur durch Worte. »Kommt, reden wir zusammen«, schrieb Gottfried Benn, »wer redet, ist nicht tot.« Nur ein Vorschlag.

Im zweiten Fall beschäftigt sich eine Familie – ganz ungewohnt – mit einem modernen Gedicht, das der Sohn aus der Schule mit nach Hause bringt. Erst sind sie ein bisschen ratlos. Aber im Gespräch, allmählich, machen sie etwas daraus. Kein schlechtes Ergebnis.

Und schließlich ein gutes Zweiergespräch über das Problem, ein Problem zu haben, das sich nicht richtig fassen lässt. Leer gebrannt, aber wieso? Mit einem wesentlichen Gedanken: Warum sollte es schlecht sein, ein Problem zu haben? Warum sollten Probleme überhaupt immer nur negativ sein? Halten sie uns nicht wach, dienen sie nicht als Ansporn, führen sie uns nicht oft zu besonderen Leistungen?

Was gefällt Ihnen?

In diesem dritten Buchteil haben Sie zahlreiche Textsorten kennen gelernt, die eher in den privaten als in den beruflichen Bereich gehören, es sei denn, man will und kann sie auch beruflich nutzen: Aphorismen, Unsinnspoesie, Leserbriefe, Reden und Briefe zu festlichen und traurigen privaten Anlässen, Glossen, fiktive Gespräche … Was davon würden Sie gern schreiben?

Aber vielleicht möchten Sie selbst gar nichts von dieser Art schreiben, haben jedoch als Leserin oder Leser eine Vorliebe für dieses oder jenes!? Dann freuen Sie sich, denn das Lesen ist genauso wichtig wie das Schreiben, kann einem Menschen genauso viel geben wie das Schreiben, kann uns genauso viel an geistigen Abenteuern bieten wie das Schreiben.

Und dabei sei nicht vergessen: Wer zum Beispiel ein Gedicht verfasst hat, ist natürlich Autorin oder Autor dieses Textes. Doch sobald das Gedicht fertig ist, werden alle Schreibenden zu Lesenden und können sogar nachträglich aus den von ihnen selbst geschriebenen Texten etwas lernen, in ihnen einen neuen Gedanken entdecken …

Schreiben, lesen, reden – und zusammenfassend: denken –, ist das nicht ein Geschenk, das – wenn wir es wahrnehmen und annehmen – einen unermesslichen Reichtum bietet, »zu dem«, nach Karl Kraus, »niemand der Zutritt verwehrt ist«?

Frei reden – ohne Lampenfieber

Wenn es ums freie Reden geht, steht das Thema »Lampenfieber« fast immer im Mittelpunkt des Interesses, vor allem naturgemäß für Anfängerinnen und Anfänger. Alle möglichen »Techniken« werden ersonnen, vermittelt, angewendet, um mit diesem leistungshemmenden und zugleich ziemlich lästigen Gefühl fertig zu werden. Dabei spielt das richtige Atmen eine große Rolle, die Haltung, die Gestik und Mimik, und am besten entwickelt man durch fleißiges Üben die Fähigkeit, jederzeit über alles, was vorkommt, blendend zu reden. »Nur keine Hemmungen!«

Aber der Ausdruck »blendend reden« ist doppeldeutig. Blendende Reden blenden vielleicht? In vielen Seminaren und Büchern scheint mir eins fast übersehen zu werden: dass die beste Grundlage für hemmungsfreies (nicht »hemmungsloses«) Reden umfangreiches und abrufbereites Wissen ist.

Schlüsselerlebnis

Als ich mich selbstständig machte, als Chefredakteur der »Korrespondenz«, als Textprogrammierer, Werbetexter, Artikel- und Bücherschreiber, erhielt ich, ganz unerwartet, eine Einladung von Karstadt, vor Führungskräften einen Vortrag über moderne Korrespondenz zu halten. Ich war verblüfft – wie kam ich dazu? Ich fühlte mich geehrt und dachte, dass ich die günstige Gelegenheit nutzen müsste. Aber – würde ich frei sprechen können, gut sprechen können? Ich wusste es nicht, denn ich hatte es noch nie versucht.

Bestimmte Anleitungen verrieten mir, ich müsse meinen Vortrag vor dem Spiegel durchprobieren und üben. Als Anfänger ist man für jeden Hinweis dankbar. Aber leider vermochte ich mit diesem Vor-dem-Spiegel-Agieren nichts anzufangen. Ich kam mir albern vor, das

Ganze kam mir albern vor. Deshalb beendete ich bereits nach wenigen Minuten meinen ersten »Probelauf«. Doch was nun?

Beschluss: Ich bereite mich fachlich so gut vor, dass mir von dieser Seite nichts Schlimmes widerfahren kann. Außerdem arbeite ich mit vielen Beispieltexten auf Folien, die veranschaulichen, beleben und zugleich den roten Faden meines Vortrags bilden.

Und wenn mein Vortrag dann trotzdem misslingt? Dann, so sagte ich mir, muss ich das eben hinnehmen und mir Gedanken darüber machen, ob ich für eine solche Tätigkeit überhaupt geeignet bin.

Mein Vortrag war erfolgreich, führte zu einer lebhaften Diskussion, die Zuhörenden waren zufrieden. Ich war's auch.

Danach habe ich über 20 Jahre lang viele hundert Seminare geleitet und Vorträge gehalten. Oft habe ich vor meinem »Auftritt« ein anregendes, nie aber ein hemmendes, belastendes Lampenfieber verspürt.

Wichtig: Wer von einer Sache, über die er öffentlich redet, wirklich viel versteht, kann und darf es sich leisten, Fehler zuzugeben, Irrtümer und Wissenslücken einzugestehen, über Versprecher selbst zu lachen.

Niemand wird es einem dann übel nehmen, wenn man auf eine Frage erst einmal ein paar Sekunden gar nichts sagt und nach dieser kleinen Pause antwortet: »Das ist ein bedenkenswerter Gesichtspunkt. Darüber habe ich noch nicht nachgedacht.«

Textbausteine

Im Laufe der Jahre ist mir klar geworden, dass dieses »wissen, worüber man spricht« eine sprachliche Ergänzung braucht. Natürlich müssen wir die Fachausdrücke eines Themas, das wir »besprechen« wollen, kennen und beherrschen. Darüber hinaus müssen wir viele Wörter und Wendungen bereithalten. Was geschieht eigentlich, wenn wir sprechen?

Ernst Leise beschäftigt sich damit in seinem Uni-Taschenbuch »Der Wortinhalt« (Quelle & Meyer, Heidelberg). Er schreibt:

»Häufige Akte desselben Typus nennen wir Gewohnheiten. Unsere

Sprechakte sind also stets zusammengesetzt aus einer Reihe von ›mikroskopischen‹ Gewohnheiten.« Der Sprechakt als Ganzes sei meistens neu und individuell, aber er sei eben aus Bräuchen, eben den einzelnen Wörtern, aufgebaut. Im normalen Sprechen, das heißt, wenn wir nicht isolierte Worte sprächen, vollzögen wir also nicht *einen* Brauch, sondern immer *eine Folge von (»Mikro«)Bräuchen.*

Was für Antworten erhalten wir zum Beispiel, wenn wir jemanden fragen »Wie geht's?« Sehr oft: »Es geht so.« Oder: »Ach, ich bin zufrieden.« Oder: »So la la.« Oder: »Muss ja!« Oder: »Kann nicht klagen.« Die Frage und die Antworten sind Mikrobräuche. Da sie schon über einzelne Wörter hinausgehen, können wir auch von Textbausteinen sprechen, die in unserem Kopf gespeichert sind.

Wenn jemand sagt »Das ist so überflüssig wie…« fällt es uns nicht schwer, »ein Kropf« zu ergänzen (siehe Kapitel »Kreativ formulieren!«). Fragen und Probleme sind in einer Diskussion häufig »angeschnittene Fragen« und »angeschnittene Probleme«. »Die Sonne lacht«, »der Himmel weint«, »klirrende Kälte«, »die Mannschaft wurde deklassiert«, »der Gegner wurde vorgeführt«, »das Spiel haben wir im Kopf verloren«, »die überwiegende Mehrheit« (siehe Kapitel »Doppelt genäht – hält besser?«) – lauter Textbausteine, tausendfach benutzt, tausendfach gehört oder gelesen.

Ganz moderne Textbausteine: »Das rechnet sich nicht«, »nachhaltig«, »gut aufgestellt«…

Auch Sprichwörter, geflügelte Worte, Definitionen, Zitate gehören dazu. »Morgenstund' hat Gold im Mund«, »Ich glaub, mich tritt ein Pferd«, »Geld ist geprägte Freiheit«.

Je mehr Textbausteine – aller Art – wir abrufbereit in unserem Kopf gespeichert haben, desto leichter fällt es uns, sicheres Sach- und Fachwissen vorzutragen, weiterzugeben, zu diskutieren.

Wer fachlich »gut drauf ist« (moderner Minibaustein) und über einen reichlich bestückten Sprachspeicher verfügt, kommt beim Reden kaum in Verlegenheit. (Dass es ihm nicht aus Atemnot die Sprache verschlägt und dass er nicht einer unverständlichen Aussprache anhängt, sei vorausgesetzt.)

Noch einmal: Fundiertes Wissen über das Redethema (gute Allgemeinbildung ist eine wertvolle Zugabe) und ein geordneter, reichhaltiger Sprachspeicher sind die besten Mittel gegen Lampenfieber. Zugleich sind sie auch die Gewähr dafür, dass man vernünftig redet, sinnvolle Informationen in einer guten Gebrauchsform liefert.

Individualität

Noch mehr zu erreichen, das ist schwer. Schwer – aber möglich.

Wenn jemand einen nahen Verwandten verloren hat und gefragt wird »Wie geht's denn?«, wird er oft eine Antwort wie »Das Leben geht weiter« geben. Oder: »Das Leben muss ja weiter gehen.« Der Fragende erwartet dies auch oder etwas Ähnliches, und damit hat der Ritus seine Aufgabe erfüllt. Wie verblüfft wären wir, wenn uns jemand stattdessen antwortete: »Ich lebe drei Meter unter der Erde.« Das wäre keine »Erledigung«, sondern eine »Eröffnung«. Wir würden aufhorchen, den Satz nach-denken, wir fühlten uns auf besondere Weise angesprochen, angerührt.

Kürzlich stieß ein Freund von mir auf einen kurzen Satz, der ihn stutzen ließ: »Was mit uns anhebt, bleibt bei sich nicht stehen.« Obwohl er diesen Satz noch nie gehört oder gelesen hatte, wusste er sofort, dass er nur von dem Philosophen Ernst Bloch stammen konnte. Die innere Verwandtschaft dieses Satzes mit seinem Autor ist mit linguistischen Mitteln nicht hinreichend erklärbar. Hier sind Mensch und Sprache so zusammengewachsen, dass die Sprache ein genauso eindeutiges Erkennungsmerkmal wie das Gesicht geworden ist. Unverwechselbare Individualität.

Keine Frage, auch Bloch hat sich einer riesigen Menge verbreiteter und jedem zugänglicher Textbausteine (Mikrobräuche) bedient, sie aber immer wieder mit Eigenem, mit Eigen-Sinn durchsetzt. Ohne alle Mikrobräuche wäre er unverständlich gewesen, ohne das zusätzlich Eigene wäre er kein großer Schriftsteller und Philosoph, wäre er nicht »der« Ernst Bloch gewesen.

Auch »Große« bedürfen alltäglicher Textbausteine. Dass wir bei Marlitt so oft das Wort »unbeschreiblich« finden, verwundert nicht.

Dass wir es ebenfalls recht häufig bei Goethe finden, schon. Steffi Graf antwortete in ihrer sportlichen Startzeit auf Reporterfragen recht oft schlicht und ergreifend (auch ein Textbaustein) mit »Super!«. Später hat sich dieses supere Super, das durchaus seine Aufgabe erfüllte, in einem umfangreichen Aktivwortschatz verlaufen. Aber – was ist so ein »Super!« (in meiner Jugend: »Prima!«) oder das häufig zu hörende »cool« oder »unheimlich ...« anderes als jenes »unbeschreiblich« bei Goethe, Rilke, Marlitt?

Zurück in unseren Alltag

Was sagen Kinder, wenn sie, etwa bei ihren Schularbeiten, in Schwierigkeiten geraten? »Mama, ich kapier das nicht!«, »Das lerne ich nie!«, »Ich weiß nicht, wie ich das machen soll!« Und plötzlich stellt sich da eine Zehnjährige vor ihre Mutter hin, das Aufsatzheft in der Hand, und sagt: »Ich habe ein Problem.« Ungewöhnlich, nicht wahr? Oder eine Neunjährige setzt sich an den Mittagstisch und sagt: »Worüber wollen wir heute reden?« Oder ein Zwölfjähriger antwortet seiner Mutter, die ihn nachts mit offenen Augen im Bett findet, auf die Frage, was er denn habe: »Ich denke.«

Solche Abweichungen von dem, was man erwartet, schon bei Kindern, signalisieren Individualität. Und wahrscheinlich würden sehr viele im Jugend- und im Erwachsenenalter ihre individuelle Note behalten und entwickeln, wenn nicht die Zwänge von Schul- und Berufsbetrieb eher einengend als fördernd wirkten.

Sicher gilt: Sprachlicher Stil, das ist die gewandte Verwendung erarbeiteter Textbausteine, Mikrobräuche, angemessen benutzt zur Darstellung sinnvoller Inhalte.

Aber es gilt auch: Der Stil ist der Mensch.

Kleines Abc fürs öffentliche Reden

Zwischen Empfehlungen fürs Schreiben und fürs Reden können wir nicht scharf trennen. Ob Hauptwortketten, überdehnte Verbalklammern, Fremdwortgebrauch, Kreativität ... all das gilt fürs Reden genauso wie fürs Schreiben. Hinzu kommt eine Zone, in der Schreiben und Reden in eins fließen: bei Texten, die zunächst geschrieben und dann »vorgelesen« werden. Dazu gehören Reden, die sogar Vorlesungen genannt werden, aber auch viele andere Reden, zum Beispiel im Bundestag, die mehr oder weniger abgelesen werden.

Davon jedoch abgesehen, gibt es fürs Reden mancherlei Zusätzliches, das zu beachten nützlich ist. Deshalb hier eine kleine Zusammenstellung.

Auftreten

Kümmern Sie sich, während Sie reden, nicht um Äußerlichkeiten. Soweit es notwendig ist, müssen Sie das vorher tun.

Für angemessenes Erscheinungsbild sorgen! Passende Kleidung – vom tadellosen Anzug, Krawatte ... bis zur Freizeitkombination, je nach Anlass und Zweck. Nicht jede Kleinigkeit ist so besonders wichtig, aber das Gesamtbild sollte einigermaßen stimmen; andernfalls macht man sich die Sache von dieser Seite her schwerer, als sie ist. Ein In-Ordnung-Hintergrund gibt von vornherein ein bisschen Sicherheit. Anders herum gesagt: Wenn jemand unentwegt auf Ihre schmutzigen Schuhe starrt, kann es sein, dass Sie unsicher werden.

Interessant ist auch folgende Erfahrung: Ein Redner eines Großunternehmens hielt einen wichtigen Vortrag. Alles, aber auch alles erschien perfekt. Die Mitarbeiter dieses Unternehmens trugen damals grundsätzlich dunkelblauen Anzug, weißes Hemd, passende Krawatte. Während des Vortrags machte mich mein Nachbar darauf aufmerksam, dass der Redner mit gekreuzten Füßen dastand. Er meinte – und er hatte wohl Recht –, dass diese Kleinigkeit die sonstige Perfektion störe. An die Füße hatten weder Redner noch seine Auftraggeber gedacht, die im Übrigen nichts dem Zufall überließen.

Wie bewege ich mich? Natürlich. Wie benutze ich meine Arme und Hände? Natürlich. Wie setze ich meine Mimik ein? Natürlich. Denken Sie am besten überhaupt nicht darüber nach, und geben Sie sich, wie Sie sind. Selbst wenn dabei jemand die eine oder andere Ungeschicklichkeit entdecken sollte, ist das immer noch besser als dieses aufgesetzte Rednergehabe.

Das Schlimme beim Angelernten: Sie können nicht ständig an alles denken. Und eine vergessene Kleinigkeit kann alles andere »Lügen strafen«. Also versuchen Sie gar nicht erst, perfekt zu agieren. Dabei ist auch zu bedenken: Manche Menschen, ob als Vortragende oder im Alltag, reden gern mit den Händen, den Armen … mit dem ganzen Körper; anderen liegt das überhaupt nicht.

Mir fällt gerade ein TV-»Star« ein, der regelmäßig Umfrageergebnisse vorstellt und kommentiert. Er redet auch gern mit den Armen, macht dabei aber leider immerzu die gleiche Bewegung. Furchtbar. Wer's merkt, starrt schließlich nur noch gebannt auf diese Dauerarmbewegungen und bekommt vielleicht nur noch die Hälfte des Inhalts mit.

Oder ich denke an einen berühmten Kritiker. Als er kürzlich aus Musils »Mann ohne Eigenschaften« im Rahmen einer Fernsehdiskussion vorlas, fiel mir seine Haltung auf: Mit dem linken Arm stützte er seinen Kopf, der notgedrungen schief in der Landschaft hing. In einer Dichterlesung mit einem ebenfalls berühmten Schriftsteller war's noch »schiefer«. Links wie bei unserem Kritiker. Aber dazu: Die rechte Hand lag unter dem Tisch auf dem rechten Bein, und die Beine waren ab Knie nach hinten gestreckt, die Füße gekreuzt. Muss das sein?

Falls sich mit der Zeit herausstellt, dass Sie irgendeine ausgesprochen ungünstige Bewegungsart, ein eindeutig ungünstiges Auftretensmerkmal haben: Gut, dann können Sie sich damit auseinander setzen, und es wird sicher möglich sein, den Fehler oder die Schwäche zu korrigieren. Aber im Übrigen:

Denken Sie an die Sache und an die Zuhörenden! An sonst nichts. Alle Gedanken an Äußerlichkeiten lenken Sie vom Wesentlichen ab, beeinträchtigen Sie in Ihrer Konzentration und mindern damit den Wert und die Wirkung – viel mehr, als eine misslungene Äußerlichkeit es je könnte.

Begleitmaterial

Das Schrecklichste: Die Zuhörenden haben alles, was da vorn vorgetragen wird, schriftlich in der Hand, Wort für Wort. Man hätte es ebenso gut ins Haus schicken können – vielleicht, als Ersatz für das entgangene Mittagessen, mit einem gut bestückten Frühstückskorb.

Ob bei Reden oder in Seminaren: Was die Zuhörenden an Schriftlichem vor sich haben, sollte nicht dasselbe sein wie das, was sie hören. Erstens: Das ist langweilig. Zweitens: Es verführt dazu, ständig in die Unterlagen zu sehen, statt sich auf die Rede zu konzentrieren.

Und wie ist »das Schriftliche« dann zu gestalten? Eine gute Kombination:

- Was der Redner zu sagen hat, im Extrakt bringen.
- Den Redeextrakt durch Ergänzung anreichern.

Wenn man zum Beispiel allgemein über den Einsatz von PCs spricht, könnten die Unterlagen, neben einer Kurzfassung, entweder die wichtigsten Hersteller aufführen oder die wichtigsten Merkmale moderner Geräte in einer Übersicht zeigen.

In einem Wort: Das Begleitmaterial soll keine Kopie der Reden sein, sondern Eigenwert haben.

Checkliste

Sie haben ein Seminar mit 16 Teilnehmenden zu leiten. Woran ist zu denken, was die Organisation betrifft? Beispiel-Stichworte:

- Wie sollen Tische und Stühle stehen?
- Welche Hilfsmittel müssen vorhanden sein (von Einzelfolien für den Tageslichtprojektor bis zur Ersatzbirne)?
- Materialien für die Teilnehmenden
- Namensschilder
- Erfrischungsgetränke
- Pausenkaffee oder -tee (Wann? Wo? Wie lange?)
- Farben der Tischdecken (weiße Decken sind ungünstig, blenden, ermüden)
- Abschirmmöglichkeiten gegen zu helles Sonnenlicht
- Einsatz von Tageslichtprojektoren
- Ausweichmöglichkeiten für Gruppenarbeiten
- Leinwand (Wie groß? Oder weiße Wand?)
- Verdeckt kein tief hängender Leuchter das Bild?

Diese kleine Aufzählung ist weder systematisch noch vollzählig. Was notwendig ist, hängt vom Anlass, von den Räumlichkeiten, von Ihren Darstellungsweisen ab. Wichtig ist, dass Sie sich vorher die Notwendigkeit überlegen, vor allem wenn der äußere Rahmen von anderen organisiert wird.

Dialog

Dialogik ist der Gedankenaustausch in kleinen und mittelgroßen Gruppen. Damit sind wir beim Gespräch. Dialogisch arbeiten heißt, den Partner von vornherein einzubeziehen, auf ihn einzugehen, ihn zu Wort kommen zulassen, ihm wirklich zuzuhören. Wer dialogisch orientiert ist, hält keine Monologe. Er wird vielmehr »die anderen« ausdrücklich ermuntern, sich zu äußern, Zwischenfragen zu stellen, das Gehörte durch Eigenes (Bestätigungen, Einwände, Widersprüche) zu ergänzen.

Ist das nicht gefährlich? Für den, der seiner Sache nicht sicher ist – gewiss. Aber wer inhaltlich »schwimmt«, dem hören die meisten Leute auch nicht gern zu – und wenn er noch so elegant »schwätzen« kann.

Und wie steht es mit dem Dialog, falls Sie nicht in einer Erfahrungsaustausch- oder einer Seminargruppe, sondern vor 500 Menschen sprechen? Wenn hier auch nicht dieselben Möglichkeiten des Gedankenaustausches bestehen wie bei einer Kleingruppe – dennoch können Sie die Rede dialogisch anlegen.

1. Überlegen Sie: An welchen Stellen hätte ich als Zuhörer Fragen? Bauen Sie diese vielleicht nahe liegenden Fragen in Ihre Rede ein. Die Zuhörenden, denen gerade diese oder eine ähnliche Frage durch den Kopf geht, fühlen sich verstanden.
2. Regen Sie auch in diesem Fall von Zeit zu Zeit Zwischenfragen an. Selbst wenn von den 500 Leuten im Laufe Ihres Vortrags nur vier eine Zwischenfrage stellen, ergibt sich – für alle sichtbar und hörbar – hin und wieder ein Minigespräch. Diese kleinen Zwischendurch-Gespräche haben Stellvertreterfunktion; sie deuten jene partnerorientierte Einstellung der Rednerin oder des Redners an, die sich in diesem Rahmen nicht realisieren lässt.
3. Der dialogische Redecharakter passt schlecht zur Ableserede, umso besser zur freien oder gesteuerten freien Rede. Wenn Sie ausschließlich in wohlgeformten Schrift-Sätzen sprechen, bekommen alle den Eindruck eines Monologs geliefert, der einfach nur zum Zuhören verdammt (feierliche Reden unterbricht man nicht). Auch Ihre Sprache, die freie Art der Satzgestaltung in Verbindung mit äußerlicher Beweglichkeit (nicht unbedingt am Pult »kleben«) vermitteln den Zuhörenden das Gefühl der Lebendigkeit und damit des dialogischen Charakters der »Ansprache«.

Ende und Anfang

»Wie fange ich an? Wie höre ich auf?« Natürlich wirkungsvoll. Aber das ist nur eine prinzipielle, keine konkrete, keine praktisch verwertbare Antwort. Die einfachste und wirkungsvollste Empfehlung heißt: Fangen Sie mit der Sache an, und hören Sie mit der Sache auf!

Mit anderen Worten: Keine mühsamen Höflichkeitseinleitungen (vorausgesetzt, man ist nicht gezwungen, bestimmte Persönlichkeiten zu begrüßen) und keine sich endlos hinziehenden Schlussausführungen! Wenn jemand schon ankündigt, dass er nun langsam zum Schluss kommen wolle – zum Gähnen.

Wenn Sie der sachbezogenen Anfangs- und Schlussgestaltung noch ein »Licht» aufsetzen wollen, überlegen Sie sich für den Anfang einen anschaulichen Vergleich oder eine sachbezogene Begebenheit, mit der Sie sozusagen »mitten ins Thema springen«. Und der Schluss? Machen Sie's zum Beispiel so:

Stellen Sie eine Schlussfrage! Regen Sie mit Ihrer Schlussfrage zum Weiterdenken, zum Diskutieren, zum Selbstentscheiden an.

> Diese Überlegungen mögen ungewöhnlich sein. Aber nach allem, was ich Ihnen berichtet habe: Müssen wir diese Gedanken nicht bei unseren Entscheidungen berücksichtigen?
>
> Danke für Ihre Aufmerksamkeit.

Kürzlich hat mich ein Redenkenner darauf aufmerksam gemacht, dass dieser Dank am Schluss nicht mehr zeitgemäß sei. Was tun? Drei Möglichkeiten:

1. Danken, *obwohl* es – wenn es denn stimmt – nicht mehr zeitgemäß ist. Zum einen stellt sich die Frage, ob alle Zuhörenden diesen Wechsel schon mitbekommen haben. Zum anderen hat auch die Pflege sinnvoller Tradition ihren Wert.
2. Dem Trend folgen!
3. Den angeblich und vielleicht ja auch wirklich nicht mehr üblichen Danksatz verkürzen. Statt »Danke (oder: Ich danke Ihnen) für Ihre Aufmerksamkeit« nur ein kurzes, eher leise gesprochenes »Danke«.

Fragen

Das Thema »Fragen« ist Ihnen in diesem Kapitel schon zweimal begegnet, bei »Dialog« und bei »Ende und Anfang«. Und in der Tat, Fragen spielen eine ganz wesentliche Rolle.

Wer redet, hat sich *ge*fragt und vielleicht andere *be*fragt, als er seine Rede ausarbeitete. Die Zuhörenden haben Fragen, die sie äußern oder zurückhalten. Das Rede- oder Diskussionsthema liefert Fragen, eine Fülle von Fragen. Gute Reden und Diskussionen leben von Fragen.

Benutzen Sie deshalb Fragen, sooft die Sache sie nahe legt.

> Kürzlich hat mich ein Mitglied des Betriebsrates gefragt …

Und nach einer solchen Einleitung fahren Sie bitte nicht mit einem Komma fort. Was Sie jetzt brauchen, ist ein Doppelpunkt und eine direkte statt einer indirekten Frage. Also:

> Kürzlich hat mich ein Mitglied des Betriebsrates gefragt: »Haben Sie sich die räumlichen Verhältnisse in unserer Korrespondenz-Zentrale einmal selbst angesehen?«
>
> Bei der Gelegenheit habe ich mich selbst gefragt: »Ist das eigentlich kundenfreundlich – oder wenigstens zumutbar, vertretbar?«

Fragen sind ein wichtiger Bestandteil des Dialogs, des freien Meinungsaustausches, des unbefangenen, lebendigen Gesprächs.

Gedankenführung

Wer vor und zu anderen spricht, von dem können wir erwarten, dass er seine Gedanken geordnet darlegt – es sei denn, es ist ausdrücklich etwas anderes verabredet (Spontanreaktionen). Das ist zwar im Grunde selbstverständlich, aber die Praxis?

Ein Problem dabei: Die Rednerin kennt ihren Stoff durch und durch, von allen Seiten, in allen Verzweigungen und Verbindungen. Die Zuhörenden wollen das alles erst erfahren. Es kann also gut sein, dass für die Zuhörenden als nicht nachvollziehbarer Gedankensprung erscheint, was für die Rednerin »auf der Hand liegt«.

Bei komplexen Inhalten ist es zweckmäßig, das Vorgehen, die Punkt-für-Punkt-Reihe, am Anfang zu erklären. Wer weiß, wohin die Reise geht, kann leichter folgen. Besonders hilfreich ist es, wenn der Hörer den roten Faden in der Form von Stichworten in den Unterlagen erkennt.

Vor allem bei Beweisführungen, bei Motivations- und Überzeugungsreden stellt sich die Frage nach der Reihenfolge auf zweifache Weise.

1. Welche Reihenfolge der Argumente legt die Sache nahe?
2. Welche Reihenfolge der Argumente legt das Ziel, die Zuhörenden zu überzeugen, nahe?

Die Antworten brauchen nicht identisch zu sein. Eine Klimax-Hypothese behauptet: Erst die schwachen, dann die starken Argumente! Das sei am günstigsten. Eine Anti-Klimax-Hypothese hält das Gegenteil für richtig. Die Ergebnisse sozialpsychologischer Untersuchungen sprechen für die Klimax-Hypothese.

Aber schon die Tatsache, dass es eine gegenteilige Meinung gibt, wird uns veranlassen, auch bei einer Anordnung »schwach – stark« am Anfang bereits ein starkes Argument zu bringen. Wenn ein Anfang allzu lahm wirkt, mag es sein, dass sich später niemand mehr »hochreißen« lässt.

Ein besonderes Thema ist die Schlüssigkeit der Argumente. Was im Ton »größter Wichtigkeit« und »im Brustton der Überzeugung« vorgetragen wird, braucht deswegen noch nicht richtig zu sein. Stimmgewalt ersetzt keine Logik. Hier bietet sich jedem von uns ein reichhaltiges Übungsfeld. Sie brauchen nur unseren Politikern »aufs Maul zu schauen«, und Sie werden ein Scheinargument nach dem anderen entdecken. Fehler, die wir bei anderen finden, brauchen wir nicht zu wiederholen.

Wenn Sie erkennen wollen, ob Ihre Argumentenfolge, Ihre Argumentenkette zu einem Thema, stimmt, schreiben Sie die Argumente in Stichworten untereinander. Versuchen Sie bitte außerdem, die Einzelargumente grafisch sinnvoll zu verbinden (+, -, =, --->, <---, <--->, …). Bei solcher Struktur-Bastelarbeit wird Ihnen am ehesten auffallen, wo die Anschlüsse nicht passen oder zu locker sind.

Hilfsmittel

Uns stehen viele technische Hilfsmittel zur Verfügung, von der guten alten Tafel bis zur Bildschirmaufzeichnung. Welches Mittel Sie einsetzen, wird sich nach Thema und Vorlieben richten.

Wichtig ist: Denken Sie bitte daran, dass die Informationsaufnahme über mehrere Kanäle mehr Gedächtnishaken auswirft als die nur gesprochene Rede.

Die Rede hat den Vorzug der Lebendigkeit (wenn sie nicht abgelesen wird), aber den Nachteil des schnellen Vorüberrauschens. Die meisten Menschen können mit den Augen Aufgenommenes viel besser verfolgen und behalten als Gehörtes.

Also geben wir ihnen doch die Chance, beides zugleich zu tun! Ein ganz einfaches Mittel: die Schlüsselworte der gesprochenen Sätze stichwortartig sichtbar zu machen.

Noch besser als Hören und Sehen zugleich ist Hören und Sehen und Tun. Wer in einem Seminar, einzeln oder in Gruppenarbeit, zum Beispiel einen Werbebrief entwirft, hat mehr davon, als wenn er nur gesagt bekommt, wie man's macht.

Prüfen Sie also alle Hilfsmittel, und setzen Sie alle Hilfsmittel ein mit dem Ziel: Den Zuhörenden die Arbeit erleichtern!

Inhalt

Das Entscheidende an Ihrer Rede oder Ihren Seminarausführungen ist der Inhalt. Konzentrieren Sie sich auf diesen Inhalt. Bearbeiten Sie ihn so von allen Seiten, immer wieder, dass Sie – als Idealvorstellung – mehr darüber wissen als jeder andere. Je intensiver Sie Ihren Stoff durchdringen, umso mehr können Sie Ihren Hörern bieten, umso geringer ist die Gefahr, dass Sie stecken bleiben.

Inhaltsbeherrschung ist die beste Waffe gegen Lampenfieber (siehe Kapitel »Frei reden – ohne Lampenfieber«).

Jargon

Steifes, »feines Hochhochdeutsch« taugt nicht viel, wenn Sie eine lebendige oder sogar zündende Rede halten wollen. Aber der Jargon ist genauso gefährlich. Lassen Sie sich auch durch ein Publikum, das Sie in dieser Richtung positiv einschätzen, nicht verführen, in einen wie auch immer gearteten Jargon abzugleiten.

Nehmen wir als Beispiel den Gassenjargon. Natürlich reizt es einen, hier oder da einmal »Scheiße« zu sagen. Manch ein Redner tut es, und manch ein Hörer mag es denn auch als »herzerfrischend« empfinden. Manch einer. Aber manch einer garantiert auch nicht. »Der weiß ja sehr viel«, heißt es dann später, »aber eine Sprache hat der am Leibe …« Also Vorsicht! Niemandem zuliebe den eigenen Nicht-Jargon-Stil aufgeben! Ein kleiner Beifall wiegt die Nachteile nicht auf.

Kodierung

Wer anderen seine Vorstellungen vermitteln will, muss sie im System unserer Sprache »in Worte kleiden«: kodieren. Das Feld des Redners ist das der Kombination »Sache – Sprache«.

Viele von Ihnen kennen den hervorragenden Mathematiker, der als Lehrer in einer Unterrichtsstunde mit dem Rücken zur Klasse die Tafel vollschreibt, während hinter ihm »Schiffchen versenkt« werden. Er weiß so viel, kann es aber nicht vermitteln (im Studium auch nicht gelernt?). Das heißt: Nur Redende, deren Wissensspeicher gut gefüllt sind, haben uns etwas zu sagen. Aber das heißt auch: Nur Redende, deren Sprachspeicher entsprechend gefüllt sind und die pädagogisch begabt und/oder geschult sind, *können* es uns sagen.

Lachen

Wenn in einem Seminar zwei Tage lang über Steuerrecht gesprochen wird, so ist nicht gerade eine frohe Stimmung in fröhlicher Gesellschaft zu erwarten. Auch Versicherungsmathematik oder Sprachlehre sind keine Themen, die vom Stuhl reißen. Oder doch?

Sie können psychologisch interessante Experimente so darstellen, dass jede und jeder das Gefühl hat, als befände man sich in einem Seminar über das gerichtliche Mahnverfahren. Und Sie können Zeichensetzung so lehren, dass die Teilnehmer meinen, bei einem Kreuzworträtsel-Wettbewerb mitzumachen.

Es gibt kaum ein Thema, bei dem es nicht möglich wäre, den Zuhörenden ein Lächeln oder sogar ein befreiendes Lachen zu entlocken. Bitte versuchen Sie's nicht mit billigen Witzen weitab vom Thema. Aber – jedes Thema hat seine komischen, humorvollen, witzigen Seiten. Graben Sie diese Seiten aus, und präsentieren Sie sie im passenden Moment. Man wird es Ihnen danken.

Motivation

Alle reden von Motivation. Und wer lässt sich gern motivieren? Kaum einer. Weil er befürchtet, nicht motiviert, sondern manipuliert zu werden. Wenn Sie andere ehrlich motivieren wollen, dann informieren Sie diese anderen genau über Stärken *und* Schwächen einer Sache. Und zeigen Sie außerdem, wo für die einzelnen Angesprochenen die Vorteile liegen.

Wenn man einer kaufmännischen Sachbearbeiterin Diktierregeln (DIN 5009) beibringen will, weil das Diktieren nach festen Regeln für das Unternehmen besonders rationell ist, dann bringt das diese Briefe diktierende Sachbearbeiterin wahrscheinlich nicht in Bewegung, sondern eher zum Stillstand. Wenn sie aber überzeugend erfährt, wo bei der ganzen Geschichte ihre persönlichen Vorteile liegen …

Zu seinem eigenen Vorteil lässt man sich gern motivieren.

Negativstil

Viele Menschen sind von Haus aus oder aus Erfahrung vorsichtig bis pessimistisch. Natürlich ist es zweckmäßig, alle Probleme, die auftreten können, rechtzeitig zu bedenken. Gefahr erkannt, Gefahr gebannt! (Ein Euro in die Binsenweisheit-Kasse!) Aber es ist nicht zweckmäßig, bei der Aufzählung und Analyse der Negativpunkte zu verharren.

Wenn Sie überzeugen wollen, müssen Sie gangbare Wege und Auswege anbieten.

Wer in seinem Arbeitsbereich zum Beispiel Textprogrammierung und Textbaustein-Verarbeitung einführen möchte, kann sich über die Probleme, die sich dabei ergeben werden, gar nicht genug Gedanken machen. Tut er's nämlich nicht, ist der Misserfolg gesichert. Aber dann wird es erst interessant. Mit welchen Mitteln und Methoden lassen sich die Probleme lösen? Wenn Sie dazu glaubwürdige, überzeugende Antworten finden und vorlegen, werden die Negativpunkte zu Pluspunkten.

Der Positivstil ist nicht etwa ein »Auf-die-leichte-Schulter-Nehmen«; das ist nur ein verkappter Negativstil – negativ »mit schönem Gesicht«. Positivstil heißt: Schwierigkeiten erkennen und anerkennen und dann diesen Schwierigkeiten mit brauchbaren Mitteln zu Leibe rücken.

Ordnung

Ordnung sei in Ihren Gedanken, wenn Sie zu einer Rede ansetzen. Ordnung sei aber auch in Ihren Unterlagen auf dem Rednerpult oder dem Diskussionstisch.

Alte Hasen erinnern sich an einen Zwischenfall auf der Hannover-Messe. Ein angesehener Fachmann, Vertreter eines Großunternehmens, geriet während seiner Rede ins Stottern. Wie den roten Faden wieder finden? Die Zuhörenden versuchten sogar, ihm dabei behilflich zu sein. Und dann flatterten auch noch seine Typoskriptseiten durcheinander. Das Chaos war, in seinem Empfinden, perfekt. Er konnte nicht mehr und verließ wortlos die Bühne.

Hier gilt, was für die Inhaltsbearbeitung zutrifft: Die beste Vorbereitung ist auch die beste Gewähr, um bestehen zu können. Schaffen Sie Ordnung im Kopf, und schaffen Sie Ordnung in den Unterlagen. Das verlängert zwar die Vorbereitungszeit, aber dafür wird Ihnen Ihre Redezeit nicht »endlos lang« erscheinen.

Phrasen

»Ich würde sagen« – »Ich möchte meinen« – »Es ist mir ein echtes Anliegen« – »Ich bin felsenfest überzeugt« – «Ich bin zutiefst betroffen« …: Viele Menschen, ob mit großem Sprachwissen ausgestattet oder auch nicht, haben ein feines »Gehör«. Selbst wenn sie von der Sache, die da be- und verhandelt wird, nur wenig verstehen, spüren sie nach einiger Zeit mit sicherer Intuition, ob jemand, der da redet, ein ehrlicher Makler seiner Sache ist oder ob er Phrasen reproduziert – und kommen sie auch in feinstem Gewande daher.

Vermeiden Sie leere Redensarten (siehe Kapitel »Kreativ formulieren!«). Und wenn Ihnen doch einmal eine über die Zunge rutscht, dann können Sie schlicht darüber hinweggehen oder den »Fall« einfach aufgreifen.

> Entschuldigung! Das war eben ein typischer Satz aus dem Phrasenangebot. Bitte vergessen Sie, was ich gesagt habe.

Ein offenes Wort dieser Art wirkt immer sehr viel sympathischer als der Versuch, eine Phrase durch eine weitere Phrase zu retten.

Querverbindungen

Wenn Sie etwas Neues zu verkünden oder zu lehren haben, verbinden Sie es mit etwas Vertrautem. Ein Beispiel:

> Wozu brauchen wir Diktierregeln? Muss denn alles in starre Normen gefasst werden? Wo bleibt der freie Spielraum, das Individuelle?
>
> Antwort: Spielraum fürs Individuelle haben Sie in Ihren Formulierungen, also im Bereich dessen, was für Ihr Schriftgut das Wesentliche ist. Nur das Nebensächliche wollen wir regeln – damit nicht Gedanken über Nebensächliches die Gedanken über das Wesentliche stören.
>
> Denken Sie an Ihre Fahrstunde! Was sollten Sie, sagte der Fahrlehrer, an einer Kreuzung alles tun? Alles auf einmal! »Unmög-

lich!«, haben Sie vielleicht gedacht. Und nach vier Wochen haben Sie das Unmögliche an jeder Kreuzung gemacht, ohne überhaupt darüber nachzudenken. Die Nebenaufgaben haben Sie wie automatisch erfüllt. Und damit haben Sie die Freiheit gewonnen, sich ganz auf das Wesentliche, auf den Verkehr, zu konzentrieren.

Rhetorik

»Rhetorik« bedeutet »die Kunst zu reden«. Im Altertum wurde sie als hohes Kulturgut gepflegt. Während die Rhetorik ursprünglich ein Instrument der Erziehung zu einem moralischen Lebenswandel war, verkam sie nach und nach zu einem windigen Mittel der Überredungskunst. So ist es zu verstehen, dass Bismarck gesagt hat: »Ich bin ein Minister, Diplomat und Staatsmann und würde mich für gekränkt halten, wenn man mich einen Redner nennte.«

Den Geruch des Unsoliden bis Demagogischen hat die Rhetorik seitdem nie mehr ganz verloren, und es gibt viele Menschen, zum Teil gute Fachleute, die »vom Reden« nichts wissen wollen. Es erscheint ihnen unseriös.

Aber natürlich liegt das weder an unserer Sprache noch an der Redekunst, sondern allein an denen, die sie handhaben. Wer nicht will, dass geschwätzt und manipuliert wird, kann die Flut des Geschwätzes und der Manipuliertexte am besten dadurch einschränken, dass er oder sie – anders – mitredet.

Stimmführung

Da hebt der Politiker bedeutungsvoll die Stimme – und heraus kommt eine Banalität. Wenn Sie sich im Freundeskreis angeregt unterhalten, werden Sie mal laut und mal leise sprechen, mal lachend, mal stirnrunzelnd. Benehmen Sie sich genauso, wenn der Kreis ein anderer oder ein größerer ist.

Versuchen Sie bitte nicht, einen bedeutungsvollen Ton oder Unterton in Ihre Stimme zu legen. Kümmern Sie sich – solange Sie mit Ihrem Luftvorrat gut zurechtkommen – auch nicht um Atemtechnik. Sprechen Sie natürlich – nicht wie ein »Redner«. Und »natürlich«, das kann sehr lebendig, abwechslungsreich, das kann aber auch ganz sachlich klingend sein.

Extrem: Da war einmal ein Vortragsredner, der mit der eintönigsten Stimme der Welt über moderne Werbung gesprochen hat. Er war dennoch eindrucksvoll. Weil die Inhalte »saßen«. Und vielleicht auch, weil diese Stimme einfach zu ihm passte. Und vielleicht zusätzlich noch, weil diese Art zu reden – trotz und gerade wegen dieses Themas – so gar nichts »Reklamehaftes« an sich hatte.

Selbstverständlich bedeutet dieser Extremfall der Praxis nicht, dass Sie sich um jeden Preis nach langweiliger Darstellung drängen sollen. Nein, wichtig ist, dass Sie »Ihre« Darstellungsweise favorisieren, die Redeweise, die Ihnen »steht«, die Sie so glaubwürdig erscheinen lässt, wie Sie sind. Das Beste aus sich, nicht aus anderen, herausholen!

Training

Wie Sie sich inhaltlich und organisatorisch sorgfältig auf eine Rede oder eine Seminarleitung vorbereiten, so können Sie es auch körperlich tun. Sorgen Sie dafür, dass Sie fit sind. Ob Sie schwimmen oder Waldläufe machen oder Gymnastik, ob Sie Tischtennis spielen oder rudern, ob Sie lange Waldspaziergänge unternehmen oder segeln – alle Sportarten stehen zur Verfügung.

Entscheidend dabei: Was Sie auch machen, es bringt nur regelmäßig betrieben etwas. Gelegentliche »Kraftakte« zur Erinnerung an die verlorene Jugend mögen Spaß machen. Für Ihre Frische und Ihr Stehvermögen bringen sie gar nichts.

Glauben Sie mir, als ich, in mittlerem Alter, sechs Tage in der Woche Seminare zu leiten hatte, habe ich am fünften und sechsten Tag sehr deutlich gemerkt, ob ich gut oder weniger gut trainiert war!

Form und Inhalt, Sprache und Sache lassen sich nicht trennen, ebenso wie körperliche und geistige Frische.

Umgangssprache

Wenn Sie über ein Fachgebiet reden, brauchen Sie Fachausdrücke. Keine Frage! Aber die Füllung dazwischen, die Verbindung zwischen den Fachwörtern, das kann, darf, sollte ganz normale Umgangssprache sein. Ohne Abstecher in den Jargon. Aber – Umgangssprache.

Auch in einer Lehrveranstaltung gehen wir miteinander um. Es kann nur schädlich sein, wenn wir bei solchen Gelegenheiten – ob redend oder zuhörend – das berühmte höhere Niveau anstreben. Die solide, natürliche Umgangssprache – oft in fachlich geprägter Färbung –, das ist unser »Ton«, ein Ton, der es allen erlaubt, »ohne weiteres« mitzumachen.

Verblüffung

Öffentlich redend, weiß man oft nicht, was in der nächsten Minute auf einen zukommt. Vielleicht schießt jemand einen spitzen Fragepfeil ab. Vielleicht begegnet uns kaltes Schweigen. Vielleicht stoßen wir auf kaum verhüllte Aggressivität. Was tun? Sie sind erstaunt, verblüfft, ratlos. Verblüffen Sie doch zurück!

Wenn Sie jemand hart angreift – warum stimmen Sie ihm nicht einfach mal zu? (Wie Sie das meinen, werden Sie ihm dann schon noch erklären.)

Wenn jemand dauernd herummäkelt: Warum stellen Sie ihm nicht frei, die Veranstaltung, die ihm offenbar nichts bringt, zu verlassen? Sicherlich hat er etwas Besseres vor.

Wenn jemand anhaltend mit schlauen Zwischenrufen stört: Warum ernennen Sie ihn nicht lobend zu Ihrem Mitreferenten? Von dem Augenblick an wird er wahrscheinlich nicht mehr viel zu sagen haben. Mit anderen Worten: Ungewöhnliche Situationen erfordern manchmal ungewöhnliche Maßnahmen. Gewiss, es gehört ein bisschen Mut dazu. Aber es geht. Wenn man versucht, Sie zu verblüffen – verblüffen Sie zurück!

Zwischenrufe

Zwischenrufe können etwas sehr Unangenehmes sein; sie können, aber müssen nicht. Wenn Sie sich darauf einstellen, sind sie die herrlichsten Gelegenheiten, Informationen und Meinungen loszuwerden, die Sie auf keinem anderen Weg unverdächtig hätten anbringen können.

Das Problem: Man muss schnell reagieren können. Es mag sein, der eine kann's von Natur aus leicht, dem anderen fällt es schwer – vielleicht, weil er ein so gewissenhafter Denker ist. Aber fördern kann diese Fähigkeit des schlagfertigen Antwortens jede und jeder. Wodurch? Siehe Inhalt!

Fachausdrücke

Adjektiv	Eigenschaftswort
adjektivisch	eigenschaftswörtlich
Adverb	Umstandswort
adverbiale Bestimmung	Umstandsbestimmung
Akkusativ	4. Fall, Wenfall
Aktiv	Tatform
Artikel	Geschlechtswort
Attribut	Beifügung
Dativ	3. Fall, Wemfall
Funktionsverbgefüge	Streckform (»in Betracht ziehen«)
Genitiv	2. Fall, Wesfall
Imperativ	Befehlsform
Imperfekt	1. Vergangenheit (Präteritum)
Indikativ	Wirklichkeitsform
Infinitiv	Grundform
Interjektion	Ausrufewort, Empfindungswort
intransitiv	nicht zielend
Konjunktion	Bindewort
Konjunktionalsatz	Bindewortsatz
Konjunktiv	Möglichkeitsform
Konsonant	Mitlaut
Nomen	Hauptwort (Substantiv), Namenwort
Nominativ	1. Fall, Werfall
Numerale	Zahlwort
Numerus	Zahl
Objekt	Satzergänzung
Partizip	Mittelwort
Passiv	Leideform

Perfekt	2. Vergangenheit
Plural	Mehrzahl
Plusquamperfekt	3. Vergangenheit
Prädikat	Satzaussage
Präposition	Verhältniswort
Präsens	Gegenwart
Präteritum	1. Vergangenheit (Imperfekt)
Pronomen	Fürwort
Relativpronomen	bezügliches Fürwort
Relativsatz	Bezugswortsatz
Subjekt	Satzgegenstand
Substantiv	Hauptwort (Nomen), Namenwort
substantivisch	hauptwörtlich
transitiv	zielend
Verb	Zeitwort, Tätigkeitswort
Verbalsubstantiv	Substantiv aus Verb gebildet (z. B. prüfen: Prüfung, das Prüfen)

Wortarten

Wenn wir in diesem Buch über Wörter reden, brauchen wir eine eindeutige, zügige Verständigung. Deshalb hier die Namen für die Wortarten. Haben Sie in der Schule die lateinischen oder die deutschen oder beide Bezeichnungen gelernt? Damit nichts passieren kann, hier sowohl das lateinische als auch das deutsche Fachwort, dazu Beispiele.

Wir unterscheiden neun Wortarten:

Substantiv (Hauptwort): Kind, Lisa, Organisator, Familie, Amsel, Rose, Schere, Gerät, Stahl, Geist, Schlag, Schlaf, Jugend, Würde, Ehe, Musik, Meter, Mai; Anbahnung, Befragung, Prüfung; das Anbahnen, das Prüfen

Verb (Tätigkeitswort, Zeitwort): binden, schlafen, wohnen (Vollverben)
haben, sein, werden (Hilfsverben)
dürfen, können, mögen (Modalverben)
pflegen, scheinen (modifizierende Verben mit dem Infinitiv mit »zu«)

binden (Infinitiv, Grundform)
bindend (Partizip Präsens, Mittelwort der Gegenwart)
gebunden (Partizip Perfekt, Mittelwort der Vergangenheit)

Adjektiv (Eigenschaftswort): schön, schnell, kurz; drei, fünftens (früher: Numerale; jetzt: Zahladjektiv)

Artikel (Geschlechtswort): der, die, das, ein, eine, ein

Pronomen (Fürwort): ich, mich, mein, jene, was, niemand

Adverb (Umstandswort): dort, bald, gern, genug, fast, außerdem, nur, vielleicht

Präposition (Verhältniswort): auf, aus, dank, durch, für, trotz, wegen

Konjunktion (Bindewort): aber, denn, oder, und; als, dass, falls, indem, obgleich, wenn

Interjektion (Empfindungswort): ach, oh, pfui

Register